会计之路
ACCOUNTING WAY

“会计之路”会计从业资格考试通过系列丛书

根据2014年最新考试大纲编写

十日通关

财经法规与会计职业道德应试宝典

刘星辛 ◎ 编著

暨南大學出版社
JINAN UNIVERSITY PRESS
中国·广州

图书在版编目（CIP）数据

十日通关：财经法规与会计职业道德应试宝典 / 刘星辛编著. —广州：暨南大学出版社，2014.8

（“会计之路”会计从业资格考试通过系列丛书）

ISBN 978-7-5668-1033-5

Ⅰ.①十…　Ⅱ.①刘…　Ⅲ.①财政法—中国—会计—资格考试—自学参考资料②经济法—中国—会计—资格考试—自学参考资料③会计人员—职业道德—资格考试—自学参考资料　Ⅳ.①D922.2②F233

中国版本图书馆 CIP 数据核字（2014）第 110225 号

出版发行：暨南大学出版社

地　址：中国广州暨南大学
电　话：总编室（8620）85221601
　　　　营销部（8620）85225284　85228291　85228292（邮购）
传　真：（8620）85221583（办公室）　85223774（营销部）
邮　编：510630
网　址：http://www.jnupress.com　http://press.jnu.edu.cn

责任编辑：暨　南　汤慧君　张学颖
责任校对：范小娜　颜　彦

排　版：广州良弓广告有限公司
印　刷：广东广州日报传媒股份有限公司印务分公司

开　本：787mm×960mm　1/16
印　张：21.5
字　数：390 千
版　次：2014 年 8 月第 1 版
印　次：2014 年 8 月第 1 次
印　数：1—3000 册

定　价：42.00 元

序一　走好会计之路第一步

经济越发展，会计越重要。这一现象也体现在越来越多的人报读会计专业，越来越多的非会计专业的人想改行做会计上。因为大家都觉得做财务更容易就业。可要做会计，最基本的条件就是要考取会计从业资格证。而会计从业资格考试自从推行全国统一题库，并采用无纸化考试形式之后，通过率越来越低，把很多想踏上会计之路的人拒之于门外。如何考取会计证就成为许多希望进入这一行业的人士的难题。

市面上有许许多多、形形色色的会计从业资格考试辅导教材和习题集，无不冠以“名师押题”、“冲刺秘题”、“过关500题（或1 000题甚至更多）”，让备考者眼花缭乱却又无从下手。在目前无纸化考试为随机抽题的形式下，题库题量越来越多，每个考生抽到的题目不可能完全一样，传统的题海战术只会让备考者在广阔的“题海”中更加晕头转向，越来越没有信心去考试。

“‘会计之路’会计从业资格考试通过系列丛书”之《十日通关——财经法规与会计职业道德应试宝典》的面世，实在是广大备考者的福音！这不仅是一本冲刺题集，更是奔走在会计从业备考路上的考生的好伴侣。它以新颖独特的方式、针对性强的题目及人性化的语言，告诉备考者如何做题更有效率，为备考者提供了一个快速、便捷的学习通道，帮助其早日踏上会计之路。

听说很多学生并非刘星辛老师的弟子，而是通过网络认识星老师（甚至都不知道她姓刘）的，并得到她的点拨和指导，高效地进行复习，短时间内通过了考试。祝愿星老师能够成为会计之路的导航星，指引更多的人成为会计人。

暨南大学教授：

2014年4月23日

序　二

全国会计从业资格无纸化考试从2013年7月1日起全面实施，最明显的变化就是考生必须“一次通过三科”，因此考试通过率急剧下降。广东作为试点省份之一，早在2012年便启动了无纸化试点，根据广东财政部门2014年最新《发证公告》的统计，考试自然通过率仅为16%左右。

好会计广东分校在刘星辛老师的督导下，较早地开始了对会计从业“全国版”无纸化题库的系统研究。通过我们培训学员与教研中心老师亲自参加考试后的回忆，对于题库，我们发现了以下几个规律：①虽然每次考试都是从题库里随机出题，但是知识点的百分比分布相对是比较固定的；②有一些章节的题目出现概率远远高于其他章节，形成了所谓的“高频考点”；③题库始终保持不断更新的动态发展，越来越多的“新题”加入到题库中，这就要求我们的老师不断地关注考试的变化。

刘星辛老师长期致力于会计从业考试的研究，形成了一套完整的“精品教案—随堂练习—课后辅导”三位一体的教学方案。作为我们的教学督导，她将这套方案引入我校后，从业培训通过率明显提高，最新一期考试53人参加，43人一次通过，通过率高达81%！这是自然通过率的5倍！实践证明，她的这套教学方案是成功的，而且是可以复制的，好会计愿意继续跟刘老师合作，帮助全国越来越多的财会学子一次性通过从业考试。

刘星辛老师即将出版的《十日通关——财经法规与会计职业道德应试宝典》一书，是将其教学方案浓缩后形成的一本考前指导书，帮助各位考生朋友用最短的时间系统地掌握知识点，识别高频考点，有针对性地练习、模考测评，是一本经过实践证明、对提高通过率有所帮助的佳作。我们也愿意与刘老师一起，向各位考生朋友提供更好的服务，希望有更多的考生一次性通过会计从业考试。

好会计广东分校校长：王定桥

2014年4月25日

题海无涯　方法是岸（代前言）

2014年10月1日起将实行新的会计从业资格考试大纲，全国全面启动"无纸化三科联考"的模式，"一科不过，三科重考"，这让想考取会计从业资格证书、打开会计之门、走向会计之路的广大学子们深感困扰。目前，市面上有关会计从业资格考试方面的辅导书和习题集品种繁多，可谓汗牛充栋，但动辄千道万道的"真题"或海量"题库"让使用者无从下手、心生畏惧，影响了备考的效率和质量。作为一名奋战在教学一线、一直专注会计从业资格考试研究的会计老师，我深知"题不在多，典型则通"的道理，一直在探索编写一本书，能够将有代表性的经典题目与复习备考方法有机衔接并融为一体，真真切切地帮助广大考生。在会计从业资格考试的三门科目中，"财经法规与会计职业道德"通过率尤为低下，许多考生"会计基础"和"初级电算化"都合格了，却栽倒在"财经法规与会计职业道德"上，让人扼腕痛惜，可谓"得财经法规者得会从"，于是我编写了本书。

本书在以下方面进行了有益的尝试：

（1）体例新颖独到，融入时间管理方法。

很多考生在备考时大多知道要多做题，但不知道要什么时候开始做题，怎么做题，每天安排多少时间，做多少题？因此，我在编写时，借鉴了很多知名培训机构的考前冲刺习题班的模式，并加入了许多自己的教学理念，创新地用时间管理的方法将高质量的习题和知识图表融为一体，让使用者备考时心中有数，明白每天做什么，用时几许，效果如何。

科学的学习方法比勤学苦练的精神更加重要，应讲究题术，特别是培养定时定量做题的习惯。根据多年的教学经验，我将《十日通关——财经法规与会计职业道德应试宝典》的内容作了如下的分配：第一天到第五天为各章知识点详解，第六天为难点专项突破，第七天到第十天为套题演练。

在前五天的各章考点回顾中，我采取了"以题带出知识图表"的形式，这样能够有的放矢，特别适合备考者考前冲刺通关。

（2）题量适中，考点把握精准，针对性强，摒弃题海战术。

"题海无涯，栽入溺亡"，面对繁杂浩瀚的题目，考生没有能力辨别适用于考试的题目。在编写时，我通过对近年来无纸化考试中出现的考点的分析，严格筛选出能够起举一反三、触类旁通的效果的题目，覆盖全部的考点，让考生能够通过少量的题目演练提高考试通过率。

(3) 形式简洁，内容务实。

本书紧扣最新的会计从业资格考试大纲，以图表的形式，将核心的知识点简洁、清晰地呈现在考生面前，以通俗易懂的语言对题目进行解析，通过按部就班的学习，考生可以快捷地掌握备考方法以及考点。

本书的完成，得到了家人和众多同仁的帮助和指点，在编写的过程中给予了我不可量化的支持，在此，我表示衷心的感谢！感谢对我的教学工作提出宝贵意见的广东省财政职业技术学校的黄莉高级讲师和李建华高级讲师；感谢母校暨南大学经济学院财税系的魏朗副教授的大力推荐，本书得以在暨南大学出版社出版；感谢为晚辈作序的暨南大学管理学院的石本仁教授及促成此事的王虹副教授。

因作者水平有限，不妥之处，恳请读者批评指正，以期再版时完善。

读者可登录新浪微博关注@GDFI 星老师，共同探讨会计从业资格考试的相关内容。

编　者

2014 年 5 月

备考须知

知己知彼，轻松备考——对于考试，你应该知道以下内容：

1. 考试形式

2013年7月1日起，全国会计从业资格考试会推行全国统一题库，采用无纸化考试形式，三科联考，一科不过，三科重考。“财经法规与会计职业道德”为会计从业资格考试中通过率最低的科目，很多考生因为“财经法规与会计职业道德”的不及格而与会计从业资格证失之交臂。

2. 考试题型、题量及各题型时间分配建议

“财经法规与会计职业道德”总分为100分。题型：单项选择题，共20题，每题1分，共20分；多项选择题，共20题，每题2分，共40分；判断题，共20题，每题1分，共20分；案例分析题，共2大题（不定项选择形式），每大题有5小题，每小题2分，共20分。

“财经法规与会计职业道德”考试时间为60分钟，考生应当合理分配时间。一般单选题不超过15分钟，多选题不超过20分钟，判断题不超过10分钟，案例分析题不超过15分钟，最后若还能余下5~10分钟查漏补缺为佳，切忌在一时不能作答的题上纠缠不休，特别是遇到计算类型的题目时可暂且标记“待定”，最后再解决。

3. 考试报名

可在户口所在地、学籍所在地或工作所在地财政部门会计信息网站报名参加考试。各地区考试时间不同，证书全国有效。

4. 本书使用说明

应循序渐进，为保证答题效率和质量，做题时请在规定的答题时间内完成。

目录

CONTENTS

下编　专项训练及模拟试题

上编

应试指导

第一天 第一章 会计法律制度

第一环节 真题回顾 胸有成竹

一、多项选择题（共20题，建议学习时间为10～15分钟，应快速通读，并对有疑问的题目重点阅读其解析，并做标记）

1. 以下属于国务院财政部门可以制定并自行发布的有（　　）

A. 会计部门规章　　B. 会计行政法规

C. 会计法律　　D. 会计规范性文件

解析：选AD。会计行政法规的制定主体为国务院，会计法律的制定主体为全国人民代表大会及其常务委员会，国务院财政部门可以制定的国家统一的会计制度包括会计部门规章和会计规范性文件。

2. 关于《中华人民共和国会计法》的说法正确的有（　　）

A. 是由全国人民代表大会及其常务委员会制定的

B. 是指导会计工作的最高准则

C. 是调整经济活动中各种关系的法律

D. 是制定其他会计法规的依据

解析：选ABD。《中华人民共和国会计法》调整的是经济生活中的会计关系，而不是各种关系，所以选项C是错的。

3. 下列选项中，属于会计部门规章的是（　　）

A.《会计从业资格管理办法》　B.《企业会计准则——基本准则》

C.《企业财务会计报告条例》　D.《总会计师条例》

解析：选AB。《企业财务会计报告条例》和《总会计师条例》属于会计行政法规。

4. 下列属于会计规范性文件的有（　　）

A.《企业会计准则——基本准则》

B.《会计师事务所审批和监督暂行办法》

C.《会计基础工作规范》

D.《企业会计制度》

解析：选 CD。选项 A、B 属于会计部门规章。选项 C、D 属于会计规范性文件。

5. 下列关于国家统一的会计制度的表述，正确的有（　　）

A. 国家统一的会计制度包括会计法律和会计行政法规

B.《企业财务会计报告条例》属于国家统一的会计制度

C. 国家统一的会计制度包括会计部门规章和会计规范性文件

D. 国家统一的会计制度是我国会计法律制度的组成部分

解析：选 CD。《企业财务会计报告条例》属于会计行政法规。

6. 可制定地方性会计法规的有（　　）

A. 广东省人民代表大会　　B. 北京市人民代表大会

C. 重庆市人民代表大会　　D. 深圳市人民代表大会

解析：选 ABCD。地方实行会计法规可以由省、自治区、直辖市人民代表大会或常委会制定，此外，实行计划单列市、经济特区的人民代表大会及其常委会在宪法、法律和行政法规允许范围内也可制定会计规范性文件。

7. 下列各项中，属于不相容职务的有（　　）

A. 出纳与会计档案保管　　B. 出纳与记账

C. 业务审批与记账　　D. 业务经办与业务审批

解析：选 ABCD。在单位内部应加以分离的主要不相容职务有：①授权进行某项经济业务和执行该项业务的职务要分离，如有权决定或审批材料采购的人员不能同时兼任采购员职务。②执行某些经济业务和审核这些经济业务的职务要分离，如填写销货发票的人员不能兼任审核人员。③执行某项经济业务和记录该项业务的职务要分离，如销货人员不能同时兼任会计。④保管某些财产物资和对其进行记录的职务要分离，如会计部门的人员与记账员要分离，不能兼任。⑤保管某些财产物资和核对实存数与账存数的职务要分离。⑥记录明细账和记录总账的职务要分离。⑦登记日记账和登记总账的职务要分离。

8.《中华人民共和国会计法》的立法宗旨有（　　）

A. 规范会计行为

B. 保证会计资料真实、完整

C. 加强经济管理和财务管理、提高经济效益

D. 维护社会主义市场经济秩序

答案：ABCD

9. 根据《中华人民共和国会计法》的规定，下列各项中，属于会计人员监督职权的有（　　）

A. 对违反《中华人民共和国会计法》和国家统一的会计制度规定的会计事项，有权拒绝办理或者按照职权予以纠正

B. 发现会计账簿记录与实物、款项及有关资料不符合的，按照国家统一会计制度的规定有权自行处理的，应当及时处理；无权处理的，应当立即向单位负责人报告，请求查明原因，作出处理

C. 监督单位从事会计工作的人员是否具备会计从业资格

D. 办理企业合并、分立、清算事宜中的审计业务，出具有关报告

解析：选 AB。监督单位从事会计工作的人员是否具备会计从业资格属于财政部门的职权；办理企业合并、分立、清算事宜中的审计业务，出具有关报告属于会计师事务所的职责。

10. 对会计工作的社会监督包括（　　）

A. 财政部门对单位会计机构和会计人员的会计行为的监督

B. 注册会计师对委托单位的资本进行验证

C. 单位和个人检举违反会计法律制度规定的行为

D. 注册会计师对受托单位的财务会计报告进行审计

解析：选 BCD。财政部门对单位会计机构和会计人员的会计行为的监督属于政府监督。其他三项都属于对会计工作的社会监督。

11. 下列各项中，属于对会计违法行为的行政处分的有（　　）

A. 撤职　　B. 降级　　C. 责令整改　　D. 警告

解析：选 ABD。行政处分的形式有警告、记过、记大过、降级、撤职、留用察看、开除等。

12. 下列各项中，高于会计部门规章的效力的有（　　）

A. 会计法律　　B. 地方性会计法规

C. 宪法　　D. 会计行政法规

解析：选 ACD。效力层次从高到低依次是宪法、会计法律、会计行政法规、会计部门规章、地方性会计法规。

13. 一般的会计违法行为应承担的法律责任包括（　　）

A. 对单位的处罚是 5 000 元以上 5 万元以下

B. 对单位的处罚是 3 000 元以上 5 万元以下

C. 吊销会计人员的从业资格证书

D. 对相关责任人员的处罚是 2 000 元以上 2 万元以下

解析：选 BCD。没有对单位处罚 5 000 元以上 5 万元以下这种情况。

14. 会计机构、会计人员必须按照国家统一的会计制度的规定对原始凭证进行审核，在一定情况下，其有权不接受原始凭证，并向单位负责人报告。

下列各项中，属于前述的“一定情况”的有（　　）

A. 原始凭证不真实　　B. 原始凭证不准确

C. 原始凭证不完整　　D. 原始凭证不合法

解析：选 AD。会计人员必须按照国家统一的会计制度的规定对原始凭证进行审核，对不真实、不合法的原始凭证有权不予接受，并向单位负责人报告。对记载不准确、不完整的原始凭证予以退回，并要求按照国家统一的会计制度的规定更正。

15. 根据《中华人民共和国会计法》的规定，下列机构中应当按照有关法律规定对有关单位的会计资料实施监督检查的有（　　）

A. 商业银行　B. 审计部门　C. 税务部门　D. 财政部门

解析：选 BCD。人民银行属于政府行政部门，有权对各单位的会计资料实施监督检查。而商业银行则无权对有关单位的会计资料实施监督检查。

16. 不属于会计从事会计工作需具备的条件的是（　　）

A. 取得大学本科学历　　B. 取得初级职称

C. 取得注册会计师证　　D. 取得会计从业资格证书

解析：选 ABC。从事会计工作的人员，必须具有会计从业资格，即持有会计从业资格证书。

17. 根据《财政部门实施会计监督办法》的规定，财政部门依法对各单位实施的监督检查包括（　　）

A. 会计机构负责人（会计主管人员）是否具备法律、行政法规和国家统一的会计制度规定的任职资格

B. 任用的会计人员是否持有会计师资格证书

C. 任用的会计人员是否持有会计从业资格证书

D. 任用的会计人员是否持有助理会计师资格证书

解析：选 AC。会计人员只需持有会计从业资格证书即可。

18. 单位负责人的直系亲属不能担任（　　）

A. 会计机构负责人　　B. 出纳

C. 财物的收发、增减　　D. 会计主管人员

解析：选 AD。单位负责人的直系亲属不能担任本单位的会计机构负责人、会计主管人员。会计机构负责人、会计主管人员直系亲属不得在本单位会计机构中担任出纳工作。

19. 财政部门的监督职权包括（　　）

A. 对各单位实际发生的经济业务事项是否及时办理会计手续，进行会计核算

B. 对单位依法设置会计账簿的检查

C. 申报纳税

D. 足额缴纳税款

解析：选 AB。申报纳税和足额缴纳税款属于税务机关的监督职权。

20. 代理记账机构对外报送报表需经（　　）签名并盖章

A. 代理记账机构经办人　　B. 代理记账机构负责人

C. 委托人　　D. 代理记账机构项目负责人

解析：选 BC。代理记账机构为委托人编制的财务会计报告，经代理记账机构负责人和委托人签名并盖章后，按照有关法律、行政法规和国家统一的会计制度的规定对外提供。

二、案例分析题（共 4 题，建议每题控制在 5 ~ 7 分钟内完成，共用时 20 ~ 28 分钟）

1. 201×年 6 月，赵全成立了一家小规模企业。

①该企业不具备设置会计机构和会计人员的条件，未配备专人负责日常货币收支和保管，委托宏信代理记账公司办理会计业务。

②当年 9 月，宏信代理记账公司发现赵全提供的部分原始凭证不符合规定，要求进行更正、补充，但赵全予以拒绝。

③为了逃避纳税，赵全要求宏信代理记账公司以不真实的发票，多计费用，减少利润，宏信代理记账公司没有拒绝。

根据以上情况，请回答下列问题：

（1）下列说法中正确的有（　　）

A. 赵全可以委托宏信代理记账公司办理会计业务

B. 赵全不可以委托宏信代理记账公司办理会计业务

C. 除代理记账公司外，赵全也可以委托会计师事务所办理会计业务

D. 除代理记账公司外，赵全也可以委托具有代理资格的其他社会咨询服务机构办理会计业务

解析：选 ACD。不单独设置会计机构也没有配备专职会计人员的单位，可委托中介机构代理记账。在我国，可办理代理记账业务的有代理记账公司、会计师事务所及具有代理资格的其他社会咨询服务机构。

（2）针对事项②和事项③，下列说法中正确的是（　　）

A. 赵全在事项②和事项③中的做法都不符合规定

B. 赵全在事项②中的做法符合规定，但事项③中不符合规定

C. 根据《代理记账管理办法》的规定，委托代理记账的委托人应当配

备专人负责货币收支和保管

D. 根据《代理记账管理办法》的规定，对于代理记账机构退回的要求按照国家统一的会计制度进行更正、补充的原始凭证，委托人应当及时予以更正、补充

答案： 选 ACD。

（3）根据《代理记账管理办法》的规定，委托代理记账的委托人应当履行的义务有（　　）

A. 对本单位发生的经济事项，应当填制或取得符合国家统一的会计制度规定的原始凭证

B. 应当配备专人负责货币收支和保管

C. 及时向代理机构提供真实完整的原始凭证和其他相关资料

D. 对于代理记账机构退回的要求按照国家统一的会计制度进行更正、补充的原始凭证应当及时予以更正、补充

解析： 选 ABCD。本题不需案例材料就可根据所学知识回答，建议做案例分析题时，为节省答题时间，可先跳过案例直接看五个问题，先回答不需根据案例就可以做的题目。

（4）针对事项③，下列说法中正确的有（　　）

A. 宏信代理记账公司做法不符合规定

B. 宏信代理记账公司是按照委托人的要求作出上述行为，不承担任何责任

C. 对委托人示意的不当的会计处理，提供不实的会计资料，宏信代理记账公司应当拒绝

D. 委托人示意的不当的会计处理，提供不实的会计资料，宏信代理记账公司只能接受

答案： 选 AC。

（5）根据《代理记账管理办法》的规定，代理记账机构及其从业人员应当履行的义务有（　　）

A. 按照委托合同办理代理记账业务，遵守有关法律、行政法规和国家统一的会计制度的规定

B. 在执行业务中知悉的商业秘密应当保密

C. 对委托人示意其作出不当的会计处理，提供不实的会计资料，以及其他不符合法律、行政法规和国家统一的会计制度的要求，应当拒绝

D. 对委托人提出的有关会计处理原则问题应当予以解释

答案： 选 ABCD。

2. 201×年3月10日，企业会计部门会同档案部门对单位会计档案进行清理，编制了会计档案销毁清册，将保管期已满的会计档案按规定程序全部销毁，其中包括一些保管期满但尚未结清债权债务的原始凭证。

3月21日，会计部门在例行审核有关单据时，发现一张购买计算机的发票，其“金额栏”中“8 000”元的数字有更改迹象。经查阅相关买卖合同、单据，确认更改后的金额数字是正确的。于是，会计部门要求该发票的出具单位在发票“金额栏”更改之处加盖出具单位印章。之后，该企业予以受理并据此登记入账。

（1）下列各项中，保管期满仍不能销毁的会计档案为（　　）

A. 未结清债权债务的原始凭证

B. 尚未报废的固定资产的购买凭证

C. 没有完工的建设项目的会计档案

D. 会计账簿

解析：选ABC。不得销毁的会计档案包括：①保管期满但未结清的债权原始凭证。②正在项目建设期间的建设单位的保管期满的会计档案。③其他未了结事项的原始凭证。

（2）会计档案定期保管期限为（　）

A. 1年　　B. 3年　　C. 5年　　D. 20年

解析：选BC。本题考查会计档案的保管期限的规定，根据规定，会计档案的定期保管期限为3年、5年、10年、15年和25年五类。

（3）对于保管期满的会计档案，应由（　　）部门提出销毁意见，编制会计档案销毁清册。

A. 单位档案管理部门　　B. 会计机构

C. 单位负责人　　D. 会计机构负责人

解析：选AB。会计档案保管期满需要销毁的，由本单位档案部门提出意见，会同会计部门共同进行审查和鉴定，并在此基础上编制会计档案销毁清册。

（4）会计机构、会计人员在审核原始凭证时，对不真实、不合法的原始凭证应当（　）

A. 有权不予受理

B. 向单位负责人报告

C. 请求查明原因，追究有关当事人的责任

D. 予以退回，要求更正、补充

解析：选ABC。根据会计法的规定，会计机构、会计人员必须按照国家统一的会计制度的规定对原始凭证进行审核，对不真实、不合法的原始凭证

有权不予接受，并向单位负责人报告。

（5）下列事项填写错误的，可以更改并在更改处盖章（　　）

A. 填制凭证的日期　　B. 金额

C. 经济业务内容　　D. 经办人员签名

解析：选 ACD。原始凭证的金额出现错误的不得更正，只能由原始凭证开具单位重新开具。

3. 2014 年初，张某、李某、田某和王某申请设立了百川代理记账公司，四人均有会计从业资格证书，张某担任主管负责人。2014 年 5 月财政部门在检查中发现：

①张某尚未取得会计师专业技术职务资格。

②李某已于 2013 年 10 月离开百川代理记账公司；田某除在百川代理记账公司执业外，还在某企业担任会计职务。

③2013 年，经某客户授意，张某利用客户提供的虚假发票和其他原始凭证，虚增收入，使该客户的财务报告扭亏为盈。

④王某将执业过程中知悉的某公司的商业秘密告知其竞争对手，获取不当利益。

根据以上情况，请回答下列问题：

（1）根据《代理记账管理办法》，除会计师事务所以外的代理记账公司的设立审批部门是（　　）

A. 县级以上人民政府财政部门

B. 县级以上人民政府工商部门

C. 县级以上人民政府审计部门

D. 县级以上人民政府税务部门

答案：选 A。

（2）根据《代理记账管理办法》的规定，下列说法中正确的有（　　）

A. 张某尚未取得会计师专业技术职务资格，不能担任百川代理记账公司主管负责人

B. 李某离开之后，百川代理记账公司没有持续符合代理记账公司的资格条件

C. 李某离开之后，百川代理记账公司仍有持续符合代理记账公司的资格条件

D. 张某担任百川代理记账公司负责人符合规定

答案：选 AB。

（3）根据《代理记账管理办法》的规定，代理记账公司可以接受委托人

委托办理的业务有（　　）

A．向税务机关提供税务资料

B．审查企业财务报表，出具审计报告

C．根据委托人提供的原始凭证和其他资料，按照国家统一的会计制度的规定进行会计核算

D．对外提供财务会计报告

解析：选 ACD。审计报告是会计师事务所出具的。

（4）针对事项③和事项④，下列说法中正确的有（　　）

A．根据委托合同，张某应当按照委托人的示意进行会计处理

B．对于委托人示意的不当会计处理，张某应当予以拒绝

C．王某将执业过程中知悉的商业秘密告知他人，违反了代理记账公司从业人员应当履行的义务

D．委托代理记账公司办理会计业务并不改变单位负责人对会计资料真实性和完整性承担的责任

答案：选 BCD。

（5）针对事项②和事项③，财政部门对百川代理记账公司和张某进行的以下处理中，正确的有（　　）

A．直接撤回该公司的代理记账许可证

B．张某的行为是客户授意的，张某不承担责任

C．对张某的行为，依据《中华人民共和国会计法》的相关规定处以罚款

D．限期整改，仍达不到资格条件的，原审批机关可以撤回该公司的代理记账许可证

答案：选 CD。

4. 2013 年 6 月，某省级财政部门在对某企业的检查中发现下列情况：

①为粉饰财务报表，单位负责人张某授意会计李某虚构交易事项，编造虚假会计凭证，虚增利润 100 万元。

②单位负责人张某授意会计人员王某变更固定资产折旧政策以虚增利润，王某坚持原则，不予变更，后张某将其解聘。

③为掩盖违法行为，张某授意会计机构负责人刘某将以前年度的虚假会计资料予以销毁。

根据以上情况，请回答下列问题：

（1）针对事项①中李某的行为，下列说法中正确的有（　　）

A．省级财政部门可吊销李某的会计从业资格证书

B．属于变造会计凭证的违法行为

C. 可对李某处3 000元以上5万元以下罚款

D. 属于伪造会计凭证的违法行为

答案：选CD。

(2) 针对事项②，下列说法中正确的有（　　）

A. 可对张某处5 000元以上5万元以下罚款

B. 对王某应恢复其名誉和原有职务、级别

C. 可对张某处3年以下有期徒刑或拘役

D. 可对王某处5 000元以上5万元以下罚款

答案：选ABC。

(3) 针对事项③，下列说法中正确的有（　　）

A. 可对张某处2 000元以上5万元以下罚款

B. 可对该企业处5 000元以上10万元以下罚款

C. 刘某是在张某的授意下进行销毁的，不承担任何责任

D. 构成犯罪的，还应追究刑事责任

答案：选BD。

(4) 针对上述各事项，下列说法中正确的有（　　）

A. 张某解聘王某的行为，属于对依法履行职责抵制违反《中华人民共和国会计法》规定行为的会计人员实行打击报复，应当承担相应的法律责任

B. 张某未直接实施违法行为，不承担任何责任

C. 张某授意他人实施违法会计行为，应承担法律责任

D. 张某解聘王某的行为属于正常的人事任免，未违反法律规定

答案：选AC。

(5) 上述各事项中，违反《中华人民共和国会计法》规定的有（　　）

A. 事项①　　　　B. 事项②中张某的行为

C. 事项③　　　　D. 事项②中王某的行为

答案：选ABC。

提醒：本类题应注意掌握违反会计法的各种形式所对应的罚款范围。

三、单项选择题（共20题，为保证复习效果，对不懂的题目应做标记，以便更好地复习巩固。建议学习时间为10分钟）

1. 根据《总会计师条例》的规定，总会计师是（　　）

A. 会计人员　　　　B. 会计专业技术资格

C. 单位行政领导人员　　　　D. 会计机构负责人

解析：选C。总会计师不是一种专业技术职务，也不是会计机构负责人

或会计主管人员，而是一种行政领导职务。

2. 未按照《中华人民共和国会计法》的要求设置会计账户，县级以上人民财政部门对其直接负责的主管人员和其他直接负责人员处以的罚款金额为（　　）

A. 5 000 元以上 5 万元以下　　B. 1 000 元以上 2 万元以下

C. 2 000 元以上 5 万元以下　　D. 2 000 元以上 2 万元以下

解析：选 D。对违反国家统一的会计制度规定的十种较轻微的违法行为，对单位可以并处 3 000 元以上 5 万元以下的罚款；对个人可以处 2 000 元以上 2 万元以下的罚款。对此类题建议复习第二环节第六节法律责任的表格内容。

3. 负责主管本行政区域会计工作的国家机关是（　　）

A. 县级以上人民政府财政部门

B. 县级以上人民政府税务部门

C. 县级以上人民政府人事部门

D. 县级以上人民政府工商行政管理部门

解析：选 A。根据“统一领导，分级管理”的原则，国务院财政部门主管全国的会计工作，县级以上地方各级人民政府财政部门管理本行政区域内的会计工作。

4.《中华人民共和国会计法》修订了（　　）

A. 一次　　B. 两次　　C. 三次　　D. 四次

解析：选 B。《中华人民共和国会计法》于 1993 年和 1999 年作了两次修订。

5. 下列各项中，应当由单位负责人承担的责任是（　　）

A. 保证会计资料的真实性和完整性

B. 保证会计机构和人员依法履行职责

C. 代替会计人员办理会计事务

D. 认真组织和管理本单位的会计核算和监督工作

解析：选 A。由于单位负责人是单位的最高管理者，必须对本单位的一切经营管理和业务活动负责，当然也必须对会计工作和会计资料的真实性、完整性负责，但不代表单位负责人负责所有的会计工作。

6. 无权对会计师事务所进行监督检查的部门是（　　）

A. 省财政部门　　B. 直辖市财政部门

C. 自治区财政部门　　D. 县级财政部门

解析：选 D。省级财政部门才能对社会监督的主体——会计师事务所实施再监督，省、自治区、直辖市皆属于省级。

7. 会计人员的下列行为中，属于违反会计法律制度的有（　　）

A. 会计人员张力沉溺于赌博，不爱钻研业务

B. 会计机构负责人吴俊满足于记账、算账，不会利用大量而丰富的会计信息参与经营管理

C. 会计人员杨合上班经常迟到早退

D. 会计人员于东挪用公款10万元炒股

解析：选D。选项A、B、C违反了会计职业道德。选项D违反了会计法律制度。

8.《企业会计准则——基本准则》属于（　　）

A. 会计法　　B. 会计行政法规

C. 会计部门规章　　D. 会计规范性文件

解析：选C。《企业会计准则——基本准则》属于我国会计法律制度体系中的第三层次——国家统一的会计制度，而国家统一的会计制度又分为会计部门规章和规范性文件，《企业会计准则——基本准则》是财政部部长签署命令发布的，属于会计部门规章。

9.《会计从业资格管理办法》中规定持证人员从事会计工作应当自从事会计工作之日起90日内办理（　　）

A. 变更登记　B. 注册登记　C. 离岗备案　D. 调转登记

解析：选B。从事会计工作即"上岗"，需办理上岗注册登记。

10. 会计法律制度的保障实施机构是（　　）

A. 会计行业组织　　B. 会计人员

C. 财政部门　　D. 国家执法机构

解析：选D。所有法律制度的保障实施机构都是国家执法机构。如果此题是问《中华人民共和国会计法》的执法主体，应选财政部门，需注意区分。

11.《企业会计准则第1号——存货》属于（　　）

A. 会计法律　　B. 会计行政法规

C. 会计部门规章　　D. 会计规范性文件

解析：选D。企业会计准则体系中的38项具体准则及应用指南是会计规范性文件，要注意的是《企业会计准则——基本准则》属于会计部门规章。

12. 普通会计人员进行会计工作交接时，监交人是（　　）

A. 审计人员　　B. 总会计师

C. 会计主管人员　　D. 单位负责人

解析：选C。普通会计人员进行会计工作交接时，需上一级的会计主管人员或者会计机构负责人监交。

13. 持有会计从业资格证书的人员，调转工作不从事会计工作超过6个月的，应办理（　　）

A. 上岗注册登记　　B. 离岗备案

C. 调转登记　　D. 变更登记

解析：选B。上岗注册登记和调转登记的时间是90天，离岗备案的时间是6个月，注意不要被题干中的“调转”一词蒙蔽，假如是调转单位继续从事会计工作，则是90天内办理调转登记。但本题说的是“不从事会计工作”，即离开会计岗位，则应该是办理离岗备案登记。

14. 根据《会计基础工作规范》的规定，会计机构负责人的直系亲属不得在本单位担任的会计工作岗位是（　　）

A. 会计主管人员　　B. 单位负责人

C. 会计档案保管　　D. 出纳

解析：选D。根据规定，单位负责人的直系亲属不得在本单位担任会计机构负责人或会计主管人员，会计机构负责人或会计主管人员的直系亲属不得担任本单位的出纳。这意味着会计机构负责人的直系亲属不得在本单位担任单位负责人或出纳，而本题问的是“会计工作岗位”，单位负责人不属于会计工作岗位，因此选D。另需注意的是，在有会计机构负责人的单位不可能再有会计主管人员。

15. 在一次检查中，秦月钢材厂被发现随意变更会计处理方法，县级以上人民政府财政部门责令其限期改正，并可以处（　　）

A. 2 000元以上50 000元以下的罚款

B. 3 000元以上50 000元以下的罚款

C. 4 000元以上50 000元以下的罚款

D. 5 000元以上50 000元以下的罚款

解析：选B。对违反国家统一的会计制度规定的十种行为，对单位可以并处3 000元以上50 000元以下的罚款；对个人可以处2 000元以上20 000元以下的罚款。

16. 根据《中华人民共和国会计法》的规定，会计人员变造会计凭证和会计账簿，尚不构成犯罪的，应承担的法律责任是（　　）

A. 予以警告，并处以3 000元以上10万元以下的罚款

B. 处以3 000元以上5万元以下的罚款，并吊销其会计从业资格证书

C. 予以警告，并处以5 000元以上10万元以下的罚款

D. 处以3 000元以上10万元以下的罚款，并吊销其会计从业资格证书

解析：选B。会计人员伪造、变造会计凭证和会计账簿，尚不构成犯罪

的，可对直接负责的主管人员和其他责任人员处以 3 000 元以上 50 000 元以下的罚款。

17. 张林应聘元森公司的会计机构负责人，下列关于担任单位会计机构负责人必备条件的说法，正确的是（　　）

A. 必须有经济师专业技术职务资格

B. 必须有高级会计师专业技术职务资格

C. 必须有从事会计工作 5 年以上经历

D. 必须有会计从业资格证书

解析：选 D。会计机构负责人属于会计工作岗位，必备条件是有会计从业资格证书。

18. 未按规定使用记账本位币的，县级以上人民政府财政部门可以对其直接负责的主管人员处以的罚款金额是（　　）

A. 1 000 元以上 1 万元以下　　B. 3 000 元以上 5 万元以下

C. 3 000 元以上 3 万元以下　　D. 2 000 元以上 2 万元以下

解析：选 D。对违反国家统一的会计制度规定的十种行为，对单位可以并处 3 000 元以上 50 000 元以下的罚款；对个人可以处以 2 000 元以上 20 000 元以下的罚款。

19. 运达公司的会计人员伪造销售发票，尚不构成犯罪，对该公司可处以的罚款金额是（　　）

A. 3 000 元以上 3 万元以下　　B. 2 000 元以上 2 万元以下

C. 5 000 元以上 10 万元以下　　D. 3 000 元以上 5 万元以下

解析：选 C。伪造销售发票属于伪造会计凭证的一种具体情况。伪造和变造会计凭证、会计账簿，编虚假财务会计报告，可对单位处以 5 000 元以上 100 000 元以下的罚款。

20.《总会计师条例》是在（　　）发布实施的

A. 1993 年 1 月 1 日　　B. 1999 年 12 月 31 日

C. 1990 年 12 月 31 日　　D. 2003 年 7 月 1 日

解析：选 C。《总会计师条例》的发布和实施时间都是 1990 年 12 月 31 日，自发布之日起实施。

四、判断题（共 10 题，建议学习时间为 5 分钟）

1.《中华人民共和国会计法》规定各单位应当根据会计业务的重要性设置会计机构，或者在有关机构中设置会计人员并指定会计主管人员，但不具备设置会计机构条件的单位应当委托经批准设立从事代理记账业务的中介机

构代理记账。(　　)

解析：错。各单位应当根据会计业务的需要设置会计机构，或者在有关机构中设置会计人员并指定会计主管人员。

2. 会计人员有违反《中华人民共和国会计法》的行为，情节严重的，由所在单位吊销其会计从业资格证书。(　　)

解析：错。会计人员有违反《中华人民共和国会计法》的行为，情节严重的，由县级以上人民政府财政部门吊销其会计从业资格证书。

3. 所有会计师事务所均有资格对上市公司和证券、期货相关的经营机构进行审计。(　　)

解析：错。根据规定，持有“会计师事务所证券、期货相关业务许可证”的会计师事务所，才可以对上市公司和证券、期货相关经营机构进行审计。证券、期货相关业务许可证由财政部和证监会联合审批，相关经营机构进行审计。证券、期货相关业务许可证由财政部和证监会联合审批。

4. 在境内设立的企业会计核算都必须采用人民币为记账本位币。(　　)

解析：错。业务收支以外币为主的企业可以选择某一种外币作为记账本位币。

5.《中华人民共和国注册会计师法》自1994年实施以来，共经历过2次修订。(　　)

解析：错。目前还在第一次修订阶段。

6. 担任总会计师的人员应当在取得高级会计师任职资格后主管一个单位或单位内一个重要方面的财务会计工作时间不少于5年。(　　)

解析：错。应该是3年，而不是5年。

7. 会计人员从业资格管理办法由各地财政部门自行规定。(　　)

解析：错。会计人员从业资格管理办法由国务院财政部门规定。

8.《企业财务会计报告条例》的法律效力高于《企业会计准则——基本准则》。(　　)

解析：对。《企业财务会计报告条例》属于会计行政法规，而《企业会计准则——基本准则》属于国家统一的会计制度。会计行政法规的法律效力高于国家统一的会计制度。

9. 国务院财政部门和各省、自治区、直辖市人民政府财政部门，依法对注册会计师、会计师事务所、注册会计师协会、会计学会进行监督、指导。(　　)

解析：错。国务院财政部门和省级财政部门监督指导的对象不包括会计学会。

10. 因违法、违纪被依法吊销会计从业资格证书的人员，自被吊销之日起5年内（含5年）不得参加会计从业资格考试。

答案：对。

第二环节　知识图表　面面俱到

第一节　会计法律制度的构成（2 分钟）

法律效力层次	制定机构	典型代表
会计法律	全国人大及其常委会	《会计法》（1985 年制定，至今修订过两次） 《注册会计师法》
会计行政法规	国务院	《企业财务会计报告条例》 《总会计师条例》
会计部门规章	财政部门以及其他相关部委	国家统一的会计核算制度、会计监督制度、会计机构和会计人员管理制度及会计工作管理制度等。如《财政部门实施会计监督办法》、《会计人员从业资格管理办法》、《会计基础工作规范》、《会计档案管理办法》等 注意：表现形式一般为《……办法》、《……制度》、《……规范》
地方性会计法规	省、自治区、直辖市人民代表大会或常务委员会	《广东省会计从业资格管理实施办法》、《浙江省会计从业资格管理实施办法》等

第二节　会计工作管理体制（2 分钟）

管理体制	主体	职责
行政管理	财政部——主管全国会计工作；县级以上地方各级财政部门——主管本行政区域内的会计工作	1. 制定会计准则制度及相关标准规范和组织实施 2. 管理会计市场 3. 会计专业人才评价 4. 会计监督检查

（续上表）

管理体制	主体	职责
行业自律管理	中国注册会计师协会	管理注册会计师行业
	中国会计学会	1. 开展会计理论研究和学术交流 2. 总结会计工作、会计教育经验 3. 编辑出版会计刊物、专著 4. 开展智力服务工作 5. 开展会计领域国际交流
	中国总会计师协会	管理总会计师行业
单位内部的会计工作管理	单位负责人	1. 对本单位会计工作和会计资料的真实性、完整性负责。注意：单位负责人是本单位会计行为的责任主体，但不要求单位负责人事必躬亲办理具体会计事项 2. 选拔任用本单位会计人员由所在单位具体负责

第三节　会计核算（13 分钟）

一、总体要求（2 分钟）

<table>
<tr><td>核算依据</td><td colspan="2">各单位必须根据实际发生的经济业务事项进行会计核算，以虚假的经济业务事项或资料进行会计核算是一种严重的违法行为</td></tr>
<tr><td rowspan="4">对会计资料的基本要求</td><td>会计资料</td><td>会计凭证、会计账簿、财务会计报告和其他会计资料</td></tr>
<tr><td>基本要求</td><td>会计资料的真实性和完整性是会计资料最基本的质量要求</td></tr>
<tr><td>伪造会计资料与变造会计资料的区别</td><td>伪造会计资料是以虚假的经济业务为前提的，即无中生有
变造会计资料的手段是涂改、挖补，即篡改事实</td></tr>
<tr><td>会计电算化</td><td>使用电子计算机进行会计核算，其软件及生成的会计资料，也必须符合国家统一的会计制度的规定</td></tr>
</table>

二、会计凭证（3 分钟）

原始凭证	取得	及时取得（一个会计结算期）
	审核	1. 对不真实、不合法的原始凭证有权不予接受，并向单位负责人报告 2. 对记载不准确、不完整的原始凭证予以退回，并要求经办人员进行更正、补充（并非一律不予受理）
	更正	1. 各项内容均不得涂改（注意区分“涂改”和“更正”） 2. 记载内容有误，应当由原出具单位重开或更正，并在更正处加盖原出具单位印章 3. 金额错误不得更正，只能由原出具单位重开（注意：原始凭证的“单价”可以更正）
	保管	原始凭证不得外借，其他单位如因特殊原因需要使用原始凭证时，经本单位会计机构负责人、会计主管人员批准，可以复制（只能复制，不能借出）。向外单位提供的原始凭证复制件，应当在专设的登记簿上登记，并由提供人员和收取人员共同签名或者盖章
	注意事项	1. 一张原始凭证所列的支出需要由几个单位共同负担时，应当由保存该原始凭证的单位开具原始凭证分割单给其他应负担的单位 2. 原始凭证遗失的处理：应取得原开具单位盖有公章的证明，注明遗失凭证的号码、金额、内容等，由经办单位会计机构负责人、会计主管人员、单位负责人批准后，才能代作原始凭证；确实无法取得证明的，由当事人写出详细情况，经办单位会计机构负责人、会计主管人员、单位负责人批准后，才能代作原始凭证
记账凭证	1. 记账凭证应当根据经过审核的原始凭证及有关资料进行编制 2. 记账凭证可以根据每一张原始凭证填制，或根据若干张同类原始凭证汇总编制，也可以根据原始凭证汇总表填制。但不得将不同内容和类别的原始凭证汇总填制在一张记账凭证上 3. 除结账和更正错误的记账凭证可以不附原始凭证外，其他记账凭证必须附有原始凭证	

三、会计账簿（2 分钟）

<table>
<tr><td rowspan="2">设置账簿</td><td>最基本要求</td><td colspan="2">依法设置</td></tr>
<tr><td>种类</td><td colspan="2">1. 总账：也称总分类账，一般分订本账和活页账两种
2. 明细账：也称明细分类账，是会计资料形成的基础环节。可采用订本式、活页式、三栏式、多栏式、数量金额式
3. 日记账：特殊的序时明细账，一般采用订本式
4. 备查账：备查备忘、补充登记
任何单位不得在法定会计账簿之外私设会计账簿</td></tr>
<tr><td rowspan="3">登记账簿</td><td rowspan="3">基本要求</td><td colspan="2">1. 必须以审核无误的会计凭证（原始凭证和记账凭证）为依据</td></tr>
<tr><td>2. 登账必须按照记账规则进行</td><td>（1）各项资料逐项记入账内
（2）按页次顺序连续登记，不得跳行、隔页
（3）需结出余额的账户，定期结出余额
（4）错账的更正方法：划线更正法、补充登记法、红字更正法
（5）及时对账：账证、账账、账实核对，做到账实相符、账证相符、账账相符和账表相符（注意：三个相对，四个相符，没有账表核对）
（6）定期结账：月结、季结和年结</td></tr>
<tr><td colspan="2">3. 实行会计电算化的单位，登账及更正也应符合国家统一的会计制度的规定
4. 依法设账及登账
5. 禁止账外设账</td></tr>
</table>

四、财务会计报告（2 分钟）

<table>
<tr><td rowspan="2">构成</td><td>财务报表</td><td>（1）资产负债表——反映企业在某一特定日期的财务状况（静态报表）
（2）利润表——反映企业在某一会计期间的经营成果（动态报表）
（3）现金流量表——反映企业在某一会计期间的现金流量（动态报表）
（4）股东权益增减变动表——反映企业在某一会计期间所有者权益的变动情况
（凭证、账簿、计划、审计报告都不属于财务会计报告的组成部分；小企业的财务报表可以没有现金流量表）</td></tr>
<tr><td colspan="2">财务报表附注</td></tr>
</table>

（续上表）

编制	根据审核无误的会计账簿记录和其他有关资料编制，做到准确无误	
提供	向不同会计资料使用者提供的财务会计报告，其编制依据应当一致	
签章	财务会计报告应由单位负责人、主管会计工作的负责人、会计机构负责人（会计主管人员）签名并盖章。设置总会计师的企业，还应由总会计师签名并盖章	
	单位负责人是单位对外提供的财务会计报告的责任主体	
审计	须经注册会计师审计的，审计报告应当随同财务会计报告一并提供	

五、会计档案（4 分钟）

内容	过去年度的会计核算过程中形成的会计资料 注意：各单位的财务预算、计划、制度等文件材料属于文书档案，不属于会计档案
管理部门	各级人民政府财政部门和档案行政管理部门共同负责
归档	由会计机构按照归档要求，负责整理立卷归档。采用电子计算机进行会计核算的单位，应当保存打印出的纸质会计档案
移交	当年形成的会计档案，年度终了后，可暂由会计机构保管一年，期满后，由会计机构编制移交清册，移交单位的会计档案管理机构或指定专人继续保管；未设立档案机构的，应当在会计机构内部指定专人保管 注意：会计档案保管人员不能是出纳人员
查阅	各单位应当建立健全会计档案查阅、复制登记制度。单位会计档案原则上不得借出，如有特殊需要，经本单位负责人批准后可以提供查阅或者复制原件 注意：批准后也只是查阅或者复制，不能借出；我国境内所有单位的会计档案不得携带出境
保管期限	会计档案保管期限分为永久和定期两类，定期保管期限分为 3 年、5 年、10 年、15 年和 25 年五类。保管期限从会计年度终了后第一天算起 注意：保管期限有六类，即 3 年、5 年、10 年、15 年、25 年和永久

（续上表）

销毁	1. 档案管理部门提出销毁意见，会同会计机构审查鉴定，共同编制销毁清册；报单位负责人复核并签署销毁意见 2. 指派专人监销：一般单位由档案机构和会计机构共同派员监销；国家机关由同级审计部门、财政部门监销；财政部门由同级审计部门监销。监销人在销毁清册上签章，并向本单位负责人报告 3. 不得销毁的会计档案：①涉及未了事项（保管期满但尚未报废的固定资产购买凭证）和未结清债权债务的原始凭证等：抽出单独另行立卷，直至其了结；②建设期间建设单位会计档案：无论是否保管期满，都不得销毁，等到项目竣工决算后按手续移交给项目接收单位保管

第四节 会计监督（4 分钟）

三位一体的监督体系：单位内部会计监督、政府监督、社会监督三类。

一、三位一体的会计监督体系（1 分钟）

<table>
<tr><th colspan="2">监督方式</th><th>主体</th><th>对象</th></tr>
<tr><td colspan="2">单位内部会计监督（最具体）</td><td>会计机构和会计人员</td><td>本单位经济活动</td></tr>
<tr><td rowspan="4">外部监督</td><td rowspan="2">政府监督（最权威）</td><td>县级以上财政部门（全面监督、普遍监督的主体）</td><td>会计行为</td></tr>
<tr><td>审计、税务、中国人民银行、证券监管、保险监管等部门（各自职权范围内监督）</td><td>会计资料</td></tr>
<tr><td rowspan="2">社会监督（最广泛）</td><td>注册会计师及其所在会计师事务所</td><td>委托单位经济活动</td></tr>
<tr><td>单位和个人检举</td><td>违法行为</td></tr>
</table>

二、不同层次会计监督的具体内容（3 分钟）

<table>
<tr><td rowspan="6">单位内部会计监督</td><td>单位内部会计监督制度的基本要求</td><td colspan="4">（1）记账人员与经济业务事项或会计事项的审批人员、经办人员、财物保管人员的职责权限应当明确，并相互分离、相互制约
（2）重大对外投资、资产处置、资金调度和其他重要经济业务事项的决策和执行的相互监督、相互制约程序应当明确
（3）财产清查的范围、期限和组织程序应当明确
（4）对会计资料定期内部审计的办法和程序应当明确
注意：内部审计人员，不是会计人员</td></tr>
<tr><td rowspan="5">内部控制</td><td colspan="2"></td><td>对企业而言</td><td>对行政事业单位而言</td></tr>
<tr><td rowspan="2">概念与目标</td><td>概念</td><td>由企业董事会、监事会、经理层和全体员工实施的，旨在实现控制目标的过程</td><td>单位为实现控制目标，通过制定制度、实施措施和执行程序，对经济活动的风险进行防范和管控</td></tr>
<tr><td>目标</td><td>（1）合理保证企业经营管理合法合规、资产安全、财务报告及相关信息真实完整
（2）提高经营效率和效果
（3）促进企业实现发展战略</td><td>（1）合理保证单位经济活动合法合规、资产安全和使用有效、财务信息真实完整
（2）有效防范舞弊和预防腐败，提高公共服务的效率和效果</td></tr>
<tr><td colspan="2">原则</td><td colspan="2">全面性、重要性、制衡性和适应性，此外，企业还应遵循成本效益原则</td></tr>
<tr><td colspan="2">责任人</td><td>（1）董事会负责内部控制的建立健全和有效实施
（2）监事会对董事会建立与实施内部控制进行监督
（3）经理层负责组织领导企业内部控制的日常运行</td><td>（1）单位负责人负责
（2）应当建立适合本单位实际情况的内部控制体系并组织实施</td></tr>
</table>

（续上表）

<table>
<tr><td rowspan="4">单位内部会计监督</td><td rowspan="2">内部控制</td><td>内容</td><td>内部环境、风险评估、控制活动、信息与沟通、内部监督</td><td>梳理单位经济活动业务流程，明确业务环节，系统分析经济活动风险，确定风险点，选择风险应对策略，建立健全单位各项内部管理制度</td></tr>
<tr><td>控制方法</td><td></td><td></td></tr>
<tr><td rowspan="2">内部审计</td><td>概念与内容</td><td colspan="2">概念：单位内部的一种独立客观的监督和评价活动
内容：财务审计、经营审计、经济责任审计、管理审计和风险管理等</td></tr>
<tr><td>特点与作用</td><td colspan="2">特点：侧重于经营过程是否有效、各项制度是否得到遵守与执行。设计结果的客观性和公正性较低，并且以建议性意见为主
作用：预防保护、服务促进、评价鉴证</td></tr>
<tr><td rowspan="2">政府监督</td><td>概念</td><td colspan="3">财政部门代表国家对单位和单位中相关人员的会计行为实施的监督检查，以及对发现的违法会计行为的行政处罚，是一种外部监督
主体：财政部门。除此之外，审计、税务、人民银行、银行监管、证券监管、保险监管可在职责权限内对有关单位的会计资料实施监督检查</td></tr>
<tr><td>主要内容</td><td colspan="3">（1）是否依法设置账簿
（2）会计资料是否真实、完整
（3）会计核算是否合法
（4）对会计人员从业资格和任职资格的监督检查
（5）财政部和省级财政部门对会计师事务所出具的审计报告的程序和内容的监督检查。对社会监督的再监督是由省级财政部门进行，而非县级</td></tr>
</table>

（续上表）

社会监督	概念	由注册会计师及其所在的会计师事务所依法对委托单位的经济活动进行审计、鉴证的一种外部监督 此外，单位和个人的检举也属于会计工作社会监督的范畴
	注册会计师审计与内部审计的关系	联系：都属于现代审计体系的组成部分，都关注内部控制的健全性和有效性，注册会计师审计中可能会涉及对内部审计成果的利用等 区别：独立性、方式、职责和作用、接受审计的自愿性 注意：被审计单位接受注册会计师审计，应当区分会计责任和审计责任——二者不得相互抵消和免除
	注册会计师的业务范围	注册会计师执行业务，应加入会计师事务所 可承办审计业务和会计咨询、会计服务业务 会计师事务所对本所注册会计师承办的业务，承担民事责任

第五节　会计机构和会计人员（14 分钟）

一、会计机构的设置（3 分钟）

办理会计事务的组织方式	（1）单独设置会计机构 （2）有关机构中配备专职会计人员 （3）实行代理记账	
	一个单位是否单独设置会计机构取决于以下几个因素：单位规模大小、经济业务和财务收支繁简、经营管理的要求	
会计机构负责人的任职资格	设置会计机构的：会计机构负责人 未设置会计机构（在有关机构中设置会计人员）的：会计主管人员	会计从业资格证（必备）+“会计师”专业技术资格或 3 年会计工作经历
会计人员回避制度	国家机关、国有企业、事业单位任用会计人员应当实行回避制度	
	单位负责人的直系亲属不得担任本单位的会计机构负责人（会计主管人员），会计机构负责人（会计主管人员）的直系亲属不得在本单位会计机构内担任出纳工作 注意：单位负责人的直系亲属可以在本单位担任出纳	
	直系亲属包括夫妻关系、直系血亲关系、三代以内旁系血亲以及近姻亲关系	

二、会计工作岗位的设置（1 分钟）

概念	单位会计机构内部根据业务分工而设置的从事会计工作、办理会计事项的具体职位
要求	按需设岗、符合内部牵制的要求、建立岗位责任制、建立轮岗制度

三、会计工作交接（3 分钟）

<table>
<tr><td>交接的范围</td><td colspan="2">1. 会计人员调动工作、离职、临时离职或其他原因暂时不能工作需要接替的——只要离开工作岗位必须交接
2. 临时离职或因病不能工作的会计人员恢复工作时，应当与接替或代理人员办理交接手续
3. 移交人员因病或其他特殊原因不能亲自办理移交手续的，经单位负责人批准，可由移交人委托他人代办交接，但委托人应当对所移交的会计凭证、会计账簿、财务会计报告和其他有关资料的真实性、完整性承担法律责任
4. 未办清工作交接手续，不得调动或者离职</td></tr>
<tr><td rowspan="2">交接的程序</td><td>1. 准备工作（未完成的要完成）</td><td>（1）已受理经济业务尚未填制会计凭证，需填制完毕
（2）尚未登记的账目应登记完毕并在最后一笔余额后加盖经办人员印章
（3）对未了事项作出说明
（4）编制移交清册，列明需移交的具体资料
（5）会计机构负责人、会计主管人员移交时，还应介绍重要事项</td></tr>
<tr><td>2. 移交点收</td><td>（1）现金要根据会计账簿记录余额进行当面点交，不得短缺，接替人员发现不一致或“白条抵库”现象时，移交人员在规定期限内负责查清处理
（2）有价证券的数量要与会计账簿记录一致，有价证券面额与发行价不一致时，按照会计账簿余额交接
（3）会计资料必须完整无缺，若有短缺必须查明原因，移交人负责
（4）银行存款账户余额需与银行对账单核对一致
（5）公章等重要物品需交接清楚
（6）实行会计电算化的单位，交接双方应将有关电子数据在计算机上进行实际操作，确认有关数据正确无误后，方可交接</td></tr>
</table>

（续上表）

交接的程序	3. 专人负责安排监交	（1）一般会计人员办理交接手续，由单位的会计机构负责人（会计主管人员）负责监交 （2）会计机构负责人（会计主管人员）办理交接手续时，由单位领导人负责监交，必要时，主管单位可以派人会同监交（非必要时则不需要让主管单位派人）
	4. 交接后的有关事宜	（1）会计工作交接后，交接双方和监交人在移交清册上签名或盖章 （2）接替人员应继续使用移交前的账簿 （3）移交清册一式三份，交接双方各执一份，存档一份
交接人员的责任	原移交人员应当对所移交的会计资料的真实性、完整性负责（谁出错，谁负责）	

四、会计从业资格（4 分钟）

概念	从事会计工作的法定资质（“准入证”），在中国大陆境内从事会计工作必须取得会计从业资格证书	
会计从业资格的取得	取得方式	实行考试制度，无纸化考试形式，考试科目为财经法规与会计职业道德、会计基础、会计电算化（或者珠算）。三科必须一次性通过
	考试报名条件	没有学历和工作经历的要求 （1）限入：被依法吊销会计从业资格证书的人员，自被吊销之日起 5 年内（含 5 年）不得参加会计从业资格考试，不得重新取得会计从业资格证书 （2）禁入：因与会计职务有关的违法行为，被依法追究刑事责任的人员，不得参加会计从业资格考试，不得取得或者重新取得会计从业资格证书
会计从业资格证书管理（全国有效，属地管理）	1. 管理机构：县级以上财政部门负责本行政区域；中共中央直属机关事务管理局、国家机关事务管理局、中国人民解放军总后勤部、中国人民武装警察部队后勤部、新疆生产建设兵团财务局等按规定负责本部门（本系统）	
	2. 信息化管理制度	
	3. 监督检查制度	

（续上表）

<table>
<tr><td rowspan="6">会计从业资格证书管理（全国有效，属地管理）</td><td>4. 持证人员继续教育制度：采取学分制管理制度</td></tr>
<tr><td>5. 变更登记制度</td></tr>
<tr><td>6. 调转登记制度</td></tr>
<tr><td>7. 定期换证制度：6 年定期换证，到期前 6 个月内办理换证手续</td></tr>
<tr><td>8. 撤销：有下列情形之一的，会计从业资格管理机构可以撤销持证人员的会计从业资格：
（1）会计从业资格管理机构工作人员滥用职权、玩忽职守，作出给予持证人员会计从业资格决定的
（2）超越法定职权或者违反法定程序，作出给予持证人员会计从业资格决定的
（3）对不具备会计从业资格的人员，作出给予会计从业资格决定的。持证人员以欺骗、贿赂、舞弊等不正当手段取得会计从业资格的，会计从业资格管理机构应当撤销其会计从业资格</td></tr>
<tr><td>9. 注销：持证人员死亡或者丧失行为能力以及会计从业资格被依法吊销的</td></tr>
</table>

五、会计专业职务与会计专业技术资格（3 分钟）

（一）会计专业技术资格

<table>
<tr><th>专业技术资格</th><th>报名基本条件</th><th colspan="3">考试科目</th></tr>
<tr><td>初级会计资格</td><td rowspan="3">具备会计从业资格</td><td>《初级会计实务》
《经济法基础》</td><td>须一年内一次通过</td><td rowspan="3">全国统考</td></tr>
<tr><td>中级会计资格</td><td>《中级会计实务》
《财务管理》
《经济法》</td><td>两年一个周期，单科成绩采取滚动计算的方法</td></tr>
<tr><td>高级会计资格</td><td colspan="2">《高级会计实务》（开卷笔答，证书全国范围三年有效）</td></tr>
<tr><td>违纪处罚</td><td colspan="4">对伪造学历、会计从业资格证书和资历证明，或者在考试期间有违纪行为的，2 年内不得再参加会计专业技术资格考试</td></tr>
</table>

（二）会计专业职务（需取得相应会计专业技术资格方可任职相应级别会计专业职务）

会计专业职务是区别会计人员业务技能的技术等级		
级别	高级职务	正高级会计师、高级会计师
	中级职务	会计师
	初级职务	助理会计师、会计员

第六节　法律责任（5 分钟）

一、法律责任概述（2 分钟）

法律责任种类	行政责任（针对违法行为）		刑事责任（针对犯罪行为）	
	行政处罚（针对行政机关管理的相对人）	行政处分（针对国家机关工作人员，即公务员）	主刑	附加刑
形式	警告，罚款，没收违法所得、没收非法财物，责令停产停业，暂扣或吊销许可证、暂扣或吊销执照，行政拘留	警告、记过、记大过、降级、撤职、开除（行政机构对单位内部行政人员的制裁）	管制、拘役、有期徒刑、无期徒刑、死刑	罚金、剥夺政治权利、没收财产、驱逐出境（外国人）
			只能独立适用，对犯罪分子只能判一种主刑	附加刑既可单独适用，也可与主刑一起适用
备注	由国家行政机关或者国家授权的有关单位对违法的单位和个人依法采取的行政制裁		国家司法机关依法给予犯罪行为人以相应的刑事制裁	

二、十项较轻微会计违法行为及应承担的法律责任（1.5 分钟）

<table>
<tr><th>违反会计法规应承担法律责任的行为</th><th>应承担的法律责任</th></tr>
<tr><td>1. 未按规定填制、取得原始凭证或原始凭证不符合规定</td><td rowspan="11">1. 责令限期改正（县级以上财政部门）
2. 罚款（单位 3 000 ~50 000 元，个人 2 000 ~20 000 元）
3. 给予行政处分（针对国家工作人员）
4. 吊销会计从业资格证书
5. 依法追究刑事责任（情节严重）</td></tr>
<tr><td>2. 以未经审核的会计凭证为依据登记账簿或登记账簿不符合规定</td></tr>
<tr><td>3. 不依法设置账簿</td></tr>
<tr><td>4. 私设账簿（账外账、小金库、两本账）</td></tr>
<tr><td>5. 向不同的会计资料使用者提供的财务会计报告编制依据不一致</td></tr>
<tr><td>6. 未按规定保管会计资料，致使会计资料毁损、灭失</td></tr>
<tr><td>7. 随意变更会计处理方法</td></tr>
<tr><td>8. 未按规定使用会计记录文字和记账本位币</td></tr>
<tr><td>9. 未按规定建立并实施单位内部会计监督制度，或拒绝依法实施的监督，或不如实提供有关会计资料及有关情况</td></tr>
<tr><td>10. 任用会计人员不符合规定</td></tr>
<tr><td>注意：以上皆为会计法律、法规规定要做，但是单位没有照办的</td></tr>
</table>

三、其他违法会计行为及应承担的法律责任（1.5 分钟）

<table>
<tr><td>1. 伪造、变造会计资料</td><td rowspan="2">行政责任</td><td rowspan="2">（1）通报（县级以上财政部门）
（2）罚款（单位 5 000 ~ 100 000 元，个人 3 000 ~ 50 000 元）
（3）给予行政处分（针对国家工作人员）
（4）吊销会计从业资格证书（针对会计人员）</td></tr>
<tr><td>2. 隐匿或故意销毁依法应保存的会计资料</td></tr>
<tr><td colspan="3">注意：以上两种属于不仅未按要求去做，还故意做错，罪加一等</td></tr>
<tr><td>3. 授意、指示、强令会计机构、会计人员伪造、变造或隐匿、故意销毁依法应保存的会计资料</td><td colspan="2">（1）依法追究刑事责任（情节严重的）
（2）罚款（5000 ~ 50 000 元）
（3）给予行政处分（针对国家工作人员）</td></tr>
</table>

（续上表）

注意：这属于自己不做，让别人做错，罪更加一等		
4. 单位负责人对会计人员实行打击报复	（1）构成犯罪的，依法追究刑事责任（3 年以下有期徒刑或拘役） （2）不构成犯罪的，给予行政处分	
	补救措施：恢复其名誉和原有职务、级别（陷阱：恢复从业资格，恢复职称）	
注意：这属于被拒绝后恼羞成怒，对会计人员打击报复，因此仅仅罚款和行政处分已经不够，需“上刑”		

第三环节 臻题强化 胜券在握

题外话

因考试时多项选择题及案例分析题的单位分值为2分/题，特别是多项选择题，不仅单题分值高，题量也多，多项选择题分值占40，"得多选者得会从"，必须保证多选题的准确率，方能保证考试通关，因此，考前冲刺应多练多项选择题及案例分析题。

一、多项选择题（共30题，应在30分钟内完成）

1. 1999年修订后重新发布的《中华人民共和国会计法》，其特点包括（　　）

A. 加大了对违法会计行为的处置力度

B. 明确了会计工作在社会主义市场经济中的地位和职能作用

C. 特别强调了单位负责人对本单位会计工作和会计资料的真实性和完整性负责

D. 突出了会计职能，保证信息质量的立法宗旨

2. 下列属于单位内部控制的基本方式有（　　）

A. 组织规划控制　　B. 授权批准控制

C. 预算控制　　D. 现金控制

3. 单位对会计工作的管理主要包括（　　）

A. 会计准则的修订　　B. 会计工作的组织

C. 会计准则的制定　　D. 会计人员的选拔、任用

4. 不属于担任单位会计机构负责人（会计主管人员）所必须具备的条件有（　　）

A. 具备会计师以上专业技术职务资格或者从事会计工作3年以上的经历

B. 会计专业毕业

C. 取得会计从业资格证书

D. 取得注册会计师资格

5. 下列各项中，属于会计机构、会计人员应当退回并按国家统一制度规定更正补充的原始凭证有（　　）

A. 不合法　　B. 不完整　　C. 不准确　　D. 不真实

6. 代理记账机构的申请条件包括（　　）

A. 有固定的办公场所　　B. 3 名以上的专职人员

C. 健全的业务和制度　　D. 主管具有会计师以上的职称

7. 应当在会计工作移交清册上签名盖章的人员包括（　　）

A. 移交人　　B. 监交人

C. 会计机构负责人　　D. 接管人

8. 内部控制的原则包括（　　）

A. 全面性原则　　B. 真实性原则

C. 重要性原则　　D. 制衡性原则

9. 财政部门履行的会计行政管理职能主要有（　　）

A. 会计监督检查

B. 会计专业人才评价

C. 会计准则制度及相关标准规范的制定和组织实施

D. 会计市场管理

10. 我国会计专业人才评价机制包括（　　）

A. 初级会计人才评价机制　　B. 高级会计人才评价机制

C. 中级会计人才评价机制　　D. 会计行业领军人才培养机制

11. 会计市场管理包括（　　）

A. 会计市场的准入管理　　B. 会计市场过程的监管

C. 会计市场的退出管理　　D. 会计专业人才评价

12. 下列符合货币资金的授权批准制度有（　　）

A. 明确审批人对货币资金业务的授权批准方式

B. 明确审批人对货币资金业务的授权批准权限

C. 明确审批人对货币资金业务的授权批准程序

D. 明确审批人对货币资金业务的授权批准责任和相关控制措施

13. 中国会计学会的主要职责包括（　　）

A. 总结我国会计工作的教育经验，研究和推动会计专业的教育改革

B. 开展会计领域国际学术交流与合作

C. 发挥学会的智力优势，开展多层次、多形式的智力服务工作，包括组织开展中高级会计人才培养、会计培训和会计咨询与服务等

D. 组织协调全国会计科研力量，开展会计理论研究和学术交流，促进科研成果的推广和运用

14. 依据《财政部门实施会计监督办法》的规定，财政部门依法对各单位会计账簿设置所实施的监督检查包括（　　）

A. 是否存在任用无会计从业资格证的人从事会计工作

B. 应当设置会计账簿的是否按规定设置会计账簿

C. 设置会计账簿是否存在其他违反法律、行政法规和国家统一的会计制度的行为

D. 是否存在伪造、编造会计账簿的行为

15. 单位内部会计监督制度中的机构控制、职务控制的“相对人”指的是（　　）

A. 记账人员　B. 审批人员　C. 经办人员　D. 保管人员

16. 下列各项中，属于会计人员继续教育特点的有（　　）

A. 适应性　B. 连续性　C. 针对性　D. 灵活性

17. 对单位负责人在会计监督中的职责，下列表述中，正确的是（　　）

A. 对本单位会计资料的真实性、完整性负责

B. 必须保证内部监督制度的建立和健全，并发挥其有效的作用

C. 不得授意、指使、强令会计人员办理违法事项

D. 必须事事参与，严格把关

18. 社会团体、公司、企事业单位和其他组织从事一定工作岗位的人必须要持有会计从业资格证，这些工作岗位包括（　　）

A. 稽核　　B. 资本的核算

C. 总账　　D. 出纳

19. 代理记账的业务范围有（　　）

A. 对委托单位进行会计核算　B. 对外提供财务会计报告

C. 向税务机关提供税务资料　D. 委托人委托的其他会计业务

20. 设置会计工作岗位的基本原则包括（　　）

A. 要建立岗位责任制

B. 符合内部牵制制度的要求

C. 根据本单位会计业务的需要设置会计工作岗位

D. 对会计人员的工作岗位要有计划地进行轮岗，以促进会计人员全面熟悉业务和不断提高业务素质

21. 我国的会计管理体制在《中华人民共和国会计法》和《中华人民共和国注册会计师法》中已作明确规定，形成了各有侧重、协调发展的会计管

理体制，主要包括（ ）

A. 自律管理　　B. 单位会计管理

C. 会计从业人员自我管理　　D. 会计行政管理

22. 会计档案的作用有（ ）

A. 有助于总结经济工作经验

B. 有助于查证违法违纪问题，防止贪污舞弊

C. 有助于指导经济管理和事业管理

D. 是记录和反映经济业务的重要史料和证据

23. 下列各项中，属于违反《中华人民共和国会计法》行为的有（ ）

A. 任用会计人员不符合会计法规定的行为

B. 签发空头支票的行为

C. 随意变更会计处理方法的行为

D. 隐匿会计账簿的行为

24. 下列属于内部会计监督制度基本要求的有（ ）

A. 会计事项相关人员的职责权限应明确

B. 对会计资料执行内部审计的办法和程序应当明确

C. 建立会计档案管理制度

D. 重要经济业务事项的决策和执行的相互监督、相互制约程序应当明确

25. 关于会计机构负责人、会计主管人员办理交接的说法，正确的有（ ）

A. 上级主管部门在必要时可以派人会同监交

B. 由单位负责人监交

C. 由人事科长监交

D. 由交接双方自行交接

26. 下列有关办理会计移交手续的表述，正确的有（ ）

A. 经单位领导人批准，委托他人代办移交的，委托人仍应承担相应责任

B. 会计主管人员办理交接手续，由单位领导监交

C. 因病不能工作的会计人员恢复工作的，应当与接替人员办理交接手续

D. 会计机构负责人晋升为本单位总会计师的，由于仍然主管会计工作，可以不办理交接手续

27. 核对账目的要求包括（ ）

A. 做到账表相符　　B. 做到账账相符

C. 做到账实相符　　D. 做到账证相符

28. 根据《会计工作规范》的规定，会计人员办理移交手续前，必须及

时做好的相关工作包括（　　）

A. 整理应该移交的各项资料，对未了事项写出书面说明

B. 尚未登记的账目，应当登记完毕，并在最后一笔余额后加盖经办人员印章

C. 已经受理的经济业务尚未填制会计凭证的，应当填制完毕

D. 编制移交清册，列明应当移交的会计资料和物品等

29. 以下属于财政部门会计监督检查的主要内容有（　　）

A. 是否依法设置会计账簿

B. 各单位对实际发生的会计业务事项是否及时办理会计手续

C. 任用的会计人员是否符合相关规定

D. 对会计师事务所出具审计报告的程序和内容进行监督

30. 企业建立与实施有效的内部控制，应当包括（　　）

A. 内部环境　B. 风险评估　C. 控制活动　D. 信息与沟通

二、案例分析题（共 4 题，应在 30 分钟内完成）

1. 兴华公司是一家中外合资经营企业，2012 年度发生了以下事项：

①2 月 21 日，公司接到市财政局通知，市财政局要来公司检查会计工作情况。公司董事长兼总经理郑某认为，公司作为中外合资经营企业，不应受《中华人民共和国会计法》的约束，财政部门无权来检查。

②3 月 5 日，公司会计科一名档案管理人员生病临时交接工作，郑某委托单位出纳员王某临时保管会计档案。

③4 月 15 日，公司从外地购买一批原材料，收到发票后，与实际支付款项进行核对时发现发票金额有误，经办人员在原始凭证上进行了更改，并加盖了自己的印章，作为报销凭证。

④5 月 2 日，公司会计科科长退休，公司决定任命自参加工作以来一直从事文秘工作的办公室副主任王某为会计科科长。

⑤公司发现中期财务报告将出现 350 万元亏损，为取得银行流动资金贷款，董事长授意王某将损益表进行调整，增加净利润 120 万元。

根据上述资料，回答下列问题：

（1）根据事项①，公司董事长兼总经理郑某认为中外合资经营企业不受《中华人民共和国会计法》约束的观点是否正确（　　）

A. 正确

B. 不正确。根据规定，省级以上人民政府财政部门为各单位会计工作的监督检查部门，对各单位会计工作行使监督权

C. 不正确。根据规定，市级以上人民政府财政部门为各单位会计工作的监督检查部门，对各单位会计工作行使监督权

D. 不正确。根据规定，县级以上人民政府财政部门为各单位会计工作的监督检查部门，对各单位会计工作行使监督权

（2）根据事项②，下列表述中正确的有（　　）

A. 单位出纳员王某可以临时保管会计档案

B. 单位出纳员王某不能临时保管会计档案

C. 档案管理人员生病临时交接工作，不能由公司董事长郑某指定有关人员接替

D. 档案管理人员生病临时交接工作，可以由公司董事长郑某指定有关人员接替

（3）根据事项③，下列表述中正确的有（　　）

A. 经办人员在原始凭证上进行了更改，并加盖了自己的印章，这一行为符合规定

B. 原始凭证金额有错误的，应当由出具单位重开，不得在原始凭证上更正

C. 经办人员在原始凭证上进行了更改，不应加盖自己的印章，而是加盖出具单位的印章

D. 经办人员在原始凭证上进行了更改，并加盖自己的印章，这一行为不符合规定

（4）根据事项④，下列表述中正确的有（　　）

A. 从事文秘工作的办公室副主任王某可以担任会计科科长

B. 从事会计工作必须取得会计从业资格证书

C. 从事文秘工作的办公室副主任王某不能担任会计科科长

D. 担任单位会计机构负责人（会计主管人员）的，除取得会计从业资格证书外，还应当具备会计师以上专业技术职务资格或者从事会计工作 5 年以上经历

（5）根据事项⑤，该公司及其相关人员可能受到的处罚有（　　）

A. 对该公司违法行为进行通报

B. 吊销王某的会计从业资格证书

C. 对公司董事长处以 5 000 元罚款，对公司处以 5 万元罚款

D. 对王某处以 3 000 元罚款

2. 某外商投资企业根据业务发展需要，决定设置总会计师，并聘用本单位会计机构负责人王某担任总会计师。为了保证会计工作的正常进行，准备

提升已取得会计师专业技术资格，并且长期在该企业会计部门工作的刘某担任会计机构负责人。另拟抽调一名在车间从事统计工作已 5 年的中专生小张接替刘某的会计核算工作。

根据上述资料，回答下列问题：

（1）关于设置总会计师，下列说法中正确的是（　　）

A. 国有大、中型企业必须设置总会计师

B. 国有大、中型企业以外的其他单位可根据需要设置总会计师

C. 国有大、中型企业以外的其他单位不一定设置总会计师

D. 国有大、中型企业不一定设置总会计师

（2）关于总会计师的权限，以下说法正确的是（　　）

A. 建立健全单位经济核算的组织指挥权

B. 对违法违纪问题的制止和纠正权

C. 对单位财务收支具有审核签署权

D. 对本单位会计人员的管理权

（3）聘用本单位财务负责人王某担任总会计师，以下说法错误的是（　　）

A. 王某担任总会计师前，要办理会计工作的移交

B. 由于王某仍在本单位工作，所以王某担任总会计师，不需办理会计工作的移交

C. 在王某担任总会计师前，必须取得高级会计师专业技术资格

D. 王某担任总会计师以后，具有参与本单位生产经营和业务管理的决策职责

（4）关于会计专业职务和会计专业技术资格，以下说法正确的是（　　）

A. 会计专业职务，是区别会计人员业务技能的技术等级

B. 总会计师不属于会计专业中的高级职务

C. 会计员不属于会计专业中的初级职务

D. 初级、中级和高级会计专业技术资格的取得，均实行国家统一的考试制度

（5）小张接替刘某的会计核算工作，以下说法错误的是（　　）

A. 小张应取得会计从业资格证书

B. 小张应取得初级会计专业技术资格

C. 小张不必取得会计专业技术资格

D. 由于小张已在车间从事 5 年的统计工作，因而不必取得会计从业资格证书

3. 2009 年 5 月，财政部门在对某事业单位的检查中发现下列情况：①部分会计凭证与后附发票上的金额不一致且发票上未填写单位名称，涉及金额重大。②由于人手紧张，会计王某同时兼任单位出纳。③该会计机构负责人张某是该单位负责人李某的妻子。④该单位设有两套账簿，一套账簿用于向外报送财务数据，另一套账簿用于内部核算。

根据以上情况，请回答下列问题：

（1）上述各项中，违反《中华人民共和国会计法》的规定的有（　　）

A. 事项③　　B. 事项①　　C. 事项④　　D. 事项②

（2）针对事项①，下列说法中正确的有（　　）

A. 由于情节严重，吊销直接负责人员的会计从业资格证书

B. 对该单位处 3 000 元以上 5 万元以下的罚款

C. 对直接负责的主管人员处 2 000 元以上 2 万元以下的罚款

D. 根据《中华人民共和国会计法》的规定，责令限期改正

（3）针对事项②，下列说法中正确的有（　　）

A. 王某同时兼任会计和出纳，不符合设置会计工作岗位的基本原则

B. 王某可以同时兼任会计和出纳

C. 违反了设置会计工作岗位基本原则中的内部牵制制度的要求

D. 王某不可以同时兼任会计和出纳

（4）针对事项③，下列说法中正确的有（　　）

A. 张某不得担任该单位的会计机构负责人

B. 张某不得在该单位担任任何职务

C. 不符合《会计基础工作规范》中回避制度的相关规定

D. 张某可以担任该单位的会计机构负责人

（5）针对事项④，下列说法中正确的有（　　）

A. 可对该单位处 3 000 元以上 5 万元以下的罚款

B. 属于私设账簿的行为，违反了《中华人民共和国会计法》的规定

C. 符合《中华人民共和国会计法》的规定

D. 可对该单位处 5 000 元以上 5 万元以下的罚款

4. 2009 年 1 月份 A 市成立一家贸易企业（简称“甲公司”），有关情况如下：①甲公司由于规模不大，经济业务和财务收支比较简单，单位未设置会计机构，但配备会计人员并指定张某为主管会计人员；②张某于 2005 年 3 月取得会计从业资格证书，2006 年 12 月开始从事会计工作，加入甲公司时尚未取得会计师专业技术职务资格；③出纳李某是张某的妻弟，已取得会计从业资格证书。

根据以上情况，请回答下列问题：

（1）针对事项①，下列说法中正确的是（　　）

A. 根据《中华人民共和国会计法》的规定，各单位必须单独设立会计机构，甲公司上述做法不正确

B. 根据《中华人民共和国会计法》的规定，甲公司应当委托经批准设立从事会计代理记账业务的中介机构代理记账，上述做法不正确

C. 根据《中华人民共和国会计法》的规定，各单位应当根据会计业务的需要，设置会计机构，或者在有关机构中设置会计人员并指定会计主管人员，不具备条件的，应当委托批准设立从事会计代理记账业务的中介机构代理记账，甲公司上述做法正确

D. 根据《中华人民共和国会计法》的规定，未设置会计机构的单位，只能配备会计人员，无须指定会计主管人员，因此，甲公司无须指定张某为会计主管人员

（2）会计机构是各单位办理会计事务的职能机构，一个单位是否设置会计机构，应当考虑的因素包括（　　）

A. 单位规模的大小　　B. 经济业务的繁琐

C. 财务收支的繁琐　　D. 经营管理的要求

（3）针对事项②，下列说法中正确的有（　　）

A. 张某可以担任甲公司的会计主管人员

B. 张某不可以担任甲公司的会计主管人员

C. 根据《中华人民共和国会计法》的规定，担任单位会计机构负责人（会计主管人员）的，除取得会计从业资格证书外，还应当具备会计师以上专业技术职务资格或者从事会计工作3年以上的经历

D. 根据《中华人民共和国会计法》的规定，担任单位会计机构负责人（会计主管人员）的，除取得会计从业资格证书外，还应当具备会计师以上专业技术职务资格或者从事会计工作5年以上的经历

（4）针对事项②，下列有关甲公司的说法，正确的有（　　）

A. 甲公司指定张某为会计主管人员符合《中华人民共和国会计法》的规定

B. 甲公司指定张某为会计主管人员违反了《中华人民共和国会计法》的规定

C. 属于任用会计人员不符合《中华人民共和国会计法》规定的行为，县级以上人民政府财政部门可以责令限期改正

D. 县级以上人民政府财政部门可对甲公司判处3 000元以上5万元以下

的罚款

(5) 针对事项③，下列说法中正确的有（　　）

A. 出纳人员不需要取得会计从业资格证书

B. 出纳属于会计岗位，需要取得会计从业资格证书

C. 李某担任甲公司的出纳不违反规定

D. 根据《会计基础工作规范》的规定，会计机构负责人的直系亲属不得在本单位会计机构中担任出纳的工作，因此，李某不得担任甲公司的出纳

三、单项选择题（共 10 题，应在 5 分钟内完成）

1. 根据《代理记账管理办法》的规定，可以批准设立非会计师事务所的代理记账机构的国家行政机关是（　　）

A. 所在地的县级以上人民政府财政部门

B. 所在地的县级以上人民政府税务部门

C. 所在地的县级以上人民政府审计部门

D. 所在地的县级以上人民政府工商行政管理部门

2. 根据《中华人民共和国会计法》的规定，会计机构、会计人员在受理原始凭证时，对不真实、不合法的原始凭证有权不予受理，并将有关情况上报，其报告的对象是（　　）

A. 会计机构负责人　　B. 单位负责人

C. 上级单位负责人　　D. 总会计师

3.《企业财务会计报告条例》是在（　　）年发布的

A. 1993　B. 2001　C. 1990　D. 2000

4. 各单位内部会计监督的主要途径是（　　）

A. 通过会计机构进行监督

B. 通过会计人员进行监督

C. 通过建立健全内部会计监督制度进行监督

D. 通过单位负责人进行监督

5. 行政处罚和行政处分都具有的法律责任形式是（　　）

A. 警告　B. 罚款　C. 拘留　D. 记过

6. 下列各项关于￥60017.10 的中文大写的写法，正确的是（　　）

A. 人民币陆万壹拾柒元壹角　B. 人民币六万零一十七元一角

C. 人民币六万一十七元一角　D. 人民币陆万零壹拾柒元壹角

7. 违反刑事法律规范所应当承担的法律责任是（　　）

A. 行政责任　B. 刑事责任　C. 赔偿责任　D. 民事责任

8. 以下不属于内部审计作用的是（　　）

A. 预防保护作用　　B. 财产保护作用

C. 服务促进作用　　D. 评价鉴证作用

9. 会计机构、会计人员发现会计账簿与实物、款项及有关资料不相符的，正确的做法是（　　）

A. 根据国家统一的会计制度的规定，有权自行处理的应及时处理，无权处理的，应立即向单位负责人报告

B. 自行处理

C. 提交单位负责人进行处理

D. 向当地财政部门报告，由财政部门进行处理

10. 除会计师事务所外，从事代理记账业务的机构必须持有代理记账许可证书。该代理记账许可证书的核发机关是（　　）

A. 县级以上人民政府税务部门

B. 县级以上人民政府工商行政管理部门

C. 县级以上人民财政部门

D. 县级以上人民审计部门

四、判断题（共 20 题，应在 10 分钟内完成）

1. 会计人员继续教育是指会计人员在完成某一阶段专业学习后，重新接受一定形式的、有组织的知识更新和培训活动。（　　）

2. 根据《总会计师条例》的规定，凡设置总会计师职位的单位，不得设置与总会计师职权冲突的副职。（　　）

3. 单位负责人应支持并督促会计人员遵守职业道德，依法开展会计工作。（　　）

4. 我国对会计工作实行的是统一领导，分级管理原则下的政府主导型管理体制。（　　）

5. 国家工作人员授意、指使、强令会计机构、会计人员隐匿、故意销毁依法应当保存的会计凭证、会计账簿、财务会计报告，尚不构成犯罪的，应当由其所在单位或者有关单位给予降职、撤职或开除的行政处分。（　　）

6. 会计行政法规的制定依据是《中华人民共和国会计法》。（　　）

7. 《中华人民共和国会计法》规定各单位应当根据会计业务的需要，设置会计机构，或者在有关机构中设置会计人员并指定会计主管人员，但不具备设置会计机构或会计人员条件的单位应当委托经批准设立从事代理记账业务的中介机构代理记账。（　　）

8. 1999年修订后重新发布的《中华人民共和国会计法》突出了规范会计行为、保证会计信息质量的立法宗旨，明确了会计工作在社会主义经济中的地位和职能作用，特别强调了单位负责人对本单位会计工作和会计资料真实性、完整性的责任，加大了对违法会计行为的惩治力度。(　　)

9.《注册会计师全国统一考试违规行为处理办法》是由财政部制定的部门规章。(　　)

10. 从事会计工作的人员是否具备会计从业资格也是财政部门监督的内容。(　　)

11. 地方财政部门和中央有关主管单位负责本地区、本部门、本系统内的会计人员继续教育的组织管理工作。(　　)

12. 在一个阶级社会里，可以有多种体现不同阶级愿望和意志的会计法律制度。(　　)

13. 国务院有关部门有权根据国家有关法律法规，制定本部门或系统的货币资金内部控制制度。(　　)

14. 无民事行为能力人或者限制民事行为能力人在票据上的签章无效，且影响其他签章的效力。(　　)

15. 财政部和省、自治区、直辖市人民政府财政部门依据《中华人民共和国注册会计师法》对注册会计师协会进行监督、指导。(　　)

16. 我国实行注册会计师全国统一考试制度，考试成绩合格即可申请成为注册会计师。(　　)

17. 会计档案的保管期限从会计年度终了后的第一天算起。(　　)

18. 银行本票的付款人见票时必须无条件付款给持票人。(　　)

19. 出纳不得同时兼任成本费用核算工作。(　　)

20. 企业可以在不同的会计期间根据自身财务需要采用不同的会计处理方法。(　　)

参考答案及解析

一、多项选择题

1. ABCD　2. ABCD　3. BD　4. BD　5. BC　6. ABCD　7. ABD

8. ACD【解析】企业、行政事业单位建立与实施内部控制，均应遵循全面性原则、重要性原则、制衡性原则和适应性原则。此外，企业还应遵循成本效益原则。

9. ABCD 10. ABCD 11. ABC 12. ABCD 13. ABCD 14. BCD
15. ABCD 16. ACD 17. ABC 18. ABCD 19. ABCD 20. ABCD
21. ABD 22. ABCD 23. ACD 24. ABD 25. AB 26. ABC 27. ABCD
28. ABCD 29. ABCD

30. ABCD【**解析**】企业建立与实施有效的内部控制，应当包括内部环境、风险评估、控制活动、信息与沟通、内部监督。

二、案例分析题

1.（1）D【**解析**】郑某的观点不正确。根据规定，县级以上人民政府财政部门为各单位会计工作的监督检查部门，对各单位会计工作行使监督权。

（2）BD【**解析**】会计人员临时离职或者因病不能工作且需要接替或者代理的，会计机构负责人、会计主管人员或者单位领导人必须指定有关人员接替或者代理，并办理交接手续。出纳人员不得兼任稽核、会计档案保管和收入、支出、费用、债权债务账目的登记工作。

（3）BD【**解析**】原始凭证有错误的，应当由出具单位重开或者更正，更正处应当加盖出具单位印章。原始凭证金额有错误的，应当由出具单位重开，不得在原始凭证上更正。

（4）BC【**解析**】担任单位会计机构负责人（会计主管人员）的，除取得会计从业资格证书外，还应当具备会计师以上专业技术职务资格或者从事会计工作3年以上的经历。

（5）ABCD【**解析**】本题考查的是伪造、变造会计凭证、会计账簿、编造虚假财务会计报告的法律责任。题目中事项⑤涉及的处罚包括选项A、B、C、D所述。

2.（1）ABC （2）ABCD （3）BCD （4）AB （5）AD

3.（1）ABCD

（2）ABCD【**解析**】事项①属于未按照规定填制、取得原始凭证或者填制、取得的原始凭证不符合规定这种违法情况。

（3）ACD （4）AC （5）AB

4.（1）C （2）ABCD （3）BC （4）BCD （5）BD

三、单项选择题

1. A 2. B

3. D【**解析**】《企业财务会计报告条例》是2000年6月1日发布，2001年1月1日施行的。本题问的是发布时间而非施行时间。

4. C　5. A　6. D　7. B

8. B【解析】内部审计在单位内部会计监督制度中的重要作用主要体现在三方面：预防保护作用、服务促进作用、评价鉴证作用。

9. A　10. C

四、判断题

1. 对　2. 对　3. 对　4. 对　5. 对　6. 对　7. 对　8. 对　9. 对　10. 对

11. 对　12. 错　13. 对　14. 错　15. 对　16. 错　17. 对　18. 对　19. 对

20. 错【解析】企业采用的会计处理方法应当保持一致，不得随意变更。

第四环节 错题重温 查漏补缺

请再次回顾今天完成的习题中的错误部分，并在下方写出对于第一章中最难把握的是哪一节内容，如“今天完成得不错，但是第六节法律责任的罚款范围总是记不清”。

题外话

第一章“会计法律制度”与第五章“会计职业道德”的关系较为密切，故第五章应在第一章后进行复习，效果较好。进入第二天的内容学习前请先回顾第一天的内容，并将错题至少再看一次。

2 第二天 第五章 会计职业道德

第一环节 真题回顾 胸有成竹

一、多项选择题（共30题，建议学习时间为15分钟，应快速通读，并对有疑问的题目重点阅读其解析，并做标记）

1. 会计职业道德中的客观公正，要求会计人员端正态度及（ ）

A. 保持应有的独立性　　B. 实事求是

C. 不偏不倚　　D. 依法办事

答案：选ABCD。

2. 会计职业道德与会计法律制度的区别是（ ）

A. 性质不同　　B. 作用范围不同

C. 实现形式不同　　D. 实施保障机制不同

答案：选ABCD。

3. 会计职业道德的特征有（ ）

A. 具有一定的强制性　　B. 较多关注公众利益

C. 具有自愿性　　D. 与个人利益有冲突

解析：选AB。会计职业道德的特征：①具有一定的强制性——许多会计职业道德的内容纳入会计法律制度，是一种思想立法；②较多关注公众利益——会计职业的特殊性，要求会计人员客观公正，在会计职业活动中，发生道德冲突时宜坚持准则，把社会公众利益放在第一位。

4. 下列各项中，体现会计职业道德"客观公正"要求的有（ ）

A. 依法办事　B. 实事求是　C. 不偏不倚　D. 保持独立性

答案：选BCD。

5. 会计职业道德观念教育的目的有（ ）

A. 树立会计职业道德观念

B. 了解会计职业道德对会计信息质量的影响

C. 了解会计职业道德对社会经济秩序的影响

D. 了解违反会计职业道德将受到的惩戒和处理

答案：选 ABCD。

6. 道德作为一种社会意识形态，其特征一般有（　　）

A. 社会性　　B. 强制性　　C. 继续性　　D. 自律性

解析：选 ACD。法律才有强制性。

7. 开展会计职业道德教育的意义有（　　）

A. 促使会计职业健康发展　　B. 树立会计职业道德观念

C. 提高会计职业道德水平　　D. 培养会计职业道德情感

答案：选 ABCD。

8. 小张是某代理记账公司提供专业服务的会计人员，在其为客户提供的下列服务中，违背会计职业道德要求的做法有（　　）

A. 向委托单位提出改进内部控制的建议

B. 为帮助委托单位负责人完成年度业绩，提出将固定资产折旧和银行借款利息挂账处理的建议

C. 利用专业知识向委托单位提出偷税的建议

D. 在委托单位举办会计知识培训，帮助树立依法理财观念

解析：选 BC。选项 A 和 D 符合会计职业道德。

9. 下列情形中，既违反会计法律制度，又违背会计职业道德规范的有（　　）

A. 会计人员小李平时喜欢吃喝应酬，不爱学习钻研

B. 出纳员小刘利用职务便利挪用公款炒股

C. 会计机构负责人吴某按照单位领导人授意，销毁尚在有效期内的会计档案

D. 会计人员小王经常迟到，工作拖沓敷衍

解析：选 BC。选项 A 和 D 只是违反了会计职业道德规范。而选项 B 和 C 既违反会计法律制度，又违背会计职业道德规范。

10. 林某是某代理记账公司专职从业人员，在其为客户提供的下列服务中，符合会计职业道德要求的有（　　）

A. 提出将委托单位固定资产折旧和银行借款利息挂账处理，以改善其经营

B. 辅导委托单位会计进行正确的会计账务处理，帮助其树立依法理财的观念

C. 向委托单位提出改进内部会计控制的建议

D. 利用专业知识为委托单位进行税收代理服务，拒绝企业提出的以现金

收入不入账的手段少缴企业所得税的要求

解析：选 BCD。提出将委托单位固定资产折旧和银行借款利息挂账处理，以改善其经营是不对的，违反了会计职业道德。选项 B、C、D 符合会计职业道德要求。

11. 小李受聘于一家股份有限公司，作为出纳，在实际工作中与钱打交道的机会很多，但他从来不贪不占，对每笔费用都如实向单位领导反映，并报财务主管指示，同时小李在日常工作中也实事求是，从不弄虚作假，小李的做法体现出会计职业道德要求的有（　　）

A. 诚实守信　B. 坚持原则　C. 廉洁自律　D. 强化服务

解析：选 AC。不贪不占体现了廉洁自律，小李在日常工作中也是实事求是，从不弄虚作假，体现了诚实守信。

12. 下列有关会计职业道德与会计法律制度的表述，正确的有（　　）

A. 会计职业道德与会计法律制度有着不同的目标、不同的职责，调整着不同的对象

B. 会计法律制度是促进会计职业道德规范形成和遵守的重要保障

C. 会计职业道德规范柔性，缺乏强制力，需要会计法律制度等刚性规范来支持

D. 会计职业道德是会计法律制度正常运行的社会和思想基础

解析：选 BCD。会计职业道德和会计法律制度在根本目的上是一致的，二者可以说是殊途同归。所以选项 A 错误，选项 B、C、D 都正确。

13. 关于会计职业道德的教育途径有（　　）

A. 获取会计从业资格中的职业道德教育

B. 会计学历教育

C. 岗位职业道德继续教育

D. 自我教育

解析：选 ABCD。会计职业道德的教育途径包括岗前职业道德教育和岗位职业道德继续教育。而会计学历教育中的会计职业道德教育和获取会计从业资格中的会计职业道德教育都属于岗前职业道德教育。

14. 王某作为某代理记账公司的一名工作人员，下列做法正确的是（　　）

A. 建议某公司对固定资产折旧，利息的计算采用挂账处理

B. 对某公司建立完善内部控制制度提出合理化建议

C. 建议某公司开展会计培训，树立员工依法理财的观念

D. 对某公司作出如何偷税的建议

解析：选 BC。建议某单位对固定资产折旧和银行借款利息挂账处理，对某公司作出如何偷税的建议，违背了会计职业道德。

15. 以下属于违反了注册会计师的保密原则的是（　　）

A. 王某将被审单位的信息告诉妻子，让其买入该公司的股票

B. 未经客户授权或法律法规允许，向会计师事务所以外的第三方披露其所获知的涉密信息

C. 法律法规允许披露，并且取得客户或工作单位的授权

D. 利用所获知的涉密信息为自己或第三方谋取利益

解析：选 ABD。注册会计师应当对执行业务过程中知悉的商业秘密保密，并不得利用其为自己或他人谋取利益。所以选项 A、B、D 违反了注册会计师的保密原则。

16. “提高技能”既是会计职业道德规范的基本要求，也是会计人员胜任本职工作的重要条件。下列各项中，属于会计技能的内容有（　　）

A. 自动更新知识能力　　B. 会计实务能力

C. 职业判断能力　　D. 沟通交流能力

解析：选 ABCD。就会计职业而言，会计技能包括：专业基础知识，会计理论、专业操作的创新能力，组织协调能力，主动更新知识的能力，提供会计信息的能力。

17. 下列选项中，属于廉洁自律的基本要求有（　　）

A. 树立正确的人生观和价值观　B. 公私分明，不贪不占

C. 遵纪守法，一身正气　　D. 依法办事，实事求是

解析：选 ABC。“依法办事，实事求是”是客观公正的基本要求。

18. 会计职业组织在促进会计职业道德建设中，可以采取的措施有（　　）

A. 对违反会计职业道德的会员实施惩戒

B. 开展会计职业道德典型人物宣传

C. 对严格遵守会计职业道德的会员予以表彰

D. 制定会计职业道德规范

解析：选 ABCD。会计职业组织在促进会计职业道德建设中，可以采取的措施有：制定会计职业道德规范，开展会计职业道德理论研究，对违反会计职业道德的会员实施惩戒，对严格遵守会计职业道德的会员予以表彰。

19. 下列各项中，要对会计职业道德建设的组织和实施健全制度与机制，齐抓共管，保证会计职业道德建设的各项任务和要求落到实处的机构有（　　）

A. 各级财政部门　　B. 企事业单位

C. 机关　　D. 会计职业团体

解析：选 ABCD。在会计职业道德建设的组织与实施中，应当发挥作用的部门或单位有财政部门、会计职业团体、企事业单位、会计学术团体。

20. 下列表述中，属于单位负责人重视和加强会计职业道德建设内容的有（　　）

A. 单位负责人应当重视开展会计人员道德和纪律教育，并加强检查，督促会计人员诚实守信、勤奋敬业

B. 单位负责人要重视制度建设，完善内部约束机制，有效防范舞弊和经营风险

C. 单位负责人在任用会计人员时，应当审查其会计从业资格证书、职业记录和诚信档案

D. 单位负责人要带头遵纪守法，支持会计人员依法展开工作

解析：选 ABCD。单位负责人是单位会计工作的责任主体，应在各方面加强会计职业道德的建设。

二、案例分析题（共 4 题，建议学习时间为 20 分钟）

1. 中国证监会组织对甲上市公司进行检查时发现以下事实：

某年，甲公司由于经营管理和市场方面的原因，经营业绩滑坡，为了获得配股资格，甲公司主要领导人贾某便要求财务总监郑某对该年度的财务数据进行调整，以保证公司的净资产收益率符合配股条件，否则财务部门人员全部换岗。郑某组织公司财务人员易某以虚假营业额、隐瞒费用和成本开支等方法调整了公司财务数据。甲公司根据调整后的财务资料于第二年 10 月申请配股并获得批准发行。

根据题意，回答下列问题：

（1）该公司会计人员违背了（　　）要求

A. 爱岗敬业　B. 客观公正　C. 提高技能　D. 诚实守信

解析：选 BD。郑某、易某作为会计人员，应当拒绝贾某的要求，其行为违背了会计职业道德中会计人员应当诚实守信、客观公正、坚持准则的要求。

（2）本题表述的事项中，存在违法和违背会计职业道德要求的人员有（　　）

A. 贾某　　B. 郑某

C. 上级主管单位　　D. 易某

解析：选 ABD。甲公司主要负责人贾某存在“授意、指使会计机构、会计人员编制虚假财务会计报告”的行为，财务总监郑某、会计人员易某存在“编制虚假财务会计报告”的行为。郑某、易某作为会计人员，应当拒绝贾某

的要求，其行为违背了会计职业道德中会计人员应当诚实守信、客观公正、坚持准则的要求。

（3）单位负责人负责单位内部的工作管理，会计人员必须服从其管理，不得违抗。（　）

答案：错。

（4）按《中华人民共和国会计法》的规定，可给予相关的处罚是（　）

A. 对违法行为人处以 5 000 元以上 5 万元以下的罚款

B. 对甲公司处以 3 000 元以上 5 万元以下的罚款

C. 对相关的领导人或直接责任人处以 3 000 元以上 5 万元以下的罚款

D. 对其中的会计人员，由县以上人民政府财政部门吊销其会计从业资格证书

解析：选 ACD。贾某是单位负责人，存在授意、指使他人编制虚假财务会计报告的行为。根据《中华人民共和国会计法》的规定，如果构成犯罪的，司法部门依法追究刑事责任；尚不构成犯罪的，可以处以 5 000 元以上 5 万元以下的罚款。郑某和易某作为会计人员存在编制虚假财务会计报告”行为，根据《中华人民共和国会计法》的规定，如果构成犯罪的，依法追究刑事责任；尚不构成犯罪的，由县级以上人民政府财政部门予以通报，可以对郑某、易某处以 3 000 元以上 5 万元以下的罚款，郑某、易某为会计人员，应由县级以上人民政府部门吊销其会计从业资格证书。

（5）按《中华人民共和国会计法》的规定，单位负责人贾某（　）

A. 有授意、指使他人编制虚假财务会计报告的行为

B. 构成犯罪的，应追究刑事责任

C. 不构成犯罪的，应给予行政处分

D. 不构成犯罪的，可处以 5 000 元以上 5 万元以下的罚款

答案：选 ABD。

2. 某集团会计人员甲、乙、丙、丁对会计职业道德的概念、会计职业道德与会计法律制度的关系、会计职业道德规范的内容、会计职业道德教育及组织实施等问题进行了激烈的讨论。

请根据题意，回答下列问题：

（1）关于会计职业道德组织实施，下列对违反《中华人民共和国会计法》的行为，表述正确的有（　）

A. 甲认为，根据违反的情况给予相应的处罚

B. 乙认为，应对相关责任人暂停从业资格

C. 丙认为，应指定相关人员参加一定学时的继续教育

D. 丁认为，应对相关人员在会计行业范围内通报批评

答案： 选 ABCD。

（2）关于会计职业道德规范的内容，以下表述正确的是（　　）

A. 甲认为，会计人员应该热爱本职工作、尽职尽责

B. 乙认为，会计职业是一项特殊的职业，整天与钱打交道，如果贪财、爱占便宜，就容易走上犯罪道路。所以会计人员必须达到“常在河边走，就是不湿鞋”的境界

C. 丙认为，会计人员的根本任务就是强化服务，应当无条件地服从领导，贯彻领导的意图

D. 丁认为，会计人员在办理业务时应当依法办理

解析： 选 ABD。会计人员不是无条件地服从领导，需要坚持准则。

（3）关于会计职业道德的教育，以下表述正确的是（　　）

A. 甲认为，会计职业道德教育的途径包括会计学历教育、会计人员继续教育、会计人员自我修养与教育

B. 乙认为，会计职业道德教育需要内外结合

C. 丙认为，会计职业道德教育的唯一途径是依靠学历教育，只有这样才能培养会计职业道德观念，强化会计职业道德情操

D. 丁认为，会计职业道德教育不能片面强调学历教育，无视或忽视会计人员继续教育和自我教育与修养

答案： 选 ABD。

（4）关于会计职业道德的概念，以下表述正确的有（　　）

A. 甲认为，会计职业道德是会计人员在社会交往和公共生活中应当遵循的行为准则

B. 乙认为，会计职业道德是体现会计职业特征、调整会计职业关系的职业行为准则和规范

C. 丙认为，会计职业道德是会计人员在会计职业活动中应遵循的行为准则

D. 丁认为，会计职业道德涵盖了人与人、人与社会、人与自然之间的关系

答案： 选 BC。

（5）对会计职业道德与会计法律制度的关系的表述，不正确的是（　　）

A. 甲认为，两者在性质、实现形式上都不一样

B. 乙认为，两者在性质、实现形式上都一样

C. 丙认为，两者在性质上一样，实现形式上不一样

D. 丁认为，两者在性质上不一样，实现形式上一样

答案：选 BCD。

3. 丁公司 2009 年的工作中存在以下情况：

①财务部经理张某努力学习理论知识，抓住公司经营管理中的薄弱环节，以强化成本核算和管理为突破口，将成本逐层分解至各部门并实行过程控制，大大降低了成本，提高了经济效益。

②为帮助各部门及时反映成本费用，落实成本控制指标，会计人员徐某精心核算表格，并对相关人员进行核算业务指导，提高了该项工作的质量。

③公司处理一批报废汽车收入 15 000 元，公司领导要求不在公司收入账上反映，指定会计人员李某另行保管，以便经理室应酬所用。会计人员李某遵照办理。

④新兴公司财务经理找到丁公司王某，以给 5 000 元好处费为诱饵，希望王某促成丁公司为新兴公司银行贷款作担保，遭到王某拒绝。

根据上述情况，回答下列问题：

（1）张某的行为体现的会计职业道德要求有（　　）

A. 廉洁自律　B. 坚持准则　C. 参与管理　D. 提高技能

答案：选 CD。

（2）徐某的行为体现的会计职业道德要求有（　　）

A. 客观公正　B. 坚持准则　C. 参与管理　D. 强化服务

答案：选 D。

（3）李某的行为违反的会计职业道德要求有（　　）

A. 客观公正　B. 坚持准则　C. 诚实守信　D. 提高技能

答案：选 B。

（4）王某的行为体现的会计职业道德要求有（　　）

A. 客观公正　B. 坚持准则　C. 廉洁自律　D. 提高技能

答案：选 C。

（5）会计职业道德建设的力量有（　　）

A. 财政部门的组织推动　　B. 会计职业组织的行业自律

C. 社会各界齐抓共管　　D. 单位负责人的切实落实

答案：选 ABCD。

4. 2010 年，甲上市公司由于经营管理和市场竞争激烈的原因，销售额大幅下降。为了获得配股资格，甲公司的主要负责人张某便要求公司财务总监李某对该年度的财务资料进行调整，以保证公司的净资产收益率符合配股条

件。李某组织公司会计人员王某以虚增营业额、隐瞒费用和成本开支等方法调整了公司财务资料。甲公司根据调整后的财务资料，于 2010 年 10 月申请配股并获批准发行。

根据上述资料，回答下列问题：

（1）李某、王某违反了会计职业道德中（　　）的要求

A. 廉洁自律　B. 坚持准则　C. 诚实守信　D. 客观公正

答案：选 BCD。

（2）对于张某的行为，若构成犯罪的，则依法追究（　　）；若尚不构成犯罪的，可以处以（　　）的罚款

A. 行政责任；3 000 元以上 5 万元以下

B. 行政责任；5 000 元以上 5 万元以下

C. 刑事责任；3 000 元以上 5 万元以下

D. 刑事责任；5 000 元以上 5 万元以下

答案：选 D。

（3）对于李某、王某的行为，若不构成犯罪的，由（　　）予以通报，处以（　　）的罚款，并吊销其（　　）

A. 单位负责人；3 000 元以上 5 万元以下；会计从业资格证

B. 所在单位；3 000 元以上 5 万元以下；会计从业资格证

C. 上级主管部门；3 000 元以上 5 万元以下；会计从业资格证

D. 县级以上人民政府财政部门；3 000 元以上 5 万元以下；会计从业资格证

答案：选 D。

（4）“诚实守信”的基本要求包括（　　）

A. 做老实人，说老实话，办老实事，不搞虚假

B. 实事求是，不偏不倚

C. 保守秘密，不为利益所诱惑

D. 执业谨慎，信誉至上

解析：选 ACD。选项 B 属于客观公正的基本要求。

（5）“客观公正”的基本要求包括（　　）

A. 忠于职守，尽职尽责　　B. 实事求是，不偏不倚

C. 保持独立性　　D. 依法办事

解析：选 BCD。选项 A 属于爱岗敬业的基本要求。

三、单项选择题（共 10 题，为保证复习效果，对不懂的题目应做标记，以便更好地复习巩固。建议学习时间为 5 ~8 分钟）

1. 下列有关会计法律制度与会计职业道德实施保障机制的表述，不正确的是（　　）

A. 会计职业道德的权利与义务发生时，县级以上财政部门应当对其是非曲直作出公正裁定

B. 会计职业道德的权利与义务发生时，缺乏权威机构对其是非曲直作出公正裁定

C. 会计法律制度实施保障机制中一般有明确的制裁和处罚条款

D. 为保证会计法律制度有法必依、执法必严、违法必究，必须建立行之有效的实施保障机制

解析： 选 A。会计职业道德的权利与义务发生时，很难对其是非曲直作出公正裁定。

2. 下列关于会计职业道德的表述，正确的是（　　）

A. 相对于会计法律制度而言，会计职业道德是对会计从业人员行为最低限度的要求

B. 会计职业道德具有强制性

C. 会计职业道德对会计人员具有很强的自律性

D. 会计职业道德在时间上和空间上对会计人员的影响没有会计法律制度广泛持久

解析： 选 C。会计职业道德对会计人员基本上是非强制执行的，主要靠会计人员的自觉性，具有很强的自律性。

3. 下列人员中，不属于会计职业道德调整规范的对象是（　　）

A. 总会计师　　B. 单位负责人

C. 会计主管人员　　D. 会计机构负责人

解析： 选 B。单位负责人不属于会计岗位，不属于会计职业道德调整规范的对象。

4. 下列各项中，不属于会计职业道德教育途径的是（　　）

A. 会计专业技术资格考试　　B. 会计人员继续教育

C. 会计人员自我教育　　D. 会计学历教育

解析： 选 A。选项 B 和 C 属于岗位职业道德教育。选项 D 属于岗前职业道德教育。会计专业技术资格考试不考职业道德，不属于会计职业道德教育途径。

5. 会计职业道德警示教育的形式是（　　）

A. 理论教育和课堂讲授　　B. 典型案例讨论和剖析

C. 理论教育和自我学习　　D. 实际情况讨论和分析

解析：选 B。警示教育以对典型案例的讨论和剖析作为主要形式。

6. 某公司想获得一笔大额贷款，但该公司目前的经营情况不具备这么高的偿债能力，该公司负责人李某就要求财务部门负责人张某调整一下报表数据，以达到贷款要求。张某是该公司返聘的员工，虽然知道公司目前不具备条件，但考虑到李某待自己不薄，就完成了一份漂亮的报表，获得了贷款。张某的行为（　　）

A. 违背了客观公正、坚持准则的要求

B. 违背了爱岗敬业、廉洁自律的要求

C. 违背了诚实守信、强化服务的要求

D. 违背了参与管理、提高技能的要求

解析：选 A。张某没有根据实际情况进行会计核算，违背了客观公正的要求，因为公司对自己不薄而没有按照法律的规定进行会计核算，违背了坚持准则的要求。

7. 会计人员热爱会计工作，安心本职岗位，忠于职守，尽心尽力，尽职尽责，这是会计职业道德中（　　）原则的具体体现

A. 爱岗敬业　B. 诚实守信　C. 提高技能　D. 强化服务

答案：选 A。

8. 某集团公司组织一次会计培训知识座谈会，会计人员谈了各自的观点，下列观点符合会计职业道德要求的是（　　）

A. 会计人员应保守公司的商业秘密，在任何情况下都不能向外界提供或者泄露当年的会计信息

B. 会计工作无非就是记记账、算算账，公司生产经营决策是领导的事，与会计人员无关，所以没有必要参与，也没有必要过问

C. 会计人员应按照国家统一的会计制度记账、算账、报账，如实反映单位经济业务的各种情况

D. 由于公司领导对公司的会计工作和会计信息质量负责，会计人员就应该在自己不贪不占的前提下，领导让干什么就干什么

解析：选 C。在法律规定和单位负责人同意的情况下，可以对外提供会计信息，所以选项 A 不符合会计职业道德。选项 B 违反了参与管理会计职业道德。选项 D 违反了坚持准则的会计职业道德。

9. 会计职业道德奖惩机制把会计职业道德要求与个人利益结合起来，体

现了（　　）的原则

A. 权利与义务统一　　B. 裁决与教育并重

C. 抑善扬恶　　D. 趋利避害

答案：选 A。

10. 关于会计职业道德与会计法律制度的表述，下列说法中不正确的是（　　）

A. 会计法律制度具有很强的他律性，会计职业道德具有很强的自律性

B. 会计法律制度是成文条例，会计职业道德的表现形式既有成文的规定也有不成文的规定

C. 会计法律制度调整会计人员的外在行为，会计职业道德只调整会计人员的内在精神世界

D. 违反会计法律制度可能受到法律制裁，违反会计职业道德只会受到道德谴责

解析：选 C。会计职业道德不但调整会计人员的外在行为，还调整会计人员的内在精神世界。

四、判断题（共 20 题，建议学习时间为 10 分钟）

1. 会计职业道德规范“坚持准则”中的“准则”就是指会计准则。（　　）

解析：错。“坚持准则”中的“准则”，不仅指会计准则，而且包括会计法律、会计行政法规、国家统一的会计制度及与会计工作相关的法律制度。

2. 保持独立性是会计职业道德中坚持准则原则的基本要求。（　　）

解析：错。保持独立性是客观公正的要求。

3. 会计职业道德情感的培养与会计职业道德认知的形成是一样的。（　　）

解析：错。会计职业道德情感的形成和会计职业道德认知的培养分别属于会计职业道德修养的不同环节。会计职业道德认知，主要是指对会计职业道德的行为、准则及其意义的理解和掌握。会计职业道德情感，是指会计人员基于一定的道德认识，在处理职业活动中的各种道德关系和道德行为时所产生的情绪体验。

4. 在一个阶级社会里，可以有多种体现不同阶级愿望和意志的会计法律制度。（　　）

解析：错。会计法律制度都是体现统治阶级的愿望和意志。

5. 会计职业道德的表现形式为明确的成文规定，具有具体性和准确性。（　　）

解析：错。会计职业道德的表现形式既有成文规定，也有不成文规定。在表现形式上缺乏具体性和准确性。

6. 会计职业道德允许个人和各项经济主体获取合法的自身利益，但反对通过损害国家和公众利益而获取违法利益。（　　）

答案：对。

7. 会计法律制度中包含会计职业道德规范的内容，同时，会计职业道德规范中也有会计法律制度的某些条款。两者在内容上相互渗透、相互重叠。（　　）

答案：对。

8. 会计职业道德规范教育是指对会计人员开展以会计职业道德规范为主要内容的教育。（　　）

答案：对。

9. 通过职业道德教育和修养，能使会计职业道德内化为会计人员的职业本能。（　　）

解析：对。职业道德修养是指通过不断的自我教育，最终把会计职业道德原则和规范逐步转化为自己的道德品质，从而将会计职业实践中对职业道德的意识情感和信念上升为遵守职业道德习惯，并最终成为自己的职业本能。

10. 会计职业道德建设是一项复杂的系统工程，各级财政部门、会计职业团体、机关、企事业单位都要认识到其重要性，齐抓共管，是社会各界的共同责任。（　　）

答案：对。

11. 会计职业道德是从会计法律制度中提炼出来的。（　　）

解析：错。会计法律制度将会计职业道德的基本要求吸收进来，就形成了会计法律制度规定的内容。会计法律制度是会计职业道德的最低要求。

12. 社会公德、家庭美德和职业道德既相互联系，又相互区别，共同构成社会主义精神文明的重要组成部分。（　　）

答案：对。

13. 业务主管部门和各单位应当定期检查会计人员的职业道德情况，并作为会计人员晋升、晋级、表彰、奖励的重要参考依据。（　　）

答案：对。

14. 会计行业组织对会计职业道德进行自律和约束。（　　）

答案：对。

15. 会计人员遵循参与管理的职业道德原则就是要积极主动参与到企业管理中，对企业经营管理活动作出决策。（　　）

解析：错。会计人员参与管理主要是当参谋，提供合理化建议。

16. 客观公正是会计职业道德的基本要求。(　　)

解析：错。爱岗敬业是会计职业道德的基本要求，客观公正是会计职业道德的灵魂。

17. 常在河边走，就是不湿鞋，说的是廉洁自律。(　　)

答案：对。

18. 会计职业道德是会计法律制度的重要补充。(　　)

解析：对。会计法律制度是会计职业道德的最低要求。会计职业道德是会计法律制度的重要补充。

19. 保守秘密，不为利益所诱惑是客观公正的基本要求。(　　)

解析：错。保守秘密是诚实守信的基本要求。

20. 会计职业道德情感的形成和会计职业道德认知修养是一样的。(　　)

解析：错。①所谓会计职业道德认知，主要是指对会计职业道德行为、准则及其意义的理解和掌握。它包括对会计职业道德规范概念的掌握和对会计职业道德判断能力的提高。②所谓会计职业道德情感，是指会计人员基于一定的道德认识，在处理职业活动中的各种道德关系和道德行为时所产生的情绪体验。职业道德责任感是指会计人员对自己所从事的工作表现出的义务感，这种义务感一旦形成，便成为一种巨大的精神力量，使会计人员形成主动干好本职工作的动力。

第二环节　知识图表　面面俱到

第一节　会计职业道德概述（6 分钟）

一、职业道德的特征与作用（2 分钟）

概念	在一定职业活动中应遵循的、体现一定职业特征的、调整一定职业关系的职业行为准则和规范
特征	职业性（行业性）、实践性、继承性和多样性等
作用	促进职业活动的有序进行、对社会道德风尚产生积极的影响

二、会计职业道德的概念与特征（4 分钟）

<table>
<tr><td>概念</td><td colspan="2">在会计职业活动中应遵循的、体现会计职业特征的、调整会计职业关系的行为准则和规范（具有相对的稳定性和广泛的社会性）</td></tr>
<tr><td rowspan="2">特征</td><td colspan="2">具有一定的强制性</td></tr>
<tr><td colspan="2">允许企业取得合法利益，较多关注公众利益（在会计职业活动中，发生道德冲突时要坚持准则，把社会公众利益放在第一位）</td></tr>
<tr><td rowspan="2">功能与作用</td><td>功能</td><td>指导、评价、教化</td></tr>
<tr><td>作用</td><td>（1）规范会计行为的基础
（2）实现会计目标的重要保证
（3）对会计法律制度的重要补充
（4）提高会计人员职业素养的内在要求</td></tr>
</table>

（续上表）

会计职业道德与会计法律制度的关系（重点把握）	比较		会计法律制度	会计职业道德
	区别	性质不同	他律性	自律性
		作用范围不同	侧重于调整会计人员的外在行为和结果的合法化	不仅要求调整会计人员的外在行为，还要调整会计人员内在的精神世界
		表现形式不同	具体的、明确的、正式形成文字的成文规定	既有明确的成文规定，也有不成文的规范
		实施保障机制不同	由国家强制力保障实施	依赖社会舆论
		评价标准不同	对与错	善与恶
	联系	（1）在作用上相互补充、协调 （2）在内容上相互渗透、相互重叠		

第二节　会计职业道德规范的主要内容（10 分钟）

内容：爱岗敬业、诚实守信、廉洁自律、客观公正、坚持准则、提高技能、参与管理和强化服务		
爱岗敬业	含义	会计职业道德的基础
	基本要求	（1）热爱会计工作，敬重会计职业，安心本职岗位 （2）严肃认真，一丝不苟 （3）忠于职守，尽职尽责
诚实守信	含义	会计职业道德的精髓
	基本要求	（1）做老实人，说老实话，办老实事，不搞虚假 （2）实事求是，如实反映 （3）保守秘密，不为利益所诱惑 （4）执业谨慎，信誉至上
廉洁自律	含义	会计职业道德的前提和内在要求
	基本要求	（1）树立正确的人生观和价值观 （2）公私分明，不贪不占
客观公正	含义	会计职业道德的理想目标
	基本要求	依法办事、实事求是、不偏不倚、保持独立性

（续上表）

坚持准则	基本要求	（1）熟悉准则 （2）遵循准则 （3）坚持准则
	准则	不仅指会计准则，而且包括会计法律、法规，国家统一的会计制度以及与会计工作相关的法律制度
提高技能	会计职业技能的内容	会计及理论操作水平、会计实务操作能力、职业判断能力、自动更新知识能力、提供会计信息的能力、沟通交流能力及职业经验
	基本要求	（1）要有不断提高会计专业技能的意识和愿望 （2）要有勤学苦练的精神和科学的学习方法
参与管理	含义	间接参加管理活动
	基本要求	（1）努力钻研业务，熟悉财经法规和相关制度，提高业务技能，为参与管理打下基础 （2）熟悉服务对象的经营活动和业务流程，使参与管理的决策更具有针对性和有效性
强化服务	含义	会计职业道德的归宿
	基本要求	（1）强化服务意识 （2）提高服务质量

第三节　会计职业道德教育（2 分钟）

会计职业道德教育	含义	根据会计工作的特点，有目的、有组织、有计划地对会计人员施加系统的会计职业道德影响，促使会计人员形成会计职业道德品质，履行会计职业道德义务的活动
	形式	接受教育（外在教育）、自我修养（内在教育）
	内容	（1）职业道德观念教育 （2）职业道德规范教育 （3）职业道德警示教育 （4）其他教育
	途径	岗前职业道德教育（学历教育、获取从业资格教育）；岗位职业道德教育（继续教育）
		自我修养的途径：慎独慎欲、慎醒慎微、自警自励

第四节 会计职业道德建设（2 分钟）

财政部门的组织推动	将会计职业道德建设与会计法制建设紧密结合
会计行业的自律	改革和完善会计职业组织自律机制，有效发挥自律机制在会计职业道德建设中的促进作用
企事业单位的内部监督	形成内部约束机制，防范舞弊和经营风险，支持并督促会计人员遵循会计职业道德，依法开展会计工作
社会各界的监督和配合	广泛开展宣传教育，加强舆论监督，倡导诚信为荣、失信为耻的职业道德意识，引导会计人员加强职业修养

第五节 会计职业道德的检查与奖惩（1 分钟）

意义	（1）促使会计人员遵守职业道德规范 （2）裁决与教育 （3）有利于形成抑恶扬善的社会环境
机制	（1）财政部门的监督检查 （2）会计行业组织的自律管理与约束 （3）激励机制的建立

第三环节　臻题强化　胜券在握

题外话

因考试时多选题及案例分析题单位分值为2分/题，特别是多选题，不仅单题分值高，题量也多，多选题分值占40分，“得多选者得会从”，必须保证多选题的准确率，方能保证考试通关，因此，考前冲刺应多练多选题及案例分析题。

一、多项选择题（共20题，应在15分钟内完成）

1. 坚持准则的要求包括（　　）

A. 熟悉准则，提高会计人员遵守准则能力

B. 遵循准则，提高会计人员执行准则能力

C. 坚持准则，提高会计人员依法理财能力

D. 宣传准则，提高会计人员推广准则能力

2. 会计职业道德中的“爱岗敬业”，要求会计人员热爱会计工作及（　　）

A. 忠于职守　　B. 尽心尽力

C. 安心本职岗位　　D. 尽职尽责

3. 要求会计人员做到廉洁自律是因为（　　）

A. 廉洁自律是会计职业道德的内在要求

B. 廉洁自律能够抵制自己的不良欲望

C. 不廉洁自律很难做到坚持准则和客观公正

D. 廉洁才能抵制他人的不法行为

4. 下列行业组织中，有权加强会计职业道德行业自律的有（　　）

A. 省级会计学会　　B. 中国注册会计师协会

C. 总会计师协会　　D. 中国会计学会

5. 会计职业道德与法律制度的关系（　　）

A. 两者在根本目的上一致

B. 两者在作用上相互补充

C. 两者在内容上相互渗透、相互重叠

D. 两者在地位上相互转化、相互吸收

6. 会计职业道德的调整对象是（　）

A. 从业人员与服务对象　　B. 职业与职工

C. 职业与职业　　D. 公司与员工

7. 开展会计职业道德检查与奖惩是道德规范付诸实施的必要方式，也是促使道德力量发挥作用的必要手段，具有重要的现实意义，体现在（　）

A. 促使会计人员遵守职业道德规范

B. 裁决与教育作用

C. 形成抑恶扬善的社会环境

D. 规范会计行为和调整会计关系

8. 会计人员参与管理发挥（　）

A. 鉴证作用　B. 服务作用　C. 参谋作用　D. 决策作用

9. 会计职业道德调整的对象是（　）

A. 调整会计职业中的经济利益关系

B. 调整会计职业关系

C. 调整会计职业内部从业人员之间的关系

D. 调整与会计活动有关的所有关系

10. 某公司会计王某不仅熟悉会计电算化业务，而且对利用电子信息技术结合公司业务很有研究，并主动向公司总经理提出建议，开辟网上业务领域，并实行优惠的折扣政策，公司采纳了王某的建议，使公司业绩得到大幅提高。王某的行为体现出的会计职业道德有（　）

A. 参与管理　B. 强化服务　C. 坚持准则　D. 爱岗敬业

11. 为加强会计职业道德建设，财政部门可以采取的措施有（　）

A. 将会计职业道德建设与会计从业人员管理结合起来

B. 将会计职业道德的内容予以法律化

C. 组织开展《中华人民共和国会计法》执法检查

D. 开展会计职业道德宣传教育

12. 会计职业道德教育的途径有（　）

A. 会计专业学历教育

B. 获取会计从业资格中的职业道德教育

C. 自我教育

D. 岗位职业道德继续教育

13. 会计职业道德中的客观公正，要求会计人员端正态度、依法办事及（　　）

A. 保持应有的独立性　　B. 实事求是

C. 保持应有的公正性　　D. 坚持准则

14. 财政部门对会计职业道德监督检查的途径有（　　）

A. 会计法执法检查与会计职业道德检查相结合

B. 会计从业资格证书注册登记管理与会计职业道德检查相结合

C. 会计专业技术资格考评与会计职业道德检查相结合

D. 会计专业技术资格聘用与会计职业道德检查相结合

15. 廉洁自律要求会计人员公私分明、不贪不占，以下正确的有（　　）

A. 廉洁自律是会计职业道德的内在要求，是会计人员的行为准则

B. 要树立正确的人生观和价值观

C. 用道德的观念抵制自己的不良欲望

D. 摒弃“金钱至上、金钱万能”的拜金主义想法

16. 下列行为中，违反注册会计师职业道德基本准则的有（　　）

A. 某会计师事务所以给 X 公司财务主管李某审计收费 5% 的回扣为条件，取得为 X 公司进行年度财务会计报告审计的业务

B. 注册会计师王某在对 Y 公司执行审计业务时，收受了 Y 公司赠送的内部职工股 1 000 股

C. 甲会计师事务所与乙会计师事务所签订合作协议，授权乙以甲的名义承办业务

D. 甲会计师事务所注册会计师李某同时在乙会计师事务所执业

17. 以下关于职业道德的表述，不正确的是（　　）

A. 会计职业道德不调整会计人员的外在行为

B. 会计职业道德与会计法律制度两者在性质上相同

C. 会计职业道德是规范会计行为的基础

D. 会计职业道德规范的全部内容归纳起来就是廉洁自律与强化服务

18. 下列各项中，符合会计职业道德“参与管理”的行为有（　　）

A. 对公司财务会计报告进行综合分析，提交风险预警报告

B. 分析坏账形成原因，提出加强授信管理、加快货款回收的建议

C. 分析现金流量状况，查找存在的问题，提出改进措施

D. 参加公司重大投资项目的可行性研究和投资效益论证

19. “提高技能”既是会计职业道德规范的基本要求，也是会计人员胜任本职工作的重要条件。下列各项中，属于会计技能的内容有（　　）

A. 自动更新知识能力　　　　B. 会计实务能力

C. 职业判断能力　　　　　　D. 沟通交流能力

20. 下列有关会计职业道德与会计法律制度关系的表述中，正确的有（　　）

A. 会计法律制度的强制功能代替了会计职业道德的教化功能

B. 会计法律制度中包含会计职业道德规范的内容

C. 会计职业道德是会计法律制度正常运行的社会和思想基础

D. 会计法律制度是促进会计职业道德规范形成和遵守的重要保障

二、案例分析题（共2题，应在15分钟内完成）

1. 2009年1月5日，某国有企业厂长要求本单位出纳员李某，将收到的下脚料销售款8 000元另行存放，不入账。李某没有按照厂长的命令执行，而是按规定作为零星收入入账，致使厂长很不高兴。他要求会计部门负责人王某召开会议予以整顿。会上，王某说《中华人民共和国会计法》规定了单位负责人对本单位会计真实性负责，作为会计人员应该服从领导安排，领导让干啥就干啥。4月份，厂长召开办公会，以李某不适合会计工作为由，将李某调出会计部门，安排到企业机修车间当操作工。

根据上述情况，回答下列问题：

（1）李某的行为坚持了会计职业道德中的（　　）要求

A. 客观公正　B. 坚持准则　C. 廉洁自律　D. 诚实守信

（2）对王某的行为，下列说法正确的有（　　）

A. 市场经济是利益经济，在发生道德冲突时应该坚持单位利益至上

B. 会计人员在处理业务的过程中，要严格按照会计法律制度办事，不为主观或他人意志左右，王某的说法不符合会计职业道德规范的要求

C. 王某不是直接负责人，不应该承担相应责任

D. 王某作为会计人员，应当承担相应责任

（3）对厂长的行为，下列说法正确的有（　　）

A. 厂长有人事权，可以自由决定李某的职务

B. 厂长的行为构成了对李某的打击报复

C. 对受打击报复的会计人员，应恢复其名誉和原有职务、级别

D. 尚不构成犯罪的，应进行民事赔偿

（4）会计职业道德修养的公正要求的含义有（　　）

A. 国家的会计准则、制度要公正

B. 会计资料要真实、可靠

C. 执行会计准则、制度的人员要做到公正

D. 注册会计师在进行审计鉴证时应做到公正

（5）会计职业道德坚持准则的基本要求有（　　）

A. 熟悉准则　B. 遵循准则　C. 坚持准则　D. 保持独立性

2. 茂公司是一家国有大型企业，2008 年 12 月，公司总经理针对公司效益下滑、面临亏损的情况，电话请示出差在外的董事长。董事长指示把财务会计报告做得漂亮一些，总经理要求总会计师按董事长的意见办，总会计师对当年的会计报告进行了技术处理，虚拟了若干笔无交易的销售收入，从而使公司报表变亏为盈，经诚信会计师事务所审计后对外报出。

2009 年 5 月，财政部门在《中华人民共和国会计法》执法检查中发现茂公司存在重大作假行为，拟依法对该公司董事长、总经理、总会计师等相关人员作出行政处罚，并下达了处罚告知书，茂公司相关人员收到处罚通知后，均要求举行听证会，在听证会上，有关当事人作了如下陈述：

公司董事长称：我前段时间出差在外，对公司情况不太了解，虽然在财务会计报告上签名并盖章，但只是履行会计手续。我不应负任何责任。具体情况由公司总经理说明。

公司总经理称：我是搞技术出身的，主抓公司生产经营，对会计我是门外汉，我虽然在财务会计报告上签名并盖章，只是履行程序而已，以前也是这样的，我不应承担责任，有关财务会计报告的情况应由公司总会计师解析。

公司总会计师称：公司对外报出的财务会计报告是经过诚信会计师事务所审计的，他们出具了无保留意见的审计报告，诚信会计师事务所应对公司财务会计报告的真实性、完整性负责，并承担由此带来的一切责任。

（1）对董事长的观点，下列说法中正确的有（　　）

A. 公司这一次伪造行为是由董事长授意指使的，其应当承担法律责任

B. 董事长不是直接伪造的人，不应承担法律责任

C. 董事长不承担责任的理由不成立

D. 董事长对本单位的会计工作和会计资料的真实性、完整性负责，这一规定不因其当时是否在场而改变

（2）对总经理的观点，下列说法中正确的有（　　）

A. 总经理作为主管会计工作的负责人，在财务会计报告上签字并盖章，应承担相应的法律责任

B. 公司总经理不承担责任的理由成立

C. 总经理不能以不懂会计为由推脱责任

D. 事实上公司总经理并未参与造假

（3）对总会计师的观点，下列说法中正确的有（　　）

A．委托人委托会计师事务所进行审计的，应当如实提供会计资料，并对会计资料的真实性、完整性承担会计责任

B．会计师事务所受托进行审计，按照客观、公正、相对独立的原则出具审计报告，并对审计报告的客观、公正、真实性承担审计责任

C．公司总会计师不承担责任的理由成立

D．公司总会计师不承担责任的理由不成立

（4）总会计师按领导意图，虚拟业务进行会计核算，违反的会计职业道德要求有（　　）

A．诚实守信　B．坚持准则　C．客观公正　D．提高技能

（5）会计职业道德建设的力量包括（　　）

A．财政部门的组织推动　B．会计职业组织的行业自律

C．单位负责人的切实落实　D．社会各界齐抓共管

三、单项选择题（共 10 题，应在 8 分钟内完成）

1. 下列各项中，要求会计人员树立服务意识，提高服务质量，努力维护和提升会计职业的良好社会形象的会计职业道德是（　　）

A．爱岗敬业　B．提高技能　C．客观公正　D．强化服务

2. 参与管理是指会计人员（　　）参加管理活动，为管理者当参谋，为管理活动服务。

A．直接　B．间接　C．直接或间接 D．要求

3. 会计职业道德和会计法律制度的区别是（　　）

A．作用范围不同　B．调整对象不同

C．承担职责不同　D．目标不同

4. 我国会计职业道德规范中不偏不倚、保持应有的独立性属于（　　）

A．爱岗敬业　B．诚实守信　C．客观公正　D．廉洁自律

5. 从会计法律制度与会计职业道德在地位上相互转化、相互吸引的角度，下列表述中正确的是（　　）

A．会计法律制度是会计职业道德的最低要求

B．会计法律制度和会计职业道德具有同等约束力

C．会计法律制度是会计职业道德的最高要求

D．会计职业道德是从会计法律制度中提炼出来的

6 不属于会计职业道德教育内容的是（　　）

A．会计职业道德岗前教育　B．会计职业道德观念教育

C. 会计职业道德规范教育　　D. 会计职业道德警示教育

7. 对一些损失浪费、违法乱纪的行为和一切不合法、不合理的业务开支，要严肃认真地对待，把好关，守好口。这体现了“爱岗敬业”的（　　）

A. 热爱会计工作　　B. 敬重会计职业

C. 严肃认真，一丝不苟　　D. 忠于职守，尽职尽责

8. 会计职业道德建设组织与实施主要依靠（　　）

A. 财政部门的组织推动　　B. 会计行业的自律

C. 企事业单位的内部监督　　D. 社会各界的监督与配合

9. 下列人员中，不属于会计职业道德调整规范的对象的是（　　）

A. 总会计师　　B. 单位负责人

C. 会计主管人员　　D. 会计机构负责人

10. 下列属于对注册会计师职业道德的特别规定的是（　　）

A. 独立性　　B. 客观公正

C. 诚实守信　　D. 爱岗敬业

四、判断题（共 12 题，应在 6 分钟内完成）

1. 会计职业道德的自我教育与自身修养，不可能将会计职业道德转化为会计人员的职业本能。（　　）

2. 会计职业道德情感、会计职业道德意志和会计职业道德观念，要通过内在的自我教育才能实现，因此有效开展会计职业道德教育的唯一途径就是依靠自我教育。（　）

3. 会计职业道德是从会计法律制度中逐渐提炼形成的。（　　）

4. 会计职业道德中强化服务原则的关键是提高服务质量。（　　）

5. 会计职业道德是一种职业规范，只能由会计行业组织对不遵守会计职业道德的会计人员进行惩戒。（　）

6. 狭义的职业道德是指在一定职业活动中应遵循的，体现一定职业特征、调整一定职业关系的职业行为准则和规范。（　　）

7. 奉献社会是职业道德的最高境界，爱岗敬业、诚实守信是从业人员职业行为的基础要素。（　　）

8. 保守秘密、不为利益所诱惑，是会计职业道德中客观公正原则的基本要求。（　　）

9. 会计职业道德教育的接受教育，是以职业责任、职业义务为核心内容的正面灌输，以规范其职业行为、维护社会公众利益的教育。（　　）

10. 执业谨慎是会计职业道德中客观公正原则的基本要求。（　　）

11. 会计职业道德作为一种调整会计职业关系和改造会计人员品质的方式，调整面宽，作用面广，是会计法律法规和行政命令难以企及的。（　　）

12. 会计职业道德依靠会计从业人员的自觉性，自愿地执行，并依靠社会舆论和良心来实现，具有很强的自律性。（　　）

参考答案及解析

一、多项选择题

1. ABC　2. ABCD　3. ABCD　4. BCD　5. ABCD　6. ABC　7. ABC　8. BC
9. ABC　10. ABD　11. ACD　12. ABCD　13. AB　14. ABCD　15. ABCD
16. ABCD　17. ABD　18. ABCD　19. ABCD
20. BCD【解析】法律的强制功能不能代替会计职业道德的教化功能。

二、案例分析题

1. （1）AB　（2）BD　（3）BC　（4）ACD　（5）ABC
2. （1）ACD　（2）AC　（3）ABD　（4）ABC　（5）ABCD

三、单项选择题

1. D【解析】强化服务要求会计人员树立服务意识，提高服务质量，努力维护和提升会计职业的良好社会形象。

2. B

3. A【解析】会计法律制度侧重于调整的外在行为和结果的合法化，而会计职业道德不仅要求调整会计人员的外在行为，还要求调整会计人员内在的精神世界。

4. C【解析】客观公正要求会计人员依法办事、实事求是、不偏不倚、保持独立性。

5. A【解析】从会计法律制度与会计职业道德在地位上相互转化、相互吸收的角度看，可以说会计法律制度是会计职业道德的最低要求。

6. A【解析】会计职业道德教育的内容包括选项 B、C、D。

7. C　8. A

9. C【解析】会计职业道德不但调整会计人员的外在行为，还调整会计人员内在的精神世界。

10. A【解析】保持独立性，对于注册会计师行业尤为重要。

四、判断题

1. 错【解析】会计职业道德的自我教育与自身修养，可以将会计职业道德转化为会计人员的职业本能。

2. 错【解析】开展会计职业道德教育的途径除了自我教育与修养以外，还有学历教育、继续教育等。

3. 错【解析】会计法律制度只是会计职业道德的最低要求。

4. 对

5. 错【解析】财政部门、业务主管部门、有关单位和行业组织都可对违反职业道德的会计人员进行惩戒。

6. 对 7. 对

8. 错【解析】保守秘密、不为利益所诱惑，是会计职业道德中诚实守信原则的基本要求。

9. 对

10. 错【解析】执业谨慎是会计职业道德中诚实守信原则的基本要求。

11. 对 12. 对

第四环节 错题重温 查漏补缺

题外话

案例分析题的解题步骤：非计算类的理解性的案例分析题，应先看五个小题，有些小题并不需要通过阅读案例材料即可选出正确答案，做完了这部分的题，再做需要根据案例材料选择答案的小题，并抓住关键字，迅速地从文中获取信息。建议时间分配为：每小题作答时间控制在1分钟，案例阅读控制在2～3分钟，这样能够确保案例分析题在15分钟左右完成。

请再次回顾今天完成的习题中的错误部分，并在下面写出对于第五章最难把握的是哪一节内容，如“总是弄不清楚会计法律制度与会计职业道德之间的关系”。

第三天 第二章 结算法律制度

第一环节 真题回顾 胸有成竹

一、多项选择题（共20题，建议学习时间为15分钟，应快速通读，并对有疑问的题目重点阅读其解析，并做标记）

1. 根据《人民币银行结算账户管理办法》的规定，下列可以申请开立基本存款户的有（　　）

A. 社会团体　　B. 外国驻华机构

C. 居民委员会　　D. 个体工商户

答案：选ABCD。

2. 根据《人民币银行结算账户管理办法》的规定，银行在银行结算账户的使用中，应给予警告并处以5 000元以上3万元以下罚款的行为有（　　）

A. 违反规定办理个人银行结算账户转账结算

B. 开立或撤销单位银行结算账户，未按《账户管理办法》规定在其基本存款账户开立登记证上予以登记、签章或通知相关开户银行

C. 提供虚假开户申请资料欺骗中国人民银行许可开立基本存款账户、临时存款预算单位专用存款账户

D. 为储蓄账户办理转账结算

答案：选ABCD。

3. 根据《中华人民共和国支付结算办法》的规定，下列属于支付结算方式的有（　　）

A. 汇兑、委托收款　　B. 票据

C. 银行卡、托收承付　　D. 现金

解析：选ABC。支付结算办法规定的支付结算方式均为非现金转账结算。

4. 根据《中华人民共和国票据法》的规定，下列各项中，背书不得记载的有（　　）

A. 有条件的背书　　B. 部分背书

C. 背书日期 D. 背书人签章

解析：选 AB。根据我国《中华人民共和国票据法》第三十三条的规定，背书不得记载的内容有两项：一是附有条件的背书，二是部分背书。

5. 下列关于汇兑特征的表述，符合法律规定的有（ ）

A. 单位和个人各种款项的结算，均可使用汇兑结算方式

B. 汇款回单作为该笔汇款已转入收款人账户的证明

C. 汇款人对汇出银行尚未汇出的款项可以申请撤销

D. 汇入银行对于收款人拒绝接受的汇款，应立即办理退汇

解析：选 ACD。汇款回单不可以作为该笔汇款已转入收款人账户的证明。

6. 根据《中华人民共和国支付结算办法》的规定，汇票上未记载付款地的，下列各项中，可以作为付款地的是（ ）

A. 付款人经常居住地 B. 收款人的营业场所

C. 付款人的住所 D. 付款人的营业场所

解析：选 ACD。汇票未记载付款地时，付款人的营业场所、住所或者经常居住地为付款地。

7. 以下关于国内信用证的说法正确的是（ ）

A. 我国信用证为不可撤销、不可转让的跟单信用证

B. 国内信用证结算只能用于支取现金，不得转账结算

C. 国内信用证结算方式只是用于国内企业之间商品交易产生的货款结算

D. 国内信用证办理的基本程序包括开证、通知、议付、付款

解析：选 ABC。国内信用证结算只能用于转账结算，不得支取现金。

8. 根据《中华人民共和国票据法》的规定，下列关于商业汇票的说法正确的有（ ）

A. 签发票据时委托付款附有条件，所附条件不具备票据上的效力

B. 付款人承兑汇票，不得附有条件，承兑附有条件的，所附条件不具备票据上的效力

C. 背书不得附有条件，背书附有条件的，所附条件不具备票据上的效力

D. 保证不得附有条件，保证附有条件的，所附条件不具备票据上的效力

解析：选 CD。选项 A，委托付款附有条件的，票据无效；选项 B，承兑附有条件的，视为拒绝承兑。

9. 下列有关银行汇票的表述，正确的有（ ）

A. 填明现金字样的银行汇票可以背书转让

B. 填明现金字样的银行汇票可以挂失止付

C. 填明现金字样的银行汇票可以提取现金

D. 填明现金字样的银行汇票不可以背书转让

解析：选 BCD。填明现金字样的银行汇票、填明现金字样的银行本票和用于支取现金的支票可以挂失止付、提取现金，不可以背书转让。

10. 下列情形中不得背书转让的有（　）

A. 超过付款提示期限　　B. 被拒绝付款

C. 被拒绝承兑　　D. 票据记载不得转让

解析：选 ABCD。选项 A、B、C 属于法定禁止背书，选项 D 属于记载禁止背书。

11. 保证的绝对记载事项有（　）

A. 被保证人的名称、住所　　B. 保证人签章

C. 保证日期　　D. 保证文句

解析：选 BD。保证记载事项包括绝对记载事项和相对记载事项。绝对记载事项包括保证文句和保证人签章两项。选项 A、C 属于保证的相对记载事项。

12. 下列各项表述中，错误的有（　）

A. 票据的收款人名称可以背书更改

B. 票据的出票日期不得更改

C. 票据的金额不得更改

D. 票据的金额可以更改

解析：选 AD。票据和结算凭证的金额、出票或签发日期、收款人名称不得更改，更改的票据无效，更改结算凭证，银行不予受理。对票据和结算凭证上的其他记载事项，原记载人可以更改，更改时应当由原记载人在更改处签章证明。

13. 付款人承兑汇票的，应当在汇票正面记载（　）

A. “承兑”的字样　　B. 注明提示承兑日期并签章

C. 付款人签章　　D. 出票日期

解析：选 AB。付款人承兑汇票的，应当在汇票正面记载承兑字样和承兑日期并签章。

14. 根据《中华人民共和国票据法》的规定，下列各项中，不会导致汇票失效的是（　）

A. 未记载付款日期　　B. 未记载付款地

C. 未记载出票地　　D. 未记载收款人名称

解析：选 ABC。签发商业汇票必须记载下列事项，欠缺记载以下事项之一的，商业汇票无效：①表明“商业承兑汇票”或“银行承兑汇票”的字

样；②无条件支付的委托；③确定的金额；④付款人名称；⑤收款人名称；⑥出票日期；⑦出票人签章。选项 A、B、C 都属于相对记载事项。

15. 关于商业汇票的付款，下列表述中错误的有（　　）

A. 商业汇票持票人超过提示付款期限提示付款的，代理付款人不予受理

B. 商业汇票持票人超过提示付款期限提示付款的，承兑人不予受理

C. 商业汇票持票人超过提示付款期限提示付款的，出票人不承担票据责任

D. 商业汇票持票人超过提示付款期限提示付款的，背书人不承担票据责任

解析：选 BC。持票人未按前款规定期限提示付款的，在作出说明后，承兑人或者付款人（出票人）仍应当继续对持票人承担付款责任。

16. 下列各项中属于开立新账户需要出具基本户开户登记证的情形有（　　）

A. 收入汇缴资金和业务支出资金

B. 异地借款

C. 异地建筑安装

D. 临时机构

解析：选 ABC。收入汇缴资金和业务支出资金账户属于专用户，要提供基本户开户登记证。异地借款属于一般户，要提供基本户开户登记证。异地建筑安装开设的临时户，要提供基本户开户登记证。设立临时机构开设的临时户，不需要基本户开户登记证。

17. 关于提示承兑的表述正确的有（　　）

A. 附有条件的，视为拒绝承兑

B. 见票后定期付款的汇票持票人应当自出票日起 3 个月内向付款人提示承兑

C. 汇票上没有记载付款日期的，无须提示承兑汇票

D. 付款人在收到汇票 3 日内不作承兑与否的，视为承兑

解析：选 AC。见票后定期付款的汇票，持票人应当自“出票日起 1 个月”内向付款人提示承兑，因此选项 B 的说法错误。汇票上未记载付款日期的，视为见票即付，无须提示承兑，因此选项 C 的说法正确。如果付款人在 3 日内不作承兑与否表示的，应视为拒绝承兑，因此选项 D 的说法错误；付款人承兑汇票，不得附有条件；承兑附有条件的，视为拒绝承兑，因此选项 A 的说法正确。

18. 下列各项中，有关汇票与支票之间区别的表述，正确的有（　　）

A. 汇票上的收款人名称可以经出票人授权予以补记，支票上的收款人名称不能补记

B. 汇票的票据权利时效为2年，支票则为6个月

C. 汇票可以背书转让，支票不能背书转让

D. 汇票有即期汇票与远期汇票，支票则均为见票即付

解析：选BD。收款人名称，支票可以授权补记，汇票不能授权补记。支票和汇票都可以背书转让。

19. 下列关于票据的各项表述，符合规定的有（　　）

A. 票据中的中文大写金额数字到“元”为止的，在“元”之后，应加整（或正）字

B. 票据的出票日期应使用小写填写

C. 票据的中文大写金额数字前应标明“人民币”字样

D. 票据的中文大写金额数字应用正楷或行书填写

解析：选ACD。出票日期应使用中文大写。

20. 银行不予受理的结算凭证有（　　）

A. 金额大写使用少数民族文字的结算凭证

B. 金额被更改的结算凭证

C. 金额大写使用外国文字的结算凭证

D. 金额中文大写与阿拉伯数码不一致的结算凭证

解析：选BD。金额被更改和金额大小写不一致的结算凭证银行不受理。

二、案例分析题（共2题，建议学习时间为15分钟）

1. 中财公司在甲银行开立基本存款账户。2011年4月，中财公司发生的结算业务如下：

①4月5日，中财公司与乙银行签订短期借款合同后，持相关开户资料向乙银行申请开立了一般存款账户。

②4月10日，中财公司出纳王某填写一张金额为420 000元的转账支票（以下简称“A支票”）交采购员李某支付财信公司货款。由于粗心，王某误将收款人“财信公司”写为“才信公司”；李某发现后，要求王某更正；王某随即将支票上的“才”改为“财”，并在更正处盖章。李某将该支票交给了中财公司。

③4月14日，财信公司将A支票退回，要求中财公司重新签发一张转账支票。出纳王某重新填写了一张转账支票（以下简称“B支票”）交给财信公司。当日，财信公司持B支票到甲银行办理支票转账，甲银行审核B支票时，

发现中财公司银行存款账户余额不足支付支票金额，将 B 支票退还给财信公司，并提请中国人民银行对中财公司予以处罚。财信公司持退回的 B 支票要求中财公司付款并予以赔偿，中财公司承诺在 4 月 17 日前支付财信公司货款。

根据上述资料，回答下列问题：

（1）出纳王某在填写 B 支票时，下列表述中，正确的有（　　）

A. 该支票的提示付款期至 4 月 23 日止

B. 该支票的提示付款期至 4 月 20 日止

C. 大写金额为：肆拾贰万元

D. B 支票只能用于转账，不得用于支取现金

解析：选 AD。支票的持票人应当自出票日起 10 日内提示付款，出票日为 4 月 14 日，因此提示付款期至 4 月 23 日止；B 支票为转账支票，只能用于转账，不能支取现金。

（2）中财公司签发 B 支票给财信公司，因中财公司银行存款账户余额不足，导致财信公司不能如期取得 B 支票的款项。下列表述中，正确的有（　）

A. 中财公司的行为属于签发空头支票

B. 中国人民银行可以对中财公司处以支票金额 5% 但不低于 1 000 元的罚款

C. 中国人民银行可以对中财公司处以支票金额 2% 但不低于 1 000 元的罚款

D. 财信公司有权要求中财公司赔偿，赔偿金额为 8 400 元

解析：选 ABD。出票人签发空头支票、签章与预留签章不符或使用支付密码错误的支票，银行应予以退票，并按票面金额处以 5% 但不低于 1 000 元的罚款，持票人有权要求出票人赔偿支票金额 2% 的赔偿金。

（3）出纳王某在填写 A 支票时，下列表述中，正确的有（　　）

A. 收款人名称可以更改，但应在更正处盖章

B. 如未记载出票日期，该支票无效

C. 支票中的收款人名称和金额是可以授权补记的事项

D. 该支票金额的中文大写和阿拉伯数码记载不一致时，应以中文大写为准

解析：选 BC。收款人名称不可以更改，支票金额的大小写要对应，按规定书写。

（4）中财公司在乙银行开立的一般存款账户，可以办理（　　）

A. 借款转存　B. 借款归还　C. 存入现金　D. 支取现金

解析： 选 ABC。一般存款账户主要用于办理存款人借款转存、借款归还和其他结算的资金收付，可以办理现金缴存，但不得办理现金支取。

(5) 出纳王某在填写 A 支票时，出票日期 4 月 10 日的正确写法为（　　）

A. 肆月拾日　　B. 肆月壹拾日

C. 肆月零壹拾日　　D. 零肆月零壹拾日

答案： 选 C。

2. 2011 年 1 月，乙公司签订了一份金额为 60 万元的购货合同。合同约定：交货时付款。4 月，供货商按合同交货，乙公司验收入库。但乙公司因产品销售不畅，资金紧张，没有按合同约定及时支付货款。之后，供货商多次打电话、发函催要货款，未果。9 月，供货商派专人及律师顾问到乙公司再次催要货款。为了解决当时的"困境"，乙公司签发了一张金额为 60 万元的转账支票，交给供货商。供货商到银行提示付款时，银行以乙公司存款账户余额仅有 20 万元不足付款为由予以退票。

10 月，乙公司收到丙公司签发的银行承兑汇票一张，票面金额为 60 万元，未背书转让就将该汇票交给了供货商抵付货款。之后供货商又将该汇票背书转让给了丙公司，背书时未记载丙公司的名称，丙公司拿到票据后自己将自己的公司名称记载于被背书人处。汇票到期后，丙公司填写了委托收款凭证并附上该银行承兑汇票，经其开户银行 A 向承兑银行 B 发出委托收款申请。承兑银行对该汇票进行审查后拒绝支付。

根据上述资料，回答下列问题：

(1) 乙公司签发的这张转账支票属于（　　）

A. 空白支票　B. 空头支票　C. 票据　D. 有价证券

解析： 选 BCD。该转账支票属于空头支票，支票属于票据结算方式，票据属于有价证券。

(2) 对于乙公司的该项行为，供货商可以（　　）

A. 有权要求乙公司赔偿 1 000 元

B. 有权要求乙公司赔偿 12 000 元

C. 无权要求乙公司赔偿

D. 继续找乙公司追索

解析： 选 BD。供货商有权要求乙公司给予赔偿票面金额 2% 的赔偿金，具体数额是 12 000 元；供货商不获付款可以找乙公司追索。

(3) 对于乙公司的该项行为，银行可以（　　）

A. 对乙公司处以票面金额5%的罚款

B. 先付给供货商20万元，并要求乙公司补付40万元

C. 先为乙公司垫付，并要求乙公司尽快偿还，同时按日向乙公司收取利息

D. 停止乙公司签发支票

解析：选A。签发空头支票的，银行应对当事人按支票票面金额处以5%但不低于1 000元的罚款。因本题票面金额为60万元，显然5%要超过1 000元，因此选项A的说法正确；对于屡次签发空头支票的，银行应停止其签发支票，本案中并未提及乙公司屡次签发，因此选项D错误。

(4) 关于银行承兑汇票，下列说法中正确的有（ ）

A. A银行是汇票的承兑人，应承担付款义务

B. 票据到期后，只要丙公司在约定期限内提示付款，承兑银行就应无条件向丙公司支付汇票金额

C. 承兑附有条件的，视为拒绝承兑

D. 银行拒绝付款的做法正确

解析：选CD。B银行是汇票的承兑人，应承担付款义务，因此选项A的说法错误；付款人及代理付款人付款时，应当审查汇票背书的连续，因此选项B的说法错误。

(5) 关于汇票的背书，下列说法中正确的有（ ）

A. 乙公司将汇票转让给供货方时应在被背书人处签章，以保证背书连续

B. 丙公司自己记载名称于被背书人处的做法不具法律效力

C. 银行是因为背书不连续而拒绝付款

D. 银行是因为丙公司自己记载名称于被背书人处而拒绝付款

解析：选C。乙公司将汇票转让给供货方时应在背书人处签章，因此A的说法错误；如在背书转让时背书人未记载被背书人名称即将票据交付他人，持票人在票据被背书人栏内记载自己的名称与背书人记载具有同等法律效力，因此选项B、D的说法错误。

三、单项选择题（共30题，为保证复习效果，对不懂的题目应做标记，以便更好地复习巩固。建议学习时间为20分钟）

1. 一张主卡可为直系亲属办理附属卡最多不超过（ ）张

A. 1　　B. 2　　C. 3　　D. 4

解析：选B。个人卡的主卡持卡人可为其配偶及年满18周岁的亲属申领附属卡，申领的附属卡不得超过2张。

2. 原票据记载事项可以更改的是（ ）

A. 收款人名称　　B. 付款人名称

C. 出票日期　　D. 金额

解析： 选B。票据金额、出票日期、收款人名称不得更改，更改的票据无效。对票据上的其他记载事项，原记载人可以更改，更改时应当由原记载人签章证明。

3. 根据《中华人民共和国支付结算办法》的规定，下列各项中，属于支付结算行为的是（　）

A. 用现金结算银行存款利息　　B. 用现金结算货款

C. 用信用卡结算货款　　D. 用现金结算银行贷款利息

解析： 选C。支付结算是指单位、个人在社会经济活动中使用票据、银行卡、汇兑、托收承付、委托收款、电子支付等结算方式进行货币给付及其资金清算的行业。从定义中可以看出，支付结算行为不包括现金结算，而信用卡属于银行卡范畴。故选C。

4. 根据《中华人民共和国支付结算办法》的规定，支票的提示付款期限为（　）

A. 自出票日起15日　　B. 自出票日起30日

C. 自出票日起10日　　D. 自出票日起5日

解析： 选C。支票的持票人应当自出票日起10日内提示付款。

5. 金额16 400.15的大写正确的是（　）

A. 人民币壹万陆仟肆佰零零元壹角伍分

B. 人民币壹万陆仟肆佰元零壹角伍分整

C. 人民币壹万陆仟肆佰元壹角伍分整

D. 人民币壹万陆仟肆佰元壹角伍分

解析： 选D。阿拉伯金额数字万位或元位是0，或者数字中间连续有几个0，万位、元位也是0，但千位、角位不是0时，中文大写金额中可以只写一个零字，也可以不写零字。大写金额数字有分的，分后面不写整。

6. 银行账户信息发生变更，应向银行提出变更申请，银行自办理变更手续之日起（　）个工作日内将存款人的变更情况和资料报送中国人民银行当地分支行

A. 2　　B. 4　　C. 6　　D. 8

解析： 选A。银行接到存款人核准类账户的变更申请后，应在2个工作日内将存款人的变更情况和资料报送中国人民银行当地分支行。

7. 下列各项中，除经开户银行审查后可予以支付外，单位不能擅自用现金的是（　）

A. 支付向个人收购的农副产品的价款5 000元

B. 向职工个人支付工资、津贴共1 200元

C. 出差人员王某领取必须随身携带的差旅费10 000元

D. 支付购买办公用品的费用600元

解析：选B。开户单位支付给个人的款项中，除了支付向个人收购的农副产品的价款和出差人员王某领取必须随身携带的差旅费以外，支付现金每人一次不得超过1 000元。确须全额支付现金的，应经开户银行审查后予以支付。

8. 根据《中华人民共和国票据支付结算法》的规定，银行承兑汇票的承兑银行，应当按照一定的金额向出票人收取的手续费是（　　）

A. 票面金额的万分之五　　B. 票面金额的千分之五

C. 票面金额的万分之三　　D. 票面金额的千分之三

解析：选A。按照相关规定，银行承兑手续费按银行承兑汇票的票面金额的万分之五计收，每笔手续费不足10元的，按10元计收。

9. 下列选项中，不能行使票据追索权的是（　　）

A. 承兑人　　B 保证人　　C. 收款人　　D. 背书人

解析：选A。因为承兑人是汇票的主债务人，他应该承担到期付款的责任，没有追索权。出票人和承兑人没有追索权。

10. 以下关于票据日期的书写，正确的是（　　）

A. 零壹月零贰拾日　　B. 一月零壹拾日

C. 二月二日　　D. 壹月零贰拾日

解析：选A。为了防止变造票据的出票日期，在填写月、日时，月为壹、贰和壹拾，日为壹至玖和壹拾、贰拾和叁拾，应在其前加零。

11. 以下关于支票的选项，可以授权补记的是（　　）

A. 表明“支票”字样　　B. 支票金额

C. 出票日期　　D. 无条件支付的委托

解析：选B。为了发挥支票灵活便利的特点，支票金额和收款人名称可以授权补记。

12. 企业改变了名称，但是不改变开户行及账号的，应于发生变更之日起（　　）内申请变更登记

A. 5个工作日　　B. 10个工作日

C. 15个工作日　　D. 30个工作日

解析：选A。银行结算账户的存款人名称发生变更，但不改变开户银行及账号的，应于5个工作日内向开户银行提出银行结算账户的变更申请，并出具有关部门的证明文件。

13. 下列选项中，不属于银行汇票的记载事项的是（　　）

A. 表明“银行汇票”的字样　B. 无条件支付的委托

C. 确定的金额　D. 付款人与收款人的名称

解析： 选 B。选项 B 应改为“无条件支付的承诺”。

14. 根据《人民币银行结算账户管理办法》的规定，为了加强对住房基金和社会保障基金的管理，存款人应依法申请在银行开立的账户是（　　）

A. 临时存款账户　B. 基本存款账户

C. 专用存款账户　D. 一般存款账户

解析： 选 C。对 15 种情况的特定用途资金管理和使用可以开立专用户。

15. 根据《人民币银行结算账户管理办法》的规定，需要支取现金的，应在开户时报中国人民银行当地分支行批准的资金专用存款账户是（　　）

A. 财政预算外资金专用存款账户

B. 证券交易结算资金专用存款账户

C. 金融机构存放同业资金专用存款账户

D. 期货交易保证金专用存款账户

解析： 选 C。基本建设资金、更新改造资金、政策性房地产开发资金、金融机构存放同业资金账户需要支取现金的，应在开户时报中国人民银行当地分支行批准。

16. 依据《中华人民共和国支付结算办法》的规定，下列关于支付结算的说法，正确的是（　　）

A. 未使用按中国人民银行统一规定印制的票据是无效票据

B. 中国人民银行未对票据和结算凭证的填写作基本规定

C. 支付结算不是一种要式行为

D. 在票据有效期内，银行收到结算凭证必须予以受理

答案： 选 A。

17. 国内信用证开证行决定受理开证业务时，要向申请人收取（　　）的保证金。

A. 不低于开证金额 20%　B. 不高于开证金额 30%

C. 不低于开证金额 25%　D. 不高于开证金额 15%

答案： 选 A。

18. 国内信用证开证行决定受理开证业务时，应向申请人收取不低于开证金额（　　）的保证金

A. 10%　B. 20%　C. 30%　D. 40%

答案： 选 B。

19. 汇入行向某公司发出取款通知书后，款项无法交付，在（　　）个月内办理退汇

A. 1　　B. 2　　C. 6　　D. 3

解析： 选B。汇入银行对于向收款人发出取款通知，经过2个月无法交付的汇款，应主动办理退汇。

20. 银行结算账户的变更，应在（　　）个工作日内通知开户银行提出变更申请

A. 1　　B. 2　　C. 3　　D. 5

解析： 选D。单位发生银行结算账户变更及撤销情形的，都应该在5个工作日内向开户银行提出变更或撤销申请。

21. 一般存款账户自开户之日起（　　）日后可以使用。

A. 1　　B. 2　　C. 3　　D. 5

解析： 选C。银行结算账户自开户之日起3日后方可以使用该账户办理付款业务。

22. 银行结算账户发生变更，应于5个工作日内书面通知开户银行。存款人变更开户资料未在规定期限内通知银行的，给予警告并处（　　）元罚款。

A. 1 000　　B. 3 000　　C. 5 000　　D. 30 000

解析： 选A。存款人发生银行结算账户的变更情况，未在规定期限内通知银行的，给予警告并处以1 000元的罚款。

23. 根据《中华人民共和国支付结算办法》的规定，汇票金额如果是外币的，如无另外约定，应当折合人民币支付，折合的汇率是（　　）

A. 付款日的市场汇价

B. 付款当月月初的市场汇价

C. 付款当月的平均市场汇价

D. 付款当年的平均市场汇价

答案： 选A。

24. 一般存款账户可以开立（　　）个

A. 1　　B. 2　　C. 3　　D. 无数

解析： 选D。一般户没有数量限制。

25. 单位卡不得用于商品交易规定限额（　　）元以上

A. 5万　　B. 10万　　C. 20万　　D. 30万

答案： 选B。

26. 支票的出票人是（　　）

A. 收款人　　B. 付款人　　C. 存款人　　D. 开户银行

答案：选 C。

27. 出票人签发票价并将其交付给收款人的行为是（　　）

A. 背书　　B. 出票　　C. 保证　　D. 承兑

答案：选 B。

28. 银行可对开出票面金额为 10 000 元的出票人处以（　　）元的罚款

A. 1 000　　B. 500　　C. 2 000　　D. 200

解析：选 A。银行可以罚票面金额的 5%，但不低于 1 000 元。

29. 某公司收到一张 50 万元的空头支票，可以要求对方赔偿（　　）元

A. 1 000　　B. 2 000　　C. 3 000　　D. 10 000

解析：选 D。赔偿票面金额的 2%，注意跟银行罚款区分，银行可以罚票面金额的 5%，但不低于 1 000 元。

30. 金额 60 017. 10 元的大写正确的是（　　）

A. 人民币陆万壹拾柒元壹角正

B. 人民币陆万壹拾柒元壹角

C. 人民币陆万零壹拾柒元壹角零分

D. 人民币陆万零壹拾柒元壹角正

答案：选 D。

四、判断题（共 10 题，建议学习时间为 5 分钟）

1. 票据必须由当事人本人签章。（　　）

解析：错。票据当事人可以委托其代理人在票据上签章，并应当在票据上表明其代理关系。

2. 贷记卡透支按月计收单利，透支利率为日利率万分之五。（　　）

解析：错。贷记卡透支按月计收复利，准贷记卡透支才是按月计收单利。透支利率为日利率万分之五。

3. 银行对一年内未发生收付活动且未欠开户银行债务的单位银行结算账户，应通知单位自发出通知之日起 25 日内办理销户手续，逾期视同自愿销户，将该账户款项转作银行的营业外收入。（　　）

解析：错。银行对一年内未发生收付活动且未欠开户银行债务的单位银行结算账户，应通知单位自发出通知之日起 30 日内办理销户手续，逾期视同自愿销户，将该账户款项转入久悬未取专户管理。

4. 根据《人民币银行结算账户管理办法》的规定，存款人主体资格终止后，因后续工作的需要，超过规定期限未主动办理撤销银行结算账户手续的，银行不得故意停止其银行结算账户的对外支付。（　　）

解析：错。银行得知存款人主体资格终止情况的，存款人超过规定期限未主动办理撤销银行结算账户手续的，银行有权停止其银行结算账户的对外支付。

5. 单位、个人在同一银行开立多个账户的，银行可以自由调剂各账户的资金，以满足票据或结算凭证的付款要求。（　　）

解析：错。支付结算的基本原则之一是谁的钱进谁的账，由谁支配。对存款人的资金，除国家法律另有规定以外，必须由其自主支配，其他任何单位、个人及银行本身都不得对其资金进行干预和侵犯。

6. 单位在结算凭证上的签章就是该单位的盖章。（　　）

解析：错。单位在结算凭证上的签章，为该单位的盖章加其法定代表人或其授权的代理人的签名或盖章。

7. 票据的签发、取得和转让必须具有真实的交易关系和债权债务关系。（　　）

解析：错。《中华人民共和国票据法》第十条、第十一条规定如下：

第十条：票据的签发、取得和转让，应当遵循诚实信用的原则，具有真实的交易关系和债权债务关系。票据的取得，必须给付对价，即应当给付票据双方当事人认可的相对应的代价。

第十一条：因税收、继承、赠与可以依法无偿取得票据的，不受给付对价的限制。但是，所享有的票据权利不得优于其前手的权利。

从第十一条规定可以看出，票据在一定情形下是可以无偿取得的。

8. 根据《人民币银行结算账户管理办法》的规定，存款人开立一般存款账户，必须经过中国人民银行核准。（　　）

解析：错。开立一般存款账户，实行备案制，无须中国人民银行核准。

9. 在事实清楚的情况下，银行可以根据任何单位或个人的申请，对其所管理的单位或个人存款账户进行冻结、扣款、停止存款账户的正常支付。（　　）

解析：错。支付结算的基本原则之一是谁的钱进谁的账，由谁支配。对存款人的资金，除国家法律另有规定以外，必须由其自主支配，其他任何单位、个人及银行本身都不得对其资金进行干预和侵犯。

10. 背书人背书时，必须在票据上签章，背书才能成立。（　　）

解析：对。背书签章为绝对记载事项，没有签章，背书行为无效。

11. 办理托收承付的款项，必须是商品交易以及因商品交易而产生的劳务供应的款项。代销、寄销、赊销商品的款项也可办理托收承付结算。（　　）

解析：错。代销、寄销、赊销商品的款项不得办理托收承付结算。

12. 有价证券是指设定并证明持券人有权取得一定财产权利的书面凭证。

（　　）

答案：对。

13. 支付结算必须通过银行办理。（　　）

解析：错。支付结算必须通过中国人民银行批准的金融机构办理。

14. 票据必须由当事人本人签章。（　　）

解析：错。票据当事人可以委托其代理人在票据上签章，并应当在票据上表明其代理关系。

15. 银行应对受理伪造、变造的票据和结算凭证承担相应的法律责任。（　　）

解析：错。只有存在恶意或重大过失，银行才承担责任。如果银行以善意的目的审查了，即使受理付错了，也不承担责任。

16. 根据《人民币银行结算账户管理办法》的规定，公司由于分公司较多，经济业务发生频繁，现金收付业务量大，可以多头开立基本存款账户。（　　）

解析：错。基本户只能开一个，不能多头开基本户。

17. 填写票据时，中文大写金额数字只能用正楷填写。（　　）

解析：错。中文大写金额数字可用正楷或行书填写。用繁体字填写的，也应该受理。

18. 单位、银行在票据上的签章和单位在结算凭证上的签章，为该单位、银行的公章加其法定代表人或者其授权的代理人的签名或者盖章。（　　）

答案：对。

19. 票据和结算凭证的金额、出票或者签发日期、收款人名称不得更改，更改的票据无效；更改的结算凭证，银行不予受理。（　　）

答案：对。

20. 票据和结算凭证金额以中文大写和阿拉伯数码同时记载，二者如果不一致的，以中文大写的金额为准。（　　）

解析：错。票据和结算凭证金额以中文大写和阿拉伯数码同时记载，二者必须一致，否则银行不予受理。

第二环节 知识图表 面面俱到

第一节 现金结算（5 分钟）

<table>
<tr><td>概念与特点</td><td colspan="3">在经济往来中直接使用现金进行应收应付款结算的一种行为。在我国主要适用于单位与个人之间的款项收付，以及单位之间的转账结算起点金额以下的零星小额收付
特点：直接便利、不安全性、不易宏观控制和管理、费用较高</td></tr>
<tr><td>渠道</td><td colspan="3">（1）付款人直接将现金支付给收款人
（2）付款人委托银行、非银行金融机构或者非金融机构将现金支付给收款人</td></tr>
<tr><td>范围</td><td colspan="3">（1）职工工资、津贴
（2）个人劳务报酬
（3）根据国家规定颁发给个人的科学技术、文化技术、体育等各项奖金
（4）各种劳保福利以及国家规定的对个人的其他支出
（5）向个人收购农副产品和其他物资的价款
（6）出差人员必须随身携带的差旅费
（7）结算起点以下的零星支出；结算起点：1 000 元
（8）中国人民银行确定需要支付现金的其他支出
除（5）、（6）项外，开户单位支付给个人的款项，使用现金不能超过结算起点</td></tr>
<tr><td rowspan="2">现金使用的限额</td><td>一般</td><td>3～5 天日常零星开支</td><td rowspan="2">注意：①对没有在银行单独开立账户的附属单位也要实行现金管理，包括在开户单位的库存限额之内；②商业和服务行业的找零备用现金也要根据营业额核定定额，但不包括在开户单位的库存现金限额之内</td></tr>
<tr><td>边远地区、交通不发达地区</td><td>可≥5 天，但≤15 天</td></tr>
</table>

第二节 支付结算概述（6 分钟）

<table>
<tr><td>概念</td><td colspan="3">单位、个人在社会经济活动中使用票据、信用卡和汇兑、托收承付、委托收款等结算方式进行货币给付及其资金清算的行为
注意：此为狭义的支付结算的概念，不包括现金结算方式</td></tr>
<tr><td>特征</td><td colspan="3">（1）必须通过中国人民银行批准的金融机构进行。未经中国人民银行批准的非金融机构和其他单位不得作为中介机构经营支付结算业务
（2）是一种要式行为
（3）实行统一管理和分级管理
（4）发生取决于委托人的意志
（5）必须依法进行</td></tr>
<tr><td>基本原则</td><td colspan="3">（1）恪守信用、履约付款
（2）谁的钱进谁的账、由谁支配
（3）银行不垫款</td></tr>
<tr><td rowspan="2">主要支付工具</td><td>票据方式</td><td>汇票、本票、支票</td><td rowspan="2">注意：不包括现金支付工具</td></tr>
<tr><td>非票据方式</td><td>信用卡、汇兑、托收承付、委托收款、电子支付</td></tr>
<tr><td rowspan="2">办理支付结算的要求</td><td>办理支付结算的基本要求</td><td colspan="2">（1）必须使用中国人民银行统一规定的票据和结算凭证
（2）办理支付结算必须按统一的规定开立和使用账户
（3）票据和结算凭证金额以中文大写和阿拉伯数字同时记载，两者必须一致，两者不一致的票据无效；两者不一致的结算凭证，银行不予受理
（4）票据和结算凭证上的签章和其他记载事项应当真实，不得伪造、变造</td></tr>
<tr><td>支付结算凭证填写的要求</td><td colspan="2">（1）票据的出票日期必须使用中文大写。票据出票日期使用小写填写的，银行不予受理。大写日期未按要求规范填写的，银行可予受理。但由此造成损失的，由出票人自行承担
（2）中文大写金额数字应用正楷或行书填写，不得自造简化字。如果金额数字书写中使用繁体字，也应受理</td></tr>
</table>

（续上表）

办理支付结算的要求	支付结算凭证填写的要求	(3) 中文大写金额前应标明“人民币”字样。大写金额和“人民币”字样间不能留有空白 (4) 中文大写金额到“元”为止的，“元”后面应加“整（正）”；到“角”的，“角”后面不写“整（正）”；到“分”的，“分”后面不写“整（正）” (5) 小写金额前应加人民币符号“¥” (6) 小写金额中有“0”时的大写金额写法要掌握（汉语规律，数字构成，防止涂改） (7) 票据和结算凭证的金额、出票或者签发日期、收款人名称不得更改，更改的票据无效；更改的结算凭证，银行不予受理。其他记载事项，原记载人可以更改，更改时应当由原记载人在更改处签章证明

第三节 银行结算账户（18 分钟）

一、银行结算账户的概念、分类（5 分钟）

<table>
<tr><td>概念</td><td colspan="3">银行结算账户是人民币活期存款账户</td></tr>
<tr><td rowspan="12">分类</td><td rowspan="5">按存款人</td><td rowspan="4">单位银行结算账户</td><td>基本存款账户</td></tr>
<tr><td>一般存款账户</td></tr>
<tr><td>专用存款账户</td></tr>
<tr><td>临时存款账户</td></tr>
<tr><td colspan="2">个人银行结算账户</td></tr>
<tr><td colspan="3">注意：个体工商户凭营业执照以字号或经营者姓名开立的银行结算账户纳入单位银行结算账户管理。邮政储蓄机构办理银行卡业务纳入个人银行结算账户管理</td></tr>
<tr><td rowspan="4">按用途</td><td>基本存款账户</td><td rowspan="4">基本存款账户在四类账户中处于统御地位。开立基本存款账户的存款人，开立、变更或撤销其他三类账户，必须凭基本存款开户登记证办理相关手续，并在基本存款账户开户登记证上进行登记</td></tr>
<tr><td>一般存款账户</td></tr>
<tr><td>专用存款账户</td></tr>
<tr><td>临时存款账户</td></tr>
<tr><td rowspan="2">按开户地</td><td>本地银行结算账户</td><td rowspan="2"></td></tr>
<tr><td>异地银行结算账户</td></tr>
</table>

（续上表）

银行结算账户管理应当遵循的基本原则	（1）一个基本账户原则 （2）自主选择银行开立银行结算账户原则。除国家法律法规另有规定外，任何单位和个人不得强令存款人到指定银行开立银行结算账户 （3）守法合规原则 （4）存款信息保密原则。除国家法律法规另有规定外，银行有权拒绝任何单位和个人查询

二、银行结算账户的开立、变更和撤销（3 分钟）

开立	核准制度：存款人开立基本存款账户、临时存款账户（注册验资、增资验资临时存款账户除外）和预算单位专用存款账户、QFII 专用存款账户实行核准制度，经中国人民银行核准后，由开户银行核发开户登记证
	存款人开立单位银行结算账户，自正式开立之日起 3 个工作日后，方可办理付款业务（收款业务不限制）。但注册验资的临时存款账户转为基本存款账户和因借款转存开立的一般存款账户除外
变更	（1）存款人更改名称，但不改变开户银行及账号的，应于 5 个工作日内向开户银行提出银行结算账户的变更申请，并出具有关部门的证明文件 （2）单位的法定代表人或主要负责人、住址以及其他开户资料发生变更时，应于 5 个工作日内书面通知开户银行并提供有关证明
	银行接到存款人的变更通知后，应及时办理变更手续，并于 2 个工作日内向中国人民银行报告
撤销	法定情形： （1）被撤并、解散、宣告破产或关闭的 （2）注销、被吊销营业执照的 （3）因迁址需要变更开户银行的 （4）其他原因需要撤销银行结算账户的
	存款人尚未清偿其开户银行债务的，不得申请撤销该账户
	开户银行对已开户但一年内未发生任何业务的账户，应通知存款人自发出通知 30 日内办理销户手续，逾期视同自愿销户

三、各类银行账户（8 分钟）

基本存款账户	使用范围	主办账户，办理存款人日常经营活动的资金收付及其工资、奖金和现金的支取
	开户要求	开立基本存款账户的存款人资格不能是个人，必须是单位
	开立程序	申请—审查—报送中国人民银行核准（2 个工作日内）
一般存款账户	概念	一般存款账户是指存款人因借款或其他结算需要，在基本存款账户开户银行以外的银行营业机构开立的银行结算账户
	使用范围	办理存款人借款转存、借款归还和其他结算的资金收付
		可以办理现金缴存，但不得办理现金支取
		没有数量限制
	开户要求	（1）开立基本存款账户规定的证明文件 （2）基本存款账户开户登记证 （3）存款人因向银行借款需要，应出具借款合同 （4）存款人因其他结算需要，应出具有关证明
	开立程序	自开户之日起 5 个工作日内向中国人民银行当地分支行备案（无须核准）
		3 个工作日内书面通知基本存款账户开户银行
专用存款账户	概念	存款人对其特定用途资金进行专项管理和使用而开立的银行结算账户
	开户要求	专用存款账户中，预算单位专用存款账户实行核准制，要有中国人民银行当地分支行核发的开户许可证。其他专用存款账户为备案制
	使用范围	（1）单位银行卡账户的资金必须由其基本存款账户转账存入。该账户不得办理现金收付业务 （2）财政预算外资金、证券交易结算资金、期货交易保证金和信托基金专用存款账户不得支取现金 …… 注意：要特别留意各专用存款账户对于现金收支的要求

（续上表）

临时存款账户	使用范围	有效期最长不得超过2年
		支取现金，应按照国家现金管理的规定办理
		注册验资的临时存款账户在验资期间只收不付
个人银行结算账户	使用范围	个人银行结算账户用于办理个人转账收付和现金支取业务
		储蓄账户仅限于办理现金存取，不得办理转账结算业务
	使用中应注意的问题	单位从其银行结算账户支付给个人银行结算账户的款项每笔超过5万元的，应向其开户银行提供各类付款凭证
		单位从其银行结算账户支付给个人银行结算账户的款项应纳税的，税收代扣单位付款时应向其开户银行提供完税证明
异地银行结算账户	适用范围	在异地开立上述五类账户

四、违反银行账户管理法律制度的法律责任（2分钟）

（一）银行结算账户的管理

中国人民银行的管理	中国人民银行是银行结算账户的监督管理部门。负责基本存款账户、临时存款账户和预算单位专用存款账户开户许可证的管理
开户银行的管理	银行结算账户管理档案的保管期限为银行结算账户撤销后10年
	银行应对已开立的单位银行结算账户实行年检制度
存款人的管理	加强对预留银行签章、开户许可证的管理，妥善保管密码

（二）违反银行账户管理制度的处罚

违法单位	违法事项	处罚金额
非经营性存款人	违反账户管理制度	1 000元
经营性存款人	变更	1 000元
	伪造、变造，开立、撤销	1万元以上3万元以下
	使用	5 000元以上3万元以下
银行	多头开户、公款私存	5万元以上30万元以下
	其他	5 000元以上3万元以下

第四节 票据结算方式（12 分钟）

一、票据结算概述（3 分钟）

概念与种类	概念	出票人依法签发的，约定自己或者委托付款人在见票时或指定的日期向收款人或持票人无条件支付一定金额的有价证券
	种类	广义：各种有价证券和凭证，如股票、国库券、企业债券、发票、提单等
		狭义：汇票、本票、支票
特征与功能	特征	债权凭证和金钱凭证、设权凭证、文义证券
	功能	支付、汇兑、信用、结算、融资
票据行为	出票、背书、承兑和保证	
当事人	基本当事人：出票人、付款人、收款人	
	非基本当事人：承兑人、背书人、被背书人、保证人	
票据的权利	付款请求权	是第一顺序权利，又称主要票据权利 行使付款请求权的持票人可以是票载收款人或最后的被背书人
	票据追索权	是第二顺序权利，又称偿还请求权 行使追索权的当事人除票载收款人和最后被背书人外，还可以是代为清偿票据债务的保证人、背书人
	取得票据权利	一般情况：票据的取得必须给付对价 特殊情况：因税收、继承、赠与可以依法无偿取得票据的，不受给付对价之限制，但所享有的票据权利不得优于前手 注意：因欺诈、偷盗、胁迫、恶意或重大过失而取得票据的，不得享有票据权利

（续上表）

票据的权利	票据权利的时效	（1）持票人对票据的出票人和承兑人的权利，自票据到期日起2年 （2）见票即付的汇票、本票，自出票日起2年 （3）持票人对支票出票人的权利，自出票日起6个月 （4）持票人对前手的追索权，自被拒绝承兑或者被拒绝付款之日起6个月 （5）持票人对前手的再追索权，自清偿或者被提起诉讼之日起3个月 注意：票据权利丧失但仍然享有民事权利；第（4）、（5）种情况所指的追索权，不包括对“出票人”的追索权
票据的签章	单位、银行在票据上的签章和单位在结算凭证上的签章，为该单位、银行的公章加其法定代表人或者其授权的代理人的签名或者盖章	
	如果票据缺少当事人的签章，可能导致票据无效或者该项票据行为无效	

二、支票（2分钟）

适用范围	单位和个人的各项款项结算，均可以使用支票。2007年7月8日，支票实现全国范围内互通使用	
种类	现金支票	支取现金，不得背书转让
	转账支票	转账，可以背书转让
	普通支票	支取现金与转账（左上角画两条平行线后等同于转账支票）
出票	绝对记载事项：表明“支票”的字样，无条件支付的委托，确定的金额，付款人名称，出票日期，出票人签章。欠缺记载任何一项的，支票都为无效 注意：共六项，无“收款人名称”	
	支票的金额、收款人名称，可以由出票人授权补记，未补记前不得背书转让	
付款	支票的提示付款期为自出票日起10日；另行记载付款日期的，该记载无效	
办理要求	支票出票人的预留银行签章是银行审核支票付款的依据	
	支票的出票人签发支票的金额不得超过付款时在付款人处实有的金额。禁止签发空头支票。 注意：是“付款时”，不是“出票时”、“签发时”或“开具时”	

（续上表）

办理要求	签发空头支票、签发与预留银行签章不符的支票，使用支付密码地区、支付密码错误的支票，银行应予退票；签发空头支票或者签发与其预留的签章不符的支票，不以骗取财物为目的的，由中国人民银行处以票面金额5%但不低于1 000元的罚款；持票人有权要求出票人赔偿支票金额2%的赔偿金；对屡次签发的，银行应停止其签发支票

三、商业汇票（3分钟）

种类	商业承兑汇票	由收款人或付款人签发，经付款人承兑
	银行承兑汇票	由承兑申请人签发，由承兑申请人向开户银行申请，经银行审查同意承兑
绝对记载事项	表明“商业承兑汇票”或“银行承兑汇票”的字样；无条件支付的委托；确定的金额；付款人名称；收款人名称；出票日期；出票人签章。欠缺记载上述事项之一的，商业汇票无效（共七项，比支票多“收款人名称”）	
承兑	定日付款、出票后定期付款——汇票到期日前 见票后定期付款——自出票日起1个月内 汇票未按照规定期限提示承兑的，丧失对其前手的追索权	
	承兑人不得以其与出票人之间资金关系来对抗持票人，拒绝支付汇票金额 承兑人的票据责任不因持票人未在法定期限提示付款而解除	
	付款人承兑商业汇票，应当在汇票正面记载“承兑”字样和承兑日期并签章，且不得附有条件，承兑附有条件的，视为拒绝承兑 注意：承兑附有条件的，视为拒绝承兑，而非所附条件不具备票据上的效力	
付款	提示付款期限自汇票到期日起10日	
	付款期限最长不得超过6个月	

（续上表）

背书	背书应当连续
	背书人在汇票上记载“不得转让”字样，其后手再背书转让的，原背书人对后手的被背书人不承担保证责任，其只对直接的被背书人承担责任
	汇票背书附有条件的，所附条件不具有汇票上的效力 注意：跟承兑附有条件区分，承兑附有条件视为拒绝承兑
	将汇票金额的一部分或者将汇票金额分别转让给两人以上的背书无效
	被拒绝承兑、被拒绝付款或者超过付款提示期限，不得背书转让，否则背书人应当承担汇票责任
保证	保证不得附有条件，附有条件的不影响对汇票的保证责任票据上的保证均为连带责任

四、银行汇票（2 分钟）

项目	内容	备注
概念	出票银行签发，由其见票即付的票据	基本当事人——出票人、收款人
特点	（1）以银行作为付款人 （2）见票即付	注明“现金”字样可提现
适用范围	异地结算使用	
绝对记载事项	（1）注明“银行汇票”的字样 （2）无条件支付的承诺 （3）金额 （4）付款人名称 （5）出票日期 （6）出票人签章 （7）收款人名称	实际结算金额大于票面金额，无效，只能按面额付款；请求付款，必须同时提交汇票和解讫通知两联
能否背书转让	可以背书转让（注明“现金”字样的不得背书转让）	背书转让以不超过出票金额的实际结算金额为准，超过出票金额的不得转让
提示付款期限	自出票日起 1 个月	超过期限提示付款，代理付款人不予受理

五、银行本票（2 分钟）

项目	内容	备注
概念	银行签发，承诺见票时无条件支付确定金额给收款人或持票人的票据	无须提示承兑基本当事人——出票人、收款人
特点	（1）以银行作为付款人 （2）见票即付	
适用范围	同城使用	注明“现金”的，可提现
分类	定额本票和不定额本票	1 000 元、5 000 元、10 000 元、50 000 元
绝对记载事项	（1）表明银行本票字样 （2）无条件支付的承诺 （3）金额 （4）付款人名称 （5）出票日期 （6）出票人签章 （7）收款人名称	
能否背书转让	可背书转让	填明“现金”的，不准背书转让
提示付款期限	自出票之日起不超过 2 个月	超过期限提示付款，代理付款人不予受理

第五节 银行卡（2 分钟）

概念	商业银行（含邮政金融机构）向社会发行具有消费信用、转账结算、存取现金等全部或部分功能的信用支付工具	
分类	按发行主体是否在境内：境内卡和境外卡 按是否给予持卡人授信额度：借记卡和贷记卡 按账户币种不同分为人民币卡、外币卡和双币种卡 按信息载体不同：磁条卡和芯片卡	
申领资格	在境内金融机构开立基本存款账户的单位、具备完全民事行为能力的公民（18 周岁以上）	单位卡资金只能从基本存款账户转账存入

（续上表）

销户	有效期45天后为更换新卡、各种原因银行收回45天的、账户2年以上未发生交易	销户时，单位卡账户余额只能转回基本存款账户，不得提现
使用规定	（1）单位卡不得透支，不得提现，不得用于10万元以上交易 （2）不得出租、转借 （3）同一持卡人单笔透支：个人卡不得超过1万元 （4）准贷记卡的透支期限最长为60天，贷记卡的首月最低还款额不低于当月透支余额的10%	贷记卡持卡人非现金交易享受优惠条件：60天免息还款期；最低还款额待遇

第六节　其他结算方式（5分钟）

一、汇兑（1分钟）

种类	汇兑分为信汇和电汇
适用范围	单位和个人各种款项的结算，均可使用汇兑结算方式
程序	（1）汇款回单只能作为汇出银行受理汇款的依据，不能作为该笔汇款已转入收款人账户的证明 （2）收账通知是银行将款项确已收入收款人账户的凭据
相关规定	汇款人对汇出银行尚未汇出的款项可以申请撤销
	汇款人申请退汇必须是该汇款已从汇出银行汇出
	注意：转汇银行既不能受理撤汇也不能受理退汇
	汇入银行对于收款人拒绝接受的汇款，应及时办理退汇。汇入银行对于向收款人发出取款通知，经过2个月无法交付的汇款，应主动办理退汇

二、委托收款（2分钟）

概念	由收款人发货后委托银行向付款人收取款项的结算方式
分类	邮寄和电报
记载事项	（1）注明“委托收款”的字样 （2）确定的金额 （3）付款人名称 （4）收款人名称 （5）委托收款凭据名称及附寄单证张数 （6）委托日期 （7）收款人签章
适用范围	同城、异地结算均可使用
结算规定	办理方法：以银行为付款人的，银行应在当日将款项主动支付给收款人；以单位为付款人的，银行通知付款人后，付款人应于接到通知当日书面通知银行付款
	注意事项：①付款人审查有关债务证明后，对收款人委托收取的款项需要拒绝付款的，有权提出拒绝付款；②收款人收取公用事业费，必须具有收付双方事先签订的经济合同，由付款人向开户银行授权，并经开户银行同意，报经中国人民银行当地分支行批准

三、托收承付（1分钟）

概念	根据购销合同由收款人发货后委托银行向异地付款人收取款项，由付款人向银行承认付款的结算方式
分类	邮寄和电报
适用范围	（1）异地结算 （2）必须是国企、供销社、经管好经开户银行批准的城乡集体所有制工业企业 （3）必须具备购销合同
使用规定	（1）金额起点限制——10 000元，新华书店系统——1 000元 （2）代销、寄销、赊销商品款项，不得办理托收承付

四、国内信用证（1 分钟）

概念	简称信用证，是适用于国际贸易的一种支付结算方式，是开证银行依照申请人（购货方）的申请向受益人（销货方）开出的有一定金额、在一定期限内凭信用证规定的单据支付款项的书面承诺
结算方式	只用于国内企业之间商品交易产生的货款结算，只能用于转账结算，不得支取现金
办理基本程序	开证—通知—议付—付款

第三环节 臻题强化 胜券在握

一、多项选择题（共20题，应在20分钟内完成）

1. 根据《人民币银行结算账户管理办法》的规定，银行在银行结算账户的使用中，给予警告并处以5 000元以上3万元以下罚款的行为有（　　）

A. 为储蓄账户办理转账结算

B. 提供虚假开户申请资料欺骗中国人民银行开立基本存款账户、预算单位专用存款账户

C. 违反规定办理个人银行结算账户转账结算

D. 开立或撤销单位银行结算账户，未按本办法规定在其基本账户开户登记证上予以登记、签章或通知相关开户银行

2. 下列关于办理支付结算的表述，符合法律规定的有（　　）

A. 填写票据和结算凭证应当规范

B. 单位和银行签发票据时，名称应当记载全称，使用简称的，银行不予受理

C. 票据和结算凭证上的签章和其他记载的事项应当真实

D. 未使用按中国人民银行统一规定印制的票据，票据无效

3. 信用卡的用途有（　　）

A. 向特约单位购物　　B. 向银行存款

C. 在特约单位消费　　D. 从银行取得现金

4. 根据《中华人民共和国支付结算办法》的规定，下列各项中，商业银行向其办理信用卡，应当收取不低于交易金额的2%手续费的行业为（　　）

A. 宾馆　　B. 娱乐　　C. 旅游　　D. 餐饮

5. 根据《人民币银行结算账户管理办法》的规定，下列各项中，存款人可以在其开立银行结算账户的有（　　）

A. 中国银行　　B. 中国平安保险公司

C. 农村信用合作社　　D. 政策性银行

6. 可以办理现金支付的有（　　）

A. 专用存款账户　　B. 临时结算账户

C. 一般存款账户　　D. 基本存款账户

7. 下列关于票据伪造与变造的表述正确的有（　　）

A. 所谓“伪造”，是指无权限人假冒他人或虚构人名义签章的行为

B. 所谓“变造”，是指无权更改票据内容的人对票据上签章以外的记载事项加以改变的行为

C. 伪造、变造票据属于欺诈行为，应追究其刑事责任

D. 票据上有伪造、变造的签章的，票据无效

8. 关于现金管理，下列说法中错误的有（　　）

A. 现金结算结点的调整，由中国人民银行确定，报财政部备案

B. 现金结算结点的调整，由中国人民银行确定，报财政部批准

C. 各单位现金收入应于当日送存银行；如当日确有困难，由中国人民银行当地分支行确定送存时间

D. 开户单位需要增加或减少库存现金限额的，应当向中国人民银行当地分支行提出申请，由中国人民银行当地分支行核定

9. 下列关于现金管理的说法错误的有（　　）

A. 单位最多可按 15 天日常零星开支的需要留存现金

B. 没有在银行单独开立账户的附属单位必须保留的现金及商业和服务业的找零备用现金均包括在现金使用限额之内，因此均需要核定定额

C. 开户单位在特殊情况下可以坐支现金

D. 经办人员对于审批人超越授权范围审批的货币资金业务，有权拒绝办理，并及时向单位负责人报告

10. 下列关于银行结算账户的开立说法，正确的有（　　）

A. 存款人开立单位银行结算账户，自正式开立之日起 3 个工作日后，方可办理付款业务

B. 存款人因借款转存开立的一般存款账户不受生效日的限制

C. 存款人开立的临时存款账户不受生效日的限制

D. 存款人在同一银行营业机构撤销银行结算账户的同时又重新开立银行结算账户的不受生效日的限制

11. 下列关于银行结算账户的开立、变更和撤销的说法，错误的有（　　）

A. 存款人开立银行结算账户其预留银行签章可以为该单位的公章

B. 银行接到存款人的变更通知后，应及时办理变更手续，并于 3 个工作日内向中国人民银行报告

C. 存款人撤销银行结算账户，应先撤销基本存款账户后再办理其他银行结算账户的撤销

D. 银行对 1 年未发生收付活动且未欠开户银行债务的单位银行结算账

户，应通知单位自发出通知之日起30日内办理销户手续

12. 关于一般存款账户，下列表述中错误的有（　　）

A. 只要有借款需要，一般存款账户在任何银行营业机构均可开立

B. 一般存款账户有效期最长不得超过2年

C. 开立一般存款账户的开户银行应于开户之日起5个工作日内报中国人民银行当地分支行核准

D. 开立一般存款账户需要提供基本开户行开户登记证

13. 下列专用存款账户中，不得支取现金的账户为（　　）

A. 基本建设资金　　B. 单位银行卡账户

C. 财政预算外资金　　D. 党、团、工会经费

14. 下列关于银行结算账户的各项表述，错误的有（　　）

A. 存款人可以通过基本存款账户办理工资、奖金等现金的支取

B. 一般存款账户可以存现金亦可以取现金

C. 专用存款账户不得办理现金支取

D. 临时存款账户不得办理现金支取

15. 根据《人民币银行结算账户管理办法》的规定，单位从其银行结算账户支付给个人银行结算账户的款项，每笔超过5万元的，应向其开户银行提供的付款依据有（　　）

A. 借款合同

B. 税收征管部门的证明

C. 农、副、矿产品购销合同

D. 证券公司、期货公司、信托投资公司、证券发行或承销部门支付或偿还给自然人款项的证明

16. 下列关于支票分类的说法正确的有（　　）

A. 现金支票可以用于背书转让　B. 转账支票可以用于背书转让

C. 普通支票只能用于转账　　D. 划线支票只能用于转账

17. 下列不属于支票的绝对记载事项的有（　　）

A. 无条件支付的承诺　　B. 付款日期

C. 付款人名称　　D. 收款人名称

18. 甲公司于2011年11月11日签发一张支票给乙公司，乙公司于11月25日委托自己的开户银行收款，乙公司的开户银行以支票超过提示付款期限为由未予受理，乙公司又向甲公司开户银行提示付款，甲公司的开户银行同样以支票超过提示付款期限为由未予受理，乙公司遂要求甲公司偿还支票金额，甲公司同样以支票超过提示付款期限为由拒绝付款，则下列说法中正确

的有（　　）

A. 该支票的提示付款期限截至 2011 年 11 月 20 日 24 时

B. 乙公司的开户银行做法正确

C. 甲公司的开户银行做法正确

D. 甲公司的做法正确

19. 签发（　　），银行应予退票；并按票面金额处以 5% 但不低于 1 000 元的罚款

A. 空头支票

B. 支付密码错误的支票

C. 出票日期使用小写填写

D. 签章与预留银行签章不符的支票

20. 下列关于商业汇票的表述，不符合法律规定的有（　　）

A. 商业汇票既可以由银行签发，也可以由企业签发

B. 商业汇票的出票人必须具备的条件之一为出票人必须在银行账户中有足额的资金以保障票款可以按时支付

C. 商业汇票的提示承兑期限，为自汇票出票之日起 1 个月内

D. 商业汇票的付款期限，为自汇票到期日起 10 日内

二、案例分析题（共 2 题，应在 15 分钟内完成）

1. 源发公司是一家有限责任制公司，2012 年，公司发生了下列事项：

7 月 28 日，由于向农民收购农副产品急需大量现金，经总经理赵某批准，从公司当日的现金收入中直接支取 8 万元，从财务部长孙某个人存折上取出属于公司的现金 5 万元，并向农民开出 5 万元的借条。

10 月 12 日，签发支票一张，填写的出票日期为“零壹拾月壹拾贰日”字样，出票大写金额为“叁万零壹佰伍拾元正”字样。

根据上述资料，回答下列问题：

（1）根据《账户管理办法》的规定，对孙某应处以的罚款为（　　）

A. 1 万～3 万元　　　　B. 5 万～30 万元

C. 5 000～30 000 元　　　　D. 1 000 元

（2）下列各项中，可以转入个人账户的有（　　）

A. 农、副、矿产品销售收入

B. 债券、期货、信托等投资的本金和收益

C. 纳税退款

D. 工资、奖金收入

（3）关于公司支票的填写，下列说法中正确的有（　　）

A. 该支票的出票日期的正确写法应为“零壹拾月零壹拾贰日”

B. 该支票的出票日期既可以使用中文大写，也可以使用阿拉伯数字填写

C. 该支票中的中文大写金额填写错误

D. 若该支票的出票日期未按规范填写，银行可予受理，但由此造成损失的，由出票人自行承担

（4）若银行明知孙某所存现金属于公司，根据《账户管理办法》的规定，应对银行处以的罚款为（　　）

A. 5 000～30 000 元　　B. 1 万～3 万元

C. 1 000 元　　D. 5 万～30 万元

（5）下列选项中违反开户单位现金使用规定的有（　　）

A. 向农民开出 5 万元的借条

B. 用现金向农民收购农副产品

C. 从公司现金收入中坐支现金

D. 将公司自有现金存在孙某个人账户上

2. 2011 年 9 月 10 日，天明公司的财务科长持有关证件到 A 银行营业部办理基本存款账户开立手续，A 银行工作人员审查了其开户的证明文件，并留存了相关证件的复印件，并为其办理了开户手续。同日该财务科长持以上证件和与 B 银行签订的贷款合同到 B 银行开立了一个一般存款账户。9 月 12 日，A 银行的工作人员携带天明公司的基本存款账户开户资料向当地中国人民银行报送，申请核准。9 月 15 日，该财务科长签发了一张现金支票，同日向 B 银行提示付款，要求提取现金 30 万元，B 银行工作人员对该支票进行审查后，拒绝为该公司办理现金取款手续。

根据上述资料，回答下列问题：

（1）针对 A 银行为天明公司开立基本存款账户的做法，下列说法中正确的有（　　）

A. A 银行可以为天明公司开户

B. A 银行于 9 月 12 日向当地中国人民银行报送，申请核准没有问题

C. A 银行在未将光明企业的开户资料报送当地中国人民银行核准并颁发基本存款账户许可证之前，即为光明企业办理开户手续不符合规定

D. 中国人民银行当地分支行可以对 A 银行进行处罚

（2）针对 B 银行为天明公司开立一般存款账户的做法，下列说法中正确的有（　　）

A. B 银行可以为天明公司开户

B. 因天明公司已经有了基本存款账户，因此B银行为天明公司开立一般存款账户的程序符合《银行结算账户管理办法》的规定

C. 开立一般存款账户需要中国人民银行当地分支行核准

D. B银行为天明公司开立一般存款账户的做法不符合《人民币银行结算账户管理办法》的规定，中国人民银行当地分支行可以对B银行处以5 000元的罚款

(3) 对于B银行拒绝付款的做法，下列说法中错误的有（　　）

A. B银行的做法正确

B. 一般存款账户可以办理现金支取

C. 一般存款账户可以办理现金缴存

D. 一般存款账户只能办理转账结算，不能办理现金存取

(4) 关于基本存款账户的使用规定，下列说法中正确的有（　　）

A. 如天明公司有异地结算的需要，可以在异地再开立一个异地基本存款账户

B. 基本存款账户可以办理现金支取，而且没有限制

C. 如天明公司单位名称改为明天公司，但不改变银行结算账户的，则应书面通知所有开户银行办理银行结算账户的变更

D. 天明公司在A银行开立的银行结算账户为公司的主办账户

(5) 关于一般存款账户的使用规定，下列说法中正确的有（　　）

A. 如天明公司与A银行签订了贷款合同，则还可以在A银行再开立一个一般存款账户

B. 开立一般存款账户没有数量限制

C. 如天明公司有异地结算的需要，可以在异地再开立一个异地一般存款账户

D. 天明公司在B银行开立的银行结算账户为公司的主办账户

三、单项选择题（共10题，应在5分钟内完成）

1.《人民币银行结算账户管理办法》针对不同的专用资金规定了不同的使用范围，业务支出账户除从其某账户拨入款项外，只付不收，其现金支取必须按照国家现金管理的规定办理，该某账户是（　　）

A. 基本建设资金专用存款账户

B. 证券交易结算资金专用存款账户

C. 政策性房地产开发资金专用存款账户

D. 基本存款账户

2. 下列票据上出票日期的中文大写中，正确的是（　　）

A. 一月二日　　B. 零贰月零拾玖日

C. 零壹月贰拾玖日　　D. 拾月叁拾日

3. 根据《人民币银行结算账户管理办法》的规定，单位银行结算账户支付给个人银行结算账户款项的，银行应认真审查付款依据或收款依据的原件，并且应当（　　）

A. 留存复印件，按会计档案保管

B. 留存原件，按会计档案保管

C. 留存复印件，按业务档案保管

D. 留存原件，按业务档案保管

4. 银行接到存款人的变更通知后，应及时办理变更手续，并于（　　）内向中国人民银行报告

A. 2 个工作日　　B. 3 个工作日

C. 4 个工作日　　D. 5 个工作日

5. 根据《人民币银行结算账户管理办法》的规定，只要存款人具有借款或其他结算需要，就可以申请开立一般存款账户，开立一般存款账户的个数为（　　）

A. 1 个　　B. 没有数量限制

C. 3 个　　D. 5 个

6. 根据《人民币银行结算账户管理办法》的规定，发生下列事由，存款人不应向开户银行提出撤销银行结算账户的申请（　　）

A. 被撤并、解散、宣告破产或关闭的

B. 注销、被吊销营业执照的

C. 存款人有未偿还资金问题

D. 因迁址需要变更开户银行的

7. 银行结算账户的监督管理部门是（　　）

A. 各级财政部门　　B. 中国人民银行

C. 各开户银行　　D. 国务院及地方各级人民政府

8. 下列各项中，关于信用卡表述正确的有（　　）

A. 贷记卡透支按月计收单利，透支利率为 0.05%

B. 贷记卡透支按月计收复利，透支利率为 0.5%

C. 准贷记卡按月计收复利，透支利率为 0.5%

D. 准贷记卡透支按月计收单利，透支利率为 0.05%

9. 根据《人民币银行结算账户管理办法》，经营性的存款人，违反规定

开立银行结算账户，未构成犯罪，应处以（　　）

A. 警告

B. 3 万元罚款

C. 警告并处以 1 万到 3 万元罚款

D. 1 万元罚款

10. 下列账户中不得办理现金支取的是（　　）

A. 基本存款账户　　B. 一般存款账户

C. 临时存款账户　　D. 个人结算账户

四、判断题（共 10 题，应在 5 分钟内完成）

1. 根据《人民币银行结算账户管理办法》的规定，存款人虽宣告破产，但尚未清偿其开户银行债务的，不得申请撤销该账户。（　　）

2. 无民事行为能力人或者限制民事行为能力人在票据上的签章无效，且影响其他签章的效力。（　　）

3. 没有开立存款账户的个人向银行交付款项后也不得通过银行办理支付结算。（　　）

4. 根据《人民币银行结算账户管理办法》的规定，除国家法律、行政法规和国务院规定外，任何单位和个人不得强令存款人到指定银行开立银行结算账户。（　　）

5. 无民事行为能力人或者限制民事行为能力人在票据上的签章无效，但不影响其他签章的效力。（　　）

6. 根据《人民币银行结算账户管理办法》的规定，按照信息公开的原则，因工作需要，任何单位或个人都有权向银行查询单位银行结算账户和个人银行结算账户的存款和有关资料。（　　）

7. 票据的签发、取得和转让必须具有真实的交易关系和债权债务关系，不能无偿取得。（　　）

8. 根据《人民币银行结算账户管理办法》的规定，存款人是从事生产、经营的纳税人的，在申请开立基本账户时，应向银行出具在相关税务部门办理的税务登记证。（　　）

9. 存款人因附属的非独立核算单位或派出机构发生的收入汇缴或业务支出需要可以办理异地银行结算账户。（　　）

10. 银行得知存款人主体资格终止情况的，存款人超过规定期限未办理撤销银行结算手续的，银行有权停止其银行结算账户的对外支付。（　　）

参考答案及解析

一、多项选择题

1. ABCD

2. ACD【解析】单位和银行签发票据，名称应当记载全称或规范化简称。所以选项 B 是错的。

3. ABCD 4. ABCD 5. ACD 6. ABD

7. ABC【解析】票据上有伪造、变造的签章的，不影响票据上其他真实签章的效力。

8. ABCD【解析】现金结算结点的调整，由中国人民银行确定，报国务院备案。各单位现金收入应于当日送存银行；如当日确有困难，由开户银行确定送存时间。开户单位需要增加或减少库存现金限额的，应当向开户银行提出申请，由开户银行核定。

9. BD【解析】对没有在银行单独开立账户的附属单位也要实行现金管理，必须保留的现金，也要核定限额，其限额包括在开户单位的库存限额之内。经办人员对于审批人超越授权范围审批的货币资金业务，有权拒绝办理，并及时向审批人上级报告。

10. ABD

11. BC【解析】银行接到存款人的变更通知后，应及时办理变更手续，并于 2 个工作日内向中国人民银行报告。存款人撤销银行结算账户，应先撤销其他银行结算账户后再办理基本存款账户后的撤销。

12. ABC【解析】一般存款账户是存款人因借款或其他结算需要，在基本存款账户开户银行以外的银行营业机构开立的银行结算账户。临时存款账户有效期最长不得超过 2 年。开立一般存款账户的开户银行应于开户之日起 5 个工作日内报中国人民银行当地分支行备案。

13. BC【解析】基本建设资金需要支取现金的，应在开户时报中国人民银行当地分支行批准。党、团、工会经费专用存款账户支取现金，应按照国家现金管理的规定办理。

14. BCD【解析】一般存款账户可以办理现金缴存，但是不能办理现金支取。除证券、期货结算资金专户，单位信用卡备用金专户，财政预算外专户等不得办理现金支取外，其他是可以办理现金支取的。除验资临时存款账户不得办理现金支取外，其余是可以办理的。

15. ABCD 16. BD 17. ABD 18. BC

19. ABD【解析】签发空头支票或者签发与其预留的签章不符的支票，使用支付密码地区支付密码错误的支票，由中国人民银行处以票面金额5%但不低于1 000元的罚款。

20. ABCD

二、案例分析题

1. （1）C （2）ABCD （3）D （4）D （5）CD

2. （1）ABCD （2）AD （3）BD （4）D （5）BC

三、单项选择题

1. D 2. C 3. A

4. A【解析】银行接到存款人核准类银行账户的存款人名称、法定代表人或单位负责人的变更申请后，在2个工作日内将存款人的变更银行结算账户申请书、开户许可证以及证明文件报送中国人民银行当地分支行。

5. B 6. C 7. B

8. D【解析】准贷记卡按月计收单利，透支利率为0.05%。

9. C 10. B

四、判断题

1. 对

2. 错【解析】无民事行为能力人或者限制民事行为能力人在票据上的签章无效，不影响其他签章的效力。

3. 错【解析】没有开立存款账户的个人向银行交付款项后，也可以通过银行办理支付结算。

4. 对 5. 对

6. 错【解析】银行要为存款人保密，除了法律规定以外，不得为任何单位或个人提供查询。

7. 对 8. 对 9. 对 10. 对

第四环节 错题重温 查漏补缺

请再次回顾今天完成的习题中的错误部分，并在下方写出第二章中最难把握的是哪一节内容，如“今天总体情况不错，但对于票据的期限性问题还是要加强记忆”。

4 第四天 第三章 税收法律制度

第一环节 真题回顾 胸有成竹

一、多项选择题（共 20 题，建议学习时间为 15 分钟，应快速通读，并对有疑问的题目重点阅读其解析，并做标记）

1. 下列属于流转税的税种有（　　）

A. 增值税　　B. 所得税　　C. 营业税　　D. 消费税

解析：选 ACD。增值税、营业税、消费税、关税都属于流转税类。而所得税属于所得税类。

2. 下列关于税收与税法关系的说法，正确的有（　　）

A. 税收活动必须严格按照税法的规定进行

B. 税收属于经济基础范畴

C. 税法以保障税收活动的有序进行为其存在的理由和依据

D. 税法属于上层建筑范畴

答案：选 ABCD。

3. 税法按照主权国家行使税收管辖权的不同，可以分为（　　）

A. 国内税法　　B. 国际税法

C. 外商投资企业税法　　D. 外国税法

解析：选 ABD。按照主权国家行使税收管辖权的不同，可以将税法分为国内税法、国际税法、外国税法。

4. 下列做法中不正确的有（　　）

A. 甲公司代其子公司开具了一张价值 20 000 元的增值税发票

B. 乙公司将其未用完的增值税发票转让给丙公司

C. 丙公司将闲置的发票本出售给丁公司并收取一定费用

D. 丁公司将已开具的发票存根联和发票登记簿保存 6 年后报经税务机关查验后予以销毁

解析：选 ABC。任何单位和个人应当按照发票管理规定使用发票，不得转借、转让、介绍他人转让发票、发票监制章和发票防伪专用品。发票存根联和发票登记簿应当保存5年，所以6年后销毁是正确的。

5. 下列税种中，属于行为税的有（　　）

A. 土地增值税　　B. 印花税

C. 房产税　　D. 城市维护建设税

解析：选BD。土地增值税属于资源税，房产税属于财产税，而印花税和城市维护建设税属于行为税。

6. 发生下列行为，不需要办理税务登记的有（　　）

A. 应税收入　　B. 临时取得应税收入

C. 购买家用轿车　　D. 临时发生纳税行为

解析：选BCD。临时性取得应税收入或临时性发生应税行为，只缴纳个人所得税、车船税的不需办理税务登记。

7. 下列关于税法分类的说法，正确的有（　　）

A. 按照立法目的、征税对象、权限划分、适用范围、功能作用的不同，分为不同类型的税法

B. 按照法律级次，税法可分为税收法律、税收行政法规、税收规章和税收规范性文件

C. 按照功能作用的不同，税法可分为税收实体法和税收程序法

D. 按照主权国家行使税收管辖权的不同，税法可分为国内税法、国际税法、外国税法

答案：选ABCD。

8. 下列关于税法的说法，表述正确的有（　　）

A. 国内税法一般是按照属人或属地原则，规定一个国家的内部税收制度

B. 外国税法是指国外各个国家制定的税收制度

C. 按照主权国家行使税收管辖权的不同，税法可分为国内税法、国际税法、外国税法等

D. 国际税法是指国家间形成的税收制度，主要包括双边或多边国家间的税收协定

答案：选ABCD。

9. 纳税申报的方式包括（　　）

A. 邮寄申报　　B. 数据电文申报

C. 直接申报　　D. 网上申报

解析：选ABC。纳税申报的方式包括直接申报、邮寄申报、数据电文申报、简易申报和其他方式。

10. 纳税人在申报办理停业登记时，在结清应纳税款、滞纳金、罚款的同时必须予以说明的有（　　）

A. 停业时间　　B. 发票的领用、保存情况

C. 停业前的纳税情况　　D. 停业理由

答案：选 ABCD。

11. 根据《营业税暂行条例》的有关规定，下列各项中可以免征营业税的有（　　）

A. 婚姻介绍所提供的婚姻介绍服务

B. 航空运输部门提供的运输服务

C. 幼儿园提供的养育服务

D. 学生勤工俭学所提供的劳务

解析：选 ACD。《营业税暂行条例》第六条规定，下列项目免征营业税：

（1）托儿所、幼儿园、养老院、残疾人福利机构提供的育养服务、婚姻介绍、殡葬服务；

（2）残疾人员个人提供的劳务；

（3）医院、诊所和其他医疗机构提供的医疗服务；

（4）学校和其他教育机构提供的教育劳务，学生勤工俭学提供的劳务；

（5）农业机耕、排灌、病虫害防治、植保、农牧保险以及相关技术培训业务，家禽、牲畜、水生动物的配种和疾病防治；

（6）纪念馆、博物馆、文化馆、美术馆、展览馆、书画院、图书馆、文物保护单位举办文化活动的门票收入，宗教场所举办文化、宗教活动的门票收入。

12. 下列各项中，采用累进税率计算应纳税额的有（　　）

A. 个人所得税　　B. 企业所得税

C. 车辆购置税　　D. 土地增值税

解析：选 AD。个人所得税采用超额累进税率，土地增值税采用超率累进税率。企业所得税和车辆购置税采用比例税率。

13. 应办理税务登记的包括（　　）

A. 中外合资企业

B. 企业在外地设立的分支机构

C. 个体工商户

D. 企业在外地设立的非从事生产、经营的场所

解析：选 ABC。企业在外地设立从事生产、经营的场所需办理税务登记。而企业在外地设立非从事生产、经营的场所无须办理税务登记。

14. 下列关于税收强制执行措施，正确的是（　　）

A. 经县级税务局（分局）局长批准

B. 个人的生活必需品不在税收强制执行措施范围内

C. 书面通知纳税人开户银行从其存款中直接扣缴税款

D. 扣押、查封纳税人的价格相当于应纳税款的商品、货物或者其他财产

答案：选 ABC。

15. 按对外购固定资产价款处理方式的不同进行划分，增值税的类型有（　　）

A. 生产型增值税　　B. 收入型增值税

C. 消费型增值税　　D. 积累型增值税

答案：选 ABC。

16. 税务代理的原则包括（　　）

A. 严格管理　B. 自愿有偿　C. 客观公正　D. 依法代理

解析：选 ABCD。税务代理是一项社会性中介事务，必须坚持严格依法、客观公正、严格管理、自愿有偿的原则。

17. 符合消费税纳税地点规定的有（　　）

A. 纳税人到外地自产应税消费品的，应回纳税人核算机构所在地申报

B. 纳税人总机构与分支机构不在同一县的，分支机构应回总机构申报纳税

C. 进口应税消费品由进口人或其代理人向报关地海关申报纳税

D. 委托加工应税消费品的由委托方向受托方所在地主管机构税务机关申报纳税

解析：选 AC。纳税人总机构与分支机构不在同一县的，应当分别向各自机构所在地的主管税务机关申报纳税。所以选项 B 错误。委托个人加工应税消费品的，由委托方向其机构所在地或者居住地主管税务机关申报纳税。除此之外，由受托方向所在地主管税务机关代收代缴消费税税款。

18. 下列应当办理税务变更的有（　　）

A. 企业改变隶属关系　　B. 企业改变经济性质或经济类型

C. 企业被撤销或合并　　D. 企业改变住所或经营地点

解析：选 ABD。企业被撤销或合并，应办理注销登记，所以不选 C。

19. 下列关于征税对象与计税依据的说法，正确的有（　　）

A. 征税对象和计税依据都是反映征税客体

B. 征税对象规定对什么征税，计税依据是在确定征税对象后解决如何计量的问题

C. 资源税的征税对象是自然资源，计税依据是应税产品的销售价格

D. 企业所得税的征税对象是企业取得的生产、经营所得和其他所得，计税依据是企业的应纳税所得额

解析：选 ABD。资源税的征税对象是自然资源，计税依据是应税产品的销售数量或自用数量，所以选项 C 错误。

20. 某公司进口一批应税消费品，海关应征进口关税 20 万元（关税税率假定为20%），已知消费税税率 10%，则进口环节还需缴纳（　　）

A. 消费税 13.33 万元　　B. 增值税 22.67 万元

C. 消费税 12 万元　　D. 增值税 22.44 万元

解析：选 AB。关税完税价格 = 20 ÷ 20% = 100（万元）；进口消费税 =（关税完税价格 + 关税）/（1 − 消费税税率）× 消费税税率 =（100 + 20）÷（1 − 10%）× 10% = 13.33（万元）；进口增值税 =（关税完税价格 + 关税 + 消费税）× 增值税税率 =（100 + 20 + 13.33）× 17% = 22.67（万元）。

二、案例分析题（共 4 题，建议学习时间为 30 分钟，对于计算类的案例分析题应了解解题步骤）

1. 运发企业 2011 年 1—12 月共预缴企业所得税 680 万元。根据所得税汇算清缴结果，有关资料如下：主营业务收入 8 500 万元，主营业务成本 4 300 万元，销售费用 760 万元。管理费用 645 万元，其他业务收入 35 万元，其他业务支出 23 万元，营业外收入 115 万元，营业外支出 78 万元，实际发生坏账损失 24 万元，取得扩大内需财政拨款 56 万元，取得租金收入 20 万元，银行利息支出 52 万元。假设各扣除项目的支出均符合税法规定的扣除标准，该公司适用企业所得税税率 25%。

根据上述材料，回答下列问题：

（1）根据企业所得税的规定，下列关于居民企业和非居民企业的说法，正确的是（　　）

A. 只有依照中国法律成立的企业才是居民企业

B. 依照外国法律成立、实际管理机构在中国境内的企业是非居民企业

C. 在境外成立的企业都是非居民企业

D. 在中国境内设立机构、场所且在境外成立，其实际管理机构不在中国境内的企业是非居民企业

解析：选 D。依照中国法律成立的企业或依照外国法律成立、实际管理机构在中国境内的企业都是居民企业。两个条件都不满足的企业属于非居民企业。所以选项 A、B、C 都错误，只有选项 D 正确。（本题不需看案例材料

即可选出答案）

（2）下列说法中正确的有（　　）

A. 企业所得税实行分月或分季预缴，年终汇算清缴

B. 企业所得税也可实行年终一次缴清的办法

C. 财政拨款 56 万元为不征税收入

D. 租金收入 20 万元不必计算缴纳企业所得税

解析：选 AC。企业所得税为按年计征，分月或分季预缴，年终汇算清缴，多退少补。

（3）运发企业 2011 年度应纳税所得额为（　　）

A. 2 844 万元　B. 2 788 万元　C. 2 836 万元　D. 2 892 万元

解析：选 B。运发企业 2011 年度应纳税所得额 = 8 500 - 4 300 - 760 - 645 + 35 - 23 + 115 - 78 - 24 + 20 - 52 = 2 788（万元）。注意取得的财政拨款 56 万元属于不征税收入，不参与应纳税所得额的计算。

（4）运发企业应补交企业所得税（　　）

A. 31 万元　　B. 29 万元　　C. 43 万元　　D. 17 万元

解析：选 D。应补交企业所得税 = 2 788 × 25% - 680（预缴的企业所得税）= 17（万元）。

（5）下列哪些收入应计入应纳税所得额（　　）

A. 销售产品取得的收入　　　B. 出租包装物的租金收入

C. 持有国债利息收入　　　　D. 财政拨款

解析：选 AB。国债利息收入属于免税收入，财政拨款属于不征税收入，二者都不参与计算应纳税所得额。

2. 某化妆品生产企业是增值税一般纳税人。2010 年 4 月 6 日，该企业向税务机关纳税，结清 3 月份应缴纳税款，4 月 20 日，税务机关在对该企业 3 月份纳税情况调查时，发现以下情况：

①该企业销售一批化妆品，销售额为 90 000 元（不含税），未计入销售收入计算缴纳增值税和消费税。

②该企业外购一批用于生产化妆品的原料，已验收入库。取得增值税专用发票上注明支付的货款 30 000 元，增值税税额 5 100 元，经核查，该批原料因管理不善被盗，其进项税额已从 3 月销项税额中抵扣。

③该企业将新开发的化妆品 40 箱作为样品用于新产品发布会，会后全部赠给与会人员，该批样品未计入销项收入，计算增值税和消费税。生产该批样品发生的进项税额已在 3 月销项税额中抵扣。该化妆品市场售价为 315.9 元/箱（含税）。

④该企业销售一批化妆品，取得承运公司开具的运输发票上注明的运费金额为5 000元，该企业计算抵扣的进项税额为850元（化妆品消费税税率为30%），多计算了进项税额，则增值税减少。

要求：根据上述材料，回答下列问题。（注意：该题发生时间于“营改增”之前）

（1）下列各项中关于上述业务失守应该补缴增值税分析正确的是（　　）

A. 第三笔业务中将自产的货物用于无偿赠送，属于视同销售的行为，应计算补缴增值税

B. 第四笔业务中支付运费可以抵扣的进项税额为350元，该公司多计算进项税额500元，需要补缴增值税

C. 第一笔业务中销售化妆品收入应该计算缴纳增值税，因为其收入未计入销售收入，计算缴纳增值税，应该补缴增值税

D. 第二笔业务中外购的原料因为管理不善被盗，期间项税额应该做转出处理，应该补缴增值税

答案：选ABCD

（2）该公司上述的第一笔业务应补缴的增值税税额为（　　）

A. 11 700元　　B. 15 300元

C. 13 076.9元　　D. 2 700元

解析：选B。应补缴的增值税税额=90 000×17%=15 300（元）。

（3）该公司上述第三笔业务应补缴的增值税税额为（　　）

A. 2 418.12元　　B. 1 642.68元

C. 1 453.7元　　D. 1 836元

解析：选D。应补缴的增值税税额=40×315.9/（1+17%）×17%=1 836（元）。

（4）该公司3月份应补缴（　　）

A. 消费税税额30 240元　　B. 增值税税额22 236元

C. 增值税税额22 736元　　D. 消费税税额37 000元

解析：选AC。应补缴消费税税额=业务①的90 000×30%+业务③的（40×315.9）/1.17×30%=30 240（元）。

应补缴增值税税额=业务①少算的销项税90 000×17%+业务②的进项税额转出5 100+业务③少算的销项税40×315.9/（1+17%）×17%+业务④多算的进项税850－5 000×7%=22 736（元）。

（5）根据《税收征收管理法》，税务机关对该企业违反税法规定的行为处理正确的是（　　）

A. 通知该公司开户银行冻结，其金额相当于少缴税款的存款

B. 责令该公司限期补缴少缴的增值税税额，加收滞纳金，并处以少缴税款6倍的罚款

C. 扣押查封该企业价值相当于少缴数额的商品

D. 责令该公司限期补缴少缴的增值税税款，加收滞纳金，并处以少缴税款1.5倍的罚款

答案：选D。

3. 某企业主要从事化妆品生产业务，兼营化妆品批发零售业务，适用消费税税率为30%。3月份该企业发生下列业务：

①从国外进口一批A类化妆品，关税完税价格为820 000元，已缴纳关税230 000元。

②委托某工厂加工B类化妆品，提供的原材料价值68 000元，支付加工费2 000元，该批加工产品已收回（受托方没有B类化妆品同类货物价格）。

③销售本企业生产的C类化妆品，取得销售额580 000元（不含税）。

④“三八”妇女节，向全体女职工发放本企业生产的一批C类化妆品，该批化妆品市场零售价格为8 000元（不含税）。

要求：根据上述材料，回答下列问题。

（1）该企业进口A类化妆品应缴纳的增值税税额为（　　）

A. 255 000元　　B. 139 400元

C. 178 500元　　D. 124 950元

解析：选A。应纳增值税税额 =（820 000 + 230 000）/（1 − 30%）× 17% = 255 000（元）。

（2）该企业进口化妆品，应当自海关填发海关进口增值税专用缴款书之日起一定期限内缴纳税款，该期限是（　　）

A. 5日　　B. 10日　　C. 15日　　D. 20日

答案：选C。

（3）该企业A类化妆品应缴纳的消费税税额为（　　）

A. 246 000元　　B. 450 000元

C. 315 000元　　D. 351 428.6元

解析：选B。A类化妆品应缴纳的消费税税额 =（820 000 + 230 000）/（1 − 30%）× 30% = 450 000（元）

（4）该企业B类化妆品应缴纳的消费税税额为（　　）

A. 30 000元　　B. 21 000元

C. 29 142元　　D. 20 400元

解析：选 A。B 类化妆品应缴纳的消费税税额 =（68 000 + 2 000）/（1 − 30%）×30% = 30 000（元）

（5）该企业 C 类化妆品应缴纳的消费税税额为（　　）

A. 174 000 元　　B. 176 400 元

C. 150 769 元　　D. 151 118 元

解析：选 B。C 类化妆品应缴纳的消费税税额 =（580 000 + 8 000）×30% = 176 400（元）

4. 某棉纺厂为增值税一般纳税人，2014 年 2 月份发生下列业务：

①购进纺织设备一台，价款 10 万元（不含税），取得了增值税专用发票，另支付运费 5 000 元，增值税 550 元，取得货物运输增值税专用发票。

②从当地农民生产者购进免税棉花 10 吨，每吨 1.9 万元，取得收购凭证上注明价款 19 万元。

③从当地某供销公司（增值税一般纳税人）购进棉花 10 吨，每吨 1.755 万元（含税），取得增值税专用发票。

④本月向一般纳税人销售甲型号棉布 1.2 万米，售价每米 40 元（不含税）；本月向某个体户销售乙型号棉布 0.234 万米，售价每米 50 元（含税）。

（说明：有关票据在本月均通过主管税务机关认证并申报抵扣；1 月初增值税留抵税额为 0 元）

要求：根据上述材料，回答下列问题。

（1）该企业购进纺织设备及支付运费可抵扣的进项税额为（　　）

A. 0 元　　B. 1.7 万元　　C. 1.452 万元　　D. 1.755 万元

解析：选 D。进项税额 = 10 ×17% + 0.5 ×11% = 1.755（万元）。

（2）下列关于该企业向农民生产者购进棉花和向供销公司购进棉花计算的可抵扣进项税额的说法正确的有（　　）

A. 向农民生产者购进棉花可抵扣的进项税额为 0 元

B. 向农民生产者购进棉花可抵扣的进项税额为 1.82 万元

C. 向供销公司购进棉花可抵扣的进项税额为 8.95 万元

D. 向供销公司购进棉花可抵扣的进项税额为 7.65 万元

解析：选 BD。向农民购进棉花可抵扣的进项税额 = 14 ×13% = 1.82（万元），向供销公司购进棉花可抵扣的进项税额 = 30 ×1.755/（1 + 17%）×17% = 7.65（万元）。

（3）该企业本月销售货物应确认的销项税额为（　　）

A. 9.86 万元　　B. 10.149 万元

C. 11.874 万元　　D. 7.761 万元

解析：选A。本月销项税额 = 1.2 ×40 ×17% +0.234 ×50/（1 +17%）×17% =9.86（万元）。

（4）该企业本月应缴纳的增值税税额为（　　）

A. 0元　　B. 0.475万元　C. 1.345万元　D. 0.295万元

解析：选A。本月的进项税额合计 =1.755 +1.82 +7.65 =11.225（万元），本月的销项税额合计 =9.86（万元）；本月进项税额 > 本月销项税额，所以本月不用交增值税，并可以留到下月继续抵扣。

（5）该企业缴纳增值税的纳税期限可以是（　　）

A. 3日　　B. 5日　　C. 10日　　D. 20日

解析：选ABC。增值税纳税期限为1日、3日、5日、10日、15日、1个月、1季度。

三、单项选择题（共32题，为保证复习效果，对不懂的题目应做标记，以便更好地复习巩固。建议学习时间为30分钟）

（注意：税收法律制度的单选题中有关计算类的题目需特别注意解析中的计算步骤和技巧）

1. 我国《税收征收管理法》规定，纳税人应享有的权利包括（　　）

A. 依法纳税　B. 税务登记　C. 申报纳税　D. 申请延期申报

解析：选D。依法纳税、税务登记和申报纳税属于纳税人的义务，只有申请延期申报属于纳税人的权利。

2. 对个人所得征收所得税时，直接以每次收入额为应纳税所得额的有（　　）

A. 工资所得　B. 稿酬所得　C. 偶然所得　D. 特许权使用费所得

解析：选C。工资所得是以减除3 500后的余额为应纳税所得额，稿酬所得、特许权使用费所得是以收入减除相关费用后的余额为应纳税所得额。利息、股息、红利所得，偶然所得是以每次收入额为应纳税所得额。

3. 应纳税额 = 销售额 × 征收率。这个公式适用于（　　）应纳税额的计算

A. 一般纳税人　　B. 小规模纳税人

C. 进口货物　　D. 以上都不对

解析：选B。小规模纳税人增值税应纳税额 = 销售额 ×3%的征收率。

4. 以下关于所得税定义的理解正确的是（　　）

A. 应以纳税义务人的收入为征税对象

B. 收入可以用实物资产计量

C. 所得税是间接税

D. 应以纳税义务人的所得额为征税对象

解析：选 D。企业所得税是以生产经营所得和其他所得作为征税对象，个人所得税以各类应税所得作为征税对象，即所得税都是以所得额作为征税对象，并且是一种直接税。

5. 下列关于营业税纳税义务发生时间的说法，不正确的有（　　）

A. 将不动产无偿赠与他人，其纳税义务发生时间为不动产所有权转移的当天

B. 转让土地使用权，采取预收款方式的，其纳税义务发生时间为收到全款的当天

C. 销售不动产采用预收款方式的，收到预收款的当天为纳税义务发生时间

D. 金融机构逾期贷款业务纳税义务发生时间为纳税人取得利息收入权利的当天

解析：选 B。转让土地使用权，采取预收款方式的，其纳税义务发生时间为收到预收款的当天。

6. 甲企业主要经营的业务是销售轿车，是增值税一般纳税人，本月销售轿车 300 台，每台含税售价 17.55 万，消费税为 9%，则企业本月应缴纳的消费税额为（　　）

A. 405 万元　B. 275 万元　C. 765 万元　D. 528 万元

解析：选 A。计算消费税的销售额应含消费税但不含增值税。故应纳消费税额 = 17.55 × 300/（1 + 17%）× 9% = 405（万元）。

7. 某企业 2012 年 6 月份外购原材料取得的增值税专用发票上注明的价款为 100 000，企业运输费 800 元（其中注明的运费 600 元，保险费 60 元，装卸费 120 元，建设基金 20 元），该企业可抵扣的进项税额为（　　）

A. 17 102 元　B. 17 000 元　C. 17 042 元　D. 17 043.40 元

解析：选 D。准予抵扣的货物运费金额是指在运输单位开具的货票上注明的运费、建设基金，不包括随同运费支付的装卸费、保险费等其他杂费，并且是按 7% 计算抵扣。故可抵扣的进项税额 = 100 000 × 17% +（600 + 20）× 7% = 17 000 + 43.4 = 17 043.40（元）。

8. 2009 年 5 月中旬，某商店（小规模纳税人）购进童装 150 套，六一儿童节之前，以每套 98 元的含税价格全部销售出去，该批童装应纳增值税税额为（　　）

A. 441 元　B. 588 元　C. 565.38 元　D. 428.16 元

解析：选 D。小规模纳税人应纳增值税税额 = 销售额 ×3% 的征收率。故应纳增值税税额 =98/（1 +3%） ×3% ×150 =428. 16（元）。

9. 某增值税一般纳税人于 2010 年 2 月购进免税农产品一批，支付给农业生产者收购价格为 20 000 元，该项准予抵扣的进项税额为（　　）

A. 3 400 元　　B. 2 600 元　　C. 2 000 元　　D. 0 元

解析：选 B。一般纳税人购进农产品，除取得增值税专用发票或者海关进口增值税专用缴款书外，按照农产品收购发票或者销售发票上注明的农产品买价和 13% 的扣除率计算抵扣进项税额。故准予抵扣的进项税额 =20 000 ×13% =2 600（元）。

10. 下列各项中，不符合发票开具要求的是（　　）

A. 一次性复写发票的全部联次

B. 随意拆本使用发票

C. 按号码顺序填开发票

D. 填写发票使用中文

解析：选 B。任何单位和个人应按规定使用发票，不得拆本使用发票。

11. 根据《营业税暂行条例》的规定，下列各项中属于营业税纳税人的是（　　）

A. 转让专利权的科研机构　　B. 销售货物并负责运输货物的公司

C. 从事汽车维修的公司　　D. 受托进行金银加工的加工厂

解析：选 A。专利权属于无形资产，而转让无形资产应纳营业税。其他三项都是纳增值税。

12. 某啤酒厂 2009 年 9 月生产了 15 000 吨生啤，当月销售了 10 000 吨，取得含税收入 117 万元，则啤酒厂应缴纳消费税的计税依据为（　　）

A. 10 000 吨　B. 117 万元　C. 100 万元　D. 15 000 吨

解析：选 A。因为啤酒实行从量计征消费税，因此其应纳消费税的计税依据是当月的销售量 10 000 吨。

13. 根据《中华人民共和国企业所得税法》的规定，符合条件的小型微利企业，可以减按较低的税率征收企业所得税，该税率是（　　）

A. 20%　　B. 15%　　C. 25%　　D. 3%

解析：选 A。企业所得税的基本税率为 25%。符合条件的小型微利企业，减按 20% 的税率征收企业所得税。国家需要重点扶持的高新技术企业，减按 15% 的税率征收企业所得税。

14. 下列关于税法构成要素的说法，正确的是（　　）

A. 征税对象是税收法律关系中征纳双方权利义务所指的物品

B. 税目是区分不同税种的主要标志

C. 纳税人就是履行纳税义务的法人

D. 税率是衡量税负轻重的重要标志

答案：选 D。

15. 下列应税项目中，不按次计算征收个人所得税的是（　　）

A. 股息红利所得　　　　　　B. 财产租赁所得

C. 工资、薪金所得　　　　　D. 稿酬所得

解析：选 C。工资、薪金所得是按月征收。

16. 纳税人企业由于合并等原因而被撤销，要在原税务机关办理（　　）

A. 注销登记　B. 变更登记　C. 停业登记　D. 开业登记

解析：选 A。纳税人解散、撤销、被吊销营业执照及依法终止履行纳税义务都应当办理注销登记。

17. 根据《中华人民共和国企业所得税法》的规定，国家需要重点扶持的高新技术企业，可以按较低的税率征收企业所得税，该税率是（　　）

A. 15%　　　B. 10%　　　C. 25%　　　D. 20%

解析：选 A。企业所得税的基本税率为 25%。符合条件的小型微利企业，减按 20% 的税率征收企业所得税。国家需要重点扶持的高新技术企业，减按 15% 的税率征收企业所得税。

18. 关于纳税申报方式，下列说法中不正确的是（　　）

A. 邮寄申报是指纳税人将纳税申报表及有关纳税资料以邮寄的方式送达税务机关

B. 纳税人自行或委托税务代理人核算应纳税款的，其申报日期为交寄日期

C. 纳税申报方式采用邮寄申报的，以收到地的邮局邮戳日期为实际申报时间

D. 纳税人必须使用统一规定的纳税申报特快专递专用信封作为邮寄纳税申报的信封

解析：选 C。邮寄申报以寄出地的邮戳日期为纳税申报时间。

19. 下列应视同销售缴纳的增值税的是（　　）

A. 将自产、委托加工或者购进的货物作为投资，提供给其他单位或者个体工商户

B. 将购进的货物用于集体福利

C. 将购进的货物用于个人消费

D. 设有两个以上机构并实行统一核算的纳税人，将货物从一个机构移送

同一县市的其他机构用于销售

解析：选 A。增值税视同销售行为有以下八种：

（1）将货物交付其他单位或者个人代销；

（2）销售代销货物；

（3）设有两个以上机构并实行统一核算的纳税人，将货物从一个机构移送其他机构用于销售，但相关机构设在同一县（市）的除外；

（4）将自产或者委托加工的货物用于非增值税应税项目；

（5）将自产、委托加工的货物用于集体福利或者个人消费；

（6）将自产、委托加工或者购进的货物作为投资，提供给其他单位或者个体工商户；

（7）将自产、委托加工或者购进的货物分配给股东或者投资者；

（8）将自产、委托加工或者购进的货物无偿赠送其他单位或者个人。

总结：将自产、委托加工的货物用于单位内部或其他单位都视同销售。购进的货物用于其他单位才视同销售，购进的货物用于单位内部不视同销售。

20. 纳税人将自产自用应税消费品用于连续生产应税消费品时（　）

A. 不用缴纳消费税

B. 按产品成本计算缴纳消费税

C. 按同类产品销售价格计算缴纳消费税

D. 按组成计税价格计算缴纳消费税

解析：选 A。纳税人自产自用的应税消费品，用于连续生产应税消费品的，不纳税；用于其他方面的，于移送使用时纳税。

21. 2009 年 8 月，李某出版一本小说取得稿酬 80 000 元，从中拿出 20 000 元通过国家机关捐赠给受灾地区，李某 8 月份应缴纳的个人所得税是（　）

A. 6 720 元　　B. 8 404 元　　C. 6 110 元　　D. 6 272 元

解析：选 D。根据个人所得税法的规定：通过国家机关捐赠给受灾地区、个人公益性捐赠可从其应纳税所得额中扣除 30%。应纳税所得额 = 80 000 ×（1 − 20%）= 64 000（元），可扣除 64 000 × 30% = 19 200（元），应纳所得税额 =（64 000 − 19 200）× 20% ×（1 − 30%）= 6 272（元）。

22. 根据《营业税暂行条例》的规定，下列各项中属于营业税纳税人的是（　　）

A. 受托进行金银加工的加工厂　B. 进口货物的贸易公司

C. 从事汽车维修的公司　　D. 供应货物兼营运输货物的公司

解析：选 D。对于纳税人的兼营行为，应分别核算应税劳务的营业额和应纳增值税的销售额，即应当将不同税种范围的经营项目分别核算、分别申报纳税。选项 A、B、C 都要交增值税。

23. 下列各项中，属于财产税的是（　　）

A. 营业税　　B. 个人所得税 C. 车船购置税 D. 房产税

解析：选 D。财产税包括房产税、车船税、城市房产税等。

24. 企业超过了停业期限不申请复业，没办理延期手续的，视同（　　）

A. 仍然停业中

B. 准予延期

C. 恢复营业，实施正常的税收征收管理

D. 停业

解析：选 C。纳税人停业期满未按期复业又不申请延长停业的，税务机关应当视为已恢复营业，实施正常的税收征收管理。

25. 下列属于按照概括法制定税目的是（　　）

A. 营业税　　B. 企业所得税 C. 消费税　　D. 资源税

答案：选 A。

26. 以下选项中，要交营业税的是（　　）

A. 销售一批商品　　B. 修理修配收入

C. 旅游业收入　　D. 买卖股票收入

解析：选 C。选项 A、B 交增值税，选项 D 免交营业税，选项 C 旅游业务属于服务业，要交营业税。

27. 企业被工商部门吊销了营业执照，应当到原税务机关办理（　　）

A. 开业登记　B. 变更登记　C. 注销登记　D. 停业登记

解析：选 C。纳税人解散、撤销、被吊销营业执照及依法终止履行纳税义务都应当办理注销登记。

28. 以下关于消费税的说法，正确的是（　　）

A. 销售应税消费品后发生销售退回，缴纳的消费税可以抵减

B. 进口应税消费品的，由进口人或者代理人向报关地海关申报纳税

C. 委托加工的，由委托人在其机构所在地进行纳税申报

D. 自产自用应税消费品，不缴纳消费税

解析：选 B。进口应税消费品的，由进口人或者代理人向报关地海关申报纳税。

29. 根据《增值税暂行条例》的规定，下列各项中既是增值税法定税率又是增值税进项税额扣除率的是（　　）

A. 7%　　B. 13%　　C. 10%　　D. 17%

解析：选 B。增值税的税率分为三档：基本税率 17%、低税率 13%、零

税率。扣除率有13%和7%两种情况。13%又可以作为购进免税农产品进项税额的扣除率。

30. 根据我国《个人所得税法》的规定，下列各项所得中应缴纳个人所得税的是（　　）

A. 扣缴义务人代扣代缴税款，按规定取得的扣缴手续费

B. 个人举报、协查违法犯罪行为取得的个人奖金

C. 个人取得的股息红利所得

D. 按国家统一规定领取的退休工资

解析：选C。利息、股息、红利所得属于个人所得税的11个应税项目之一。

31. 某汽车轮胎厂下设一非独立核算门市部的一般纳税人，该厂将一批汽车轮胎交门市部，计价60万元。门市部零售取得含增值税的销售收入77.22万元（汽车轮胎的消费税税率为3%）。该企业应纳消费税为（　　）

A. 1.8万元　B. 2.32万元　C. 1.98万元　D. 7.72万元

解析：选C。该企业应纳消费税＝77.22/（1＋17%）×3%＝1.98（万元），因门市部属于非独立核算的分支机构，所以汽车厂将轮胎移交门市部计价60万元不能作为计税价格。

32. 根据《消费税暂行条例》的规定，汽车轮胎适用的消费税税率是（　　）

A. 免征消费税　　B. 10%

C. 15%　　D. 3%

答案：选D。

四、判断题（共10题，建议学习时间为5分钟）

1. 纳税人依照法律、行政法规的规定可以不设置账簿的，税务机关无权核定其应纳税额。（　　）

解析：错。纳税人依照法律、行政法规的规定可以不设置账簿的，税务机关有权核定其应纳税额。

2. 实行定期定额缴纳税款的纳税人，可以实行简易申报等申报纳税方式。（　　）

答案：对。

3. 纳税人发生结算、破产、撤销以及其他情形依法终止纳税义务的，应当先向工商行政管理机关办理注销登记，然后向原税务登记机关申请办理税务注销登记。（　　）

解析：错。开业登记先工商后税务，注销登记先税务后工商。

4. 增值税纳税人销售化肥适用17%的税率。(　　)

解析：错。增值税纳税人销售化肥适用13%的低税率。

5. 兼营非应税劳务的公司无须缴纳增值税。(　　)

解析：错。增值税征税范围的特殊规定包括：①视同销售货物；②视同提供应税服务；③混合销售；④兼营非应税劳务；⑤混合经营。

6. 税法的税目、征税对象等基本要素可以根据国家需要调整。(　　)

解析：对。税目和征税对象属于法律规定的内容。此题如果是国家，就是对的；如果是税务机关，则是错的。

7. 自产自用的应税消费品，免征消费税。(　　)

解析：错。自产自用应税消费品，除国务院财政、税务主管部门另有规定外，应当向纳税人机构所在地或者居住地主管税务机关申报纳税。自产自用并连续生产应税消费品才免征消费税。

8. 农业生产者销售农产品免税。(　　)

解析：错。税法规定，农业生产者销售的自产农产品免征增值税。农业生产者销售外购的农业产品，以及单位和个人外购农业产品生产、加工后销售的仍然属于注释所列的农业产品，不属于免税的范围，应当按照规定税率征收增值税。所以这道题要看有没有销售自产农产品，特别要注意自产。

9. 纳税人采取电子方式办理纳税申报的，应当按照税务机关规定的期限和要求保存有关资料，并定期书面报送主管税务机关。如果数据电文与书面材料内容不符，应当以数据电文的内容为准。(　　)

解析：错。税务机关收到纳税人数据电文与报送的书面资料不一致时，应以书面数据为准。数据电文方式办理纳税申报，其申报日期以税务机关计算机网络系统收到该申报数据的时间为实际申报日期。

10. 根据《消费税暂行条例》的规定，消费税项目共有13个。(　　)

解析：错。消费税项目共有14个。

第二环节 知识图表 面面俱到

第一节 税收概述（8 分钟）

一、税收的概念与分类（3 分钟）

<table>
<tr><td>特征</td><td colspan="3">强制性、无偿性（核心）、固定性</td></tr>
<tr><td rowspan="15">分类</td><td rowspan="5">征税对象</td><td>流转税</td><td>增值税、消费税、营业税、关税</td></tr>
<tr><td>所得税</td><td>企业所得税、个人所得税</td></tr>
<tr><td>财产税</td><td>房产税、车船税、船舶吨税、城镇土地使用税</td></tr>
<tr><td>资源税</td><td>资源税</td></tr>
<tr><td>行为税</td><td>印花税、车辆购置税、城市维护建设税、契税、耕地占用税</td></tr>
<tr><td rowspan="2">征收管理的分工体系</td><td>工商税类</td><td>绝大多数</td></tr>
<tr><td>关税类</td><td>进出口关税、由海关代征的进口环节增值税、消费税和船舶吨税</td></tr>
<tr><td rowspan="3">税收征收权限和收入支配权限</td><td>中央税</td><td>关税，海关代征的进口环节消费税和增值税，消费税，铁道部门、各银行总行、各保险总公司集中缴纳的营业税和城市维护建设税</td></tr>
<tr><td>地方税</td><td>营业税、城市维护建设税、房产税、车船税、契税、土地增值税</td></tr>
<tr><td>中央地方共享税</td><td>增值税、企业所得税、资源税、对证券（股票）交易征收的印花税</td></tr>
<tr><td rowspan="3">计税标准</td><td>从价税</td><td>增值税、营业税</td></tr>
<tr><td>从量税</td><td>资源税、车船税、城镇土地使用税、耕地占用税</td></tr>
<tr><td>复合税</td><td>消费税中的卷烟和白酒</td></tr>
</table>

二、税法及其构成要素（5分钟）

（一）税法的概念及分类

<table>
<tr><td>概念</td><td colspan="3">国家权力机关和行政机关制定的用以调整国家与纳税人之间在征纳税方面的权利及义务关系的法律规范的总称</td></tr>
<tr><td rowspan="11">分类</td><td rowspan="2">功能作用</td><td>税收实体法</td><td>《中华人民共和国企业所得税法》、《中华人民共和国个人所得税法》</td></tr>
<tr><td>税收程序法</td><td>《税收征收管理法》、《海关法》、《进出口关税条例》</td></tr>
<tr><td rowspan="3">主权国家行使税收管辖权</td><td colspan="2">国内税法</td></tr>
<tr><td colspan="2">国际税法</td></tr>
<tr><td colspan="2">外国税法</td></tr>
<tr><td rowspan="6">级次</td><td></td><td>表现形式</td></tr>
<tr><td>法律</td><td>……法</td></tr>
<tr><td>行政法规</td><td>……条例、……暂行条例</td></tr>
<tr><td>部门规章</td><td>……办法、……暂行条例实施细则</td></tr>
<tr><td>规范性文件</td><td>包括命令、通知、公告、通告、批复、意见、函等</td></tr>
<tr><td colspan="2">效力排序：
法律＞行政法规＞部门规章＞规范性文件</td></tr>
</table>

（二）税法的构成要素

构成要素	具体内容
征税人	主要包括税务机关和海关
纳税人	依法直接负有纳税义务的自然人（包括个体经营者）、法人和其他组织
征税对象	征税对象是区别不同税种的重要标志
税目	征税对象的具体项目，是征税的具体根据

（续上表）

构成要素	具体内容
税率	计算税额的尺度，是衡量税负轻重与否的重要标志
	我国现行税法规定的税率主要有比例税率、定额税率、累进税率 累进税率：根据征税对象金额的多少划分若干等级，并按其达到的不同等级规定不同的税率。它分为全额累进税率、超额累进税率（个人所得税中的工资薪金所得）、超率累进税率（土地增值税）
计税依据	计算应纳税额的依据
	分为从价计征、从量计征、复合计征： （1）从价计征：应纳税额 = 销售额 × 比例税率 （2）从量计征：应纳税额 = 销售数量 × 定额税率 （3）复合计征：应纳税额 = 销售额 × 比例税率 + 销售数量 × 定额税率
纳税环节	税法规定的征税对象在从生产到消费的流转过程中应当缴纳税款的环节
纳税期限	纳税人的纳税义务发生后应依法缴纳税款的期限
纳税地点	纳税人申报缴纳税款的地点
减免税	国家对于某些纳税人和征税对象给予鼓励和照顾的一种特殊规定
	起征点（不到“起点”全部不征，一到“起点”一起全部征）、免征额（不到不征，超过了只对超过的部分征）
法律责任	对违反国家税法规定的行为人采取的处罚措施
注意：纳税义务人、征税对象、税率是构成税法的三个最基本的要素	

第二节 主要税种（50分钟）

一、增值税（10分钟）

<table>
<tr><td>概念</td><td colspan="3">对在我国境内销售货物或者提供加工、修理修配劳务以及进口货物的企业和个人，就其货物销售或提供劳务的增值额和货物进口金额为计税依据而课征的一种流转税</td></tr>
<tr><td rowspan="3">分类</td><td>生产型</td><td>固定资产的进项税额不准抵扣</td><td rowspan="3">注意：我国自1979年开始试行增值税，分别于1984、1993、2009和2012年进行了四次重要改革。我国自2009年1月1日起采用消费型增值税</td></tr>
<tr><td>收入型</td><td>固定资产的进项税额分次抵扣</td></tr>
<tr><td>消费型</td><td>固定资产的进项税额一次抵扣</td></tr>
</table>

（续上表）

<table>
<tr><td rowspan="3">征税范围</td><td>基本规定</td><td colspan="3">（1）销售或者进口的货物
（2）提供的加工、修理修配劳务
（3）提供的应税服务</td></tr>
<tr><td>具体内容</td><td colspan="3">交通运输业、邮政业、部分现代服务业</td></tr>
<tr><td>特殊规定</td><td colspan="3">（1）视同销售货物
（2）视同提供应税服务
（3）混合销售
（4）兼营非应税劳务
（5）混业经营</td></tr>
<tr><td rowspan="10">一般纳税人</td><td colspan="2" rowspan="5">税率</td><td>17%</td><td>除适用13%税率货物及个别销售旧货之外的应税货物以及所有应税劳务</td></tr>
<tr><td>13%</td><td>解决基本生活用品、精神文明、农业、能源</td></tr>
<tr><td>零税率</td><td>出口货物、国际运输服务、向境外单位提供的研发服务和设计服务等</td></tr>
<tr><td>11%</td><td>提供交通运输业、邮政业服务</td></tr>
<tr><td>6%</td><td>提供现代服务业服务（有形动产租赁服务除外）</td></tr>
<tr><td rowspan="4">应纳税额计算</td><td>公式</td><td colspan="2">应纳税额 = 当期销项税额 – 当期进项税额（实行税款抵扣制）</td></tr>
<tr><td rowspan="2">销项税额</td><td>公式</td><td>销项税额 = 不含税销售额 × 适用税率</td></tr>
<tr><td>销售额的确定</td><td>包括：纳税人销售货物或者提供应税劳务向购买方收取的全部价款和价外费用
不包括：向购买方收取的销项税额和其他符合税法规定的费用
注意：价外费用为含税销售额</td></tr>
<tr><td>进项税额</td><td>可抵扣</td><td>（1）从销售方取得的增值税专用发票上注明的增值税税额
（2）从海关取得的海关进口增值税专用缴款书上注明的增值税税额
（3）购买“免税”农业产品准予按买价和13%的扣除率计算
（4）购买或销售货物时承担的运费可以按“运费 + 建设基金”金额和7%扣除率计算</td></tr>
</table>

（续上表）

小规模纳税人	认定标准	（1）生产型——年销售额在 50 万元以下 （2）非生产型——年销售额在 80 万元以下 （3）年应税销售额超过小规模纳税人标准的个人按小规模纳税人纳税 （4）非企业性单位、不经常发生应税行为的企业（可选择）	
	征收率	3%（注：征收率不是税率）	
	应纳税额计算	应纳税额 = 不含税销售额 × 征收率（执行简易征收办法，不得抵扣进项税）	
含税销售额换算		不含税销售额 = 含税销售额 ÷（1 + 税率或征收率）	
征收管理	纳税义务发生时间	直接收款方式	收到销售额或取得索取价款凭据，并将提货单交给买方的当天
		托收承付和委托收款方式	办妥托收手续的当天
		赊销和分期收款方式	合同约定的收款日期的当天
		预收货款方式	货物发出的当天
		委托代销方式	收到代销清单的当天，未收到代销清单为发出货物满 180 天的当天
		销售应税劳务	提供劳务同时收讫价款或索取价款凭据的当天
		视同销售行为	货物移送的当天
		进口货物	报关进口的当天
		先开发票的	开具发票的当天
	纳税期限	1 日、3 日、5 日、10 日、15 日、1 个月或 1 个季度	
	纳税地点	固定业户应当向其机构所在地主管税务机关申报纳税	
		总机构和分支机构不在同一县（市）的，应当分别向各自所在地主管税务机关申报纳税；经国务院、税务主管部门或其授权的财政、税务机关批准，可以由总机构汇总向总机构所在地主管税务机关申报纳税	
		非固定业户应当向销售地或劳务发生地主管税务机关申报纳税	
		进口货物应当向报关地海关申报纳税	

二、营业税（5 分钟）

<table>
<tr><td>概念</td><td colspan="3">对提供应税劳务、转让无形资产和销售不动产的单位和个人就其取得的营业收入额征收的一种流转税
注意：该应税劳务为应征营业税的劳务，不包括加工及修理修配劳务</td></tr>
<tr><td rowspan="7">税目（9个）税率</td><td>提供应税劳务</td><td>交通运输业（注意：2014 年 1 月 1 日起，交通运输业已全部纳入“营改增”范围）</td><td></td></tr>
<tr><td rowspan="4"></td><td>建筑业、电信业、文化体育业</td><td>3%</td></tr>
<tr><td>娱乐业</td><td>5%～20%（弹性征收、省级决定）</td></tr>
<tr><td>金融保险业</td><td rowspan="2">5%</td></tr>
<tr><td>服务业</td></tr>
<tr><td colspan="2">转让无形资产</td><td rowspan="2">5%</td></tr>
<tr><td colspan="2">销售不动产</td></tr>
<tr><td rowspan="2">应纳税额</td><td>公式</td><td colspan="2">应纳税额 = 营业额 × 适用税率</td></tr>
<tr><td>营业额</td><td colspan="2">包括价款和价外费用
核定营业额 = 营业成本或者工程成本 ×（1 + 成本利润率）/（1 − 营业税税率）</td></tr>
<tr><td rowspan="8">征收管理</td><td>纳税义务发生时间</td><td colspan="2">纳税人转让土地使用权或销售不动产，采取预收款方式的，其纳税义务的发生时间为收到预收款的当天</td></tr>
<tr><td>纳税期限</td><td colspan="2">5 日、10 日、15 日、1 个月或 1 个季度</td></tr>
<tr><td rowspan="6">纳税地点</td><td>提供建筑业劳务</td><td>应税劳务发生地</td></tr>
<tr><td>转让、出租土地使用权</td><td rowspan="2">土地、不动产所在地</td></tr>
<tr><td>销售、出租不动产</td></tr>
<tr><td>转让除土地使用权外的其他无形资产</td><td rowspan="3">机构所在地</td></tr>
<tr><td>其他劳务</td></tr>
<tr><td>出租动产</td></tr>
</table>

三、消费税（10 分钟）

<table>
<tr><td rowspan="2">纳税人</td><td colspan="3">在我国境内生产、委托加工和进口应税消费品的单位和个人</td></tr>
<tr><td colspan="3">委托加工——委托方为纳税人，由受托方代收代缴消费税税款（受托方为个人除外）</td></tr>
<tr><td>税目</td><td colspan="3">烟、酒及酒精、化妆品、贵重首饰及珠宝玉石、鞭炮焰火、成品油、汽车轮胎、摩托车、小汽车、高尔夫球及球具、高档手表、游艇、木制一次性筷子、实木地板，共计 14 个税目
（巧记：“高富帅”、“白富美”用品）</td></tr>
<tr><td rowspan="2">税率</td><td>比例税率</td><td colspan="2">绝大多数</td></tr>
<tr><td>定额税率</td><td colspan="2">啤酒、黄酒、成品油</td></tr>
<tr><td rowspan="7">应纳税额</td><td rowspan="4">计税方法</td><td rowspan="2">从价定率</td><td>应纳税额 = 销售额 × 比例税率</td></tr>
<tr><td>销售额为销售应税消费品向购买方收取的全部价款和价外费用（含消费税，不含增值税）</td></tr>
<tr><td>从量定额</td><td>应纳税额 = 销售数量 × 定额税率</td></tr>
<tr><td>复合计税</td><td>应纳税额 = 销售额 × 比例税率 + 销售数量 × 定额税率</td></tr>
<tr><td rowspan="2">应税消费品已纳税款的扣除</td><td colspan="2">将外购应税消费品和委托加工收回的应税消费品继续生产应税消费品销售的，可以将外购应税消费品已缴纳的消费税扣除</td></tr>
<tr><td colspan="2">当期准予扣除外购或委托加工的应税消费品的已纳消费税税款，应按当期生产领用数量计算</td></tr>
<tr><td>自产自用应税消费品应纳税额</td><td colspan="2">纳税人自产自用应税消费品用于连续生产应税消费品的，不纳税；凡用于其他方面的，应按照纳税人生产的同类消费品的销售价格计算纳税，没有同类消费品销售价格的，按照组成计税价格计算纳税
实行从价定率办法计算纳税的组成计税价格计算公式：
组成计税价格 =（成本 + 利润）÷（1 - 比例税率）
实行复合计税办法计算纳税的组成计税价格计算公式：
组成计税价格 =（成本 + 利润 + 自产自用数量 × 定额税率）÷（1 - 比例税率）</td></tr>
</table>

（续上表）

<table>
<tr><td>应纳税额</td><td>委托加工应税消费品应纳税额</td><td colspan="2">委托加工的应税消费品，按照受托方的同类消费品的销售价格计算纳税；没有同类消费品销售价格的，按照组成计税价格计算纳税
实行从价定率办法计算纳税的组成计税价格计算公式：
组成计税价格 =（材料成本 + 加工费）÷（1 − 比例税率）
实行复合计税办法计算纳税的组成计税价格计算公式：
组成计税价格 =（材料成本 + 加工费 + 委托加工数量 × 定额税率）÷（1 − 比例税率）</td></tr>
<tr><td rowspan="11">征收管理</td><td rowspan="3">纳税义务发生时间</td><td>销售应税消费品</td><td>销售时</td></tr>
<tr><td>进口应税消费品</td><td>报关进口的当天</td></tr>
<tr><td>金银首饰、钻石</td><td>零售环节纳税</td></tr>
<tr><td>纳税期限</td><td colspan="2">同增值税</td></tr>
<tr><td rowspan="6">纳税地点</td><td>销售应税消费品</td><td rowspan="2">机构所在地或居住地主管税务机关</td></tr>
<tr><td>自产自用应税消费品</td></tr>
<tr><td>委托加工应税消费品</td><td>受托方所在地主管税务机关</td></tr>
<tr><td>委托个人加工应税消费品</td><td>由委托方收回后在其机构所在地缴纳</td></tr>
<tr><td>进口应税消费品</td><td>报关地海关</td></tr>
<tr><td colspan="3">纳税人销售的应税消费品，如因质量等原因由购买者退回时，经所在地主管税务机关审核批准后，可退还已征收的消费税税款</td></tr>
</table>

四、企业所得税（15 分钟）

<table>
<tr><td rowspan="5">纳税人</td><td colspan="4">包括企业和其他取得收入的组织，统称企业
不包括个体工商户、个人独资企业和合伙企业</td></tr>
<tr><td rowspan="4">分类</td><td>居民企业</td><td colspan="2">就其来源于我国境内外的全部所得纳税</td></tr>
<tr><td rowspan="3">非居民企业</td><td>设立机构、场所</td><td>就其所设机构、场所取得的来源于中国境内的所得，以及发生在中国境外但与其所设机构、场所有实际联系的所得，缴纳企业所得税</td></tr>
<tr><td>未设立机构、场所</td><td>只就其来源于我国境内的所得纳税</td></tr>
<tr><td colspan="2">注意：非居民企业并非只就其来源于我国境内的所得纳税</td></tr>
<tr><td rowspan="3">税率</td><td colspan="2">基本税率</td><td>25%</td><td>①居民企业；②在中国境内设有机构、场所且所得与机构、场所有关联的非居民企业</td></tr>
<tr><td colspan="2" rowspan="2">优惠税率</td><td>20%</td><td>①符合条件的小型微利企业；②在中国境内未设立机构、场所的，或虽设立机构、场所但所取得与该机构、场所无实际联系的非居民企业</td></tr>
<tr><td>15%</td><td>国家需要重点扶持的高新技术企业</td></tr>
<tr><td rowspan="5">应纳税额的计算</td><td colspan="4">计算公式：应纳税额 = 应纳税所得额 × 适用税率
应纳税所得额 = 收入总额 − 不征税收入 − 免税收入 − 各项扣除 − 以前年度亏损</td></tr>
<tr><td rowspan="2">收入</td><td colspan="3">货币形式收入</td></tr>
<tr><td colspan="3">非货币形式收入</td></tr>
<tr><td>不征税收入</td><td colspan="2">（1）财政拨款
（2）依法应纳入财政管理的行政事业性收费、政府性基金</td><td rowspan="2">两者注意区别记忆</td></tr>
<tr><td>免税收入</td><td colspan="2">（1）国债利息收入
（2）符合条件的居民企业之间的股息、红利收入
（3）在中国境内设立机构、场所的非居民企业从居民企业取得与该机构、场所有实际联系的股息、红利收入
（4）符合条件的非营利组织的收入</td></tr>
</table>

（续上表）

<table>
<tr><td rowspan="12">应纳税额的计算</td><td rowspan="8">准予扣除</td><td>成本</td><td></td></tr>
<tr><td rowspan="5">费用</td><td>业务招待费支出，按照发生额的60%扣除，但最高不得超过当年销售（营业）收入的5‰
注意：销售（营业）收入，包括企业的主营业务收入、其他业务收入及视同销售收入</td></tr>
<tr><td>广告费和业务宣传费支出，除国务院、税务主管部门另有规定外，不超过当年销售（营业）收入15%的部分准予扣除；超过部分，准予结转以后纳税年度扣除</td></tr>
<tr><td>（1）发生的不超过工资薪金总额14%的职工福利费支出，准予扣除
（2）不超过工资薪金总额2%的拨缴的工会经费，准予扣除
（3）不超过工资薪金总额2.5%的职工教育经费支出，超过部分，准予结转以后纳税年度扣除
注意：分别计算，分别扣除</td></tr>
<tr><td>公益性捐赠支出，不超过年度利润总额12%的部分，准予扣除</td></tr>
<tr><td></td></tr>
<tr><td>税金</td><td>注意：税金中不包括增值税、企业所得税</td></tr>
<tr><td>损失</td><td>不包括各种行政性罚款</td></tr>
<tr><td>不得扣除的项目</td><td colspan="2">（1）向投资者支付的股息、红利等权益性投资收益款项
（2）企业所得税税款
（3）税收滞纳金
（4）罚金、罚款和被没收财物的损失
注意：①纳税人逾期归还银行贷款，银行按规定加收的罚息，不属于行政性罚款，允许在税前扣除；②纳税人签发空头支票，银行按规定处以罚款，属于行政性罚款，不允许在税前扣除
（5）超过规定标准的公益性捐赠支出及所有非公益性捐赠支出
（6）赞助支出
（7）未经核定的准备金支出
（8）与取得收入无关的其他支出</td></tr>
<tr><td>亏损弥补</td><td colspan="2">（1）企业纳税年度发生的亏损，可以用下一年度的所得弥补；下一纳税年度的所得不足弥补的可以逐年延续弥补，但延续弥补期限最长不得超过5年
（2）5年内不论是盈利还是亏损，都作为实际弥补期限计算</td></tr>
</table>

（续上表）

<table>
<tr><td rowspan="9">征收管理</td><td rowspan="5">纳税地点</td><td rowspan="2">居民企业</td><td>以企业登记注册地为纳税地点</td></tr>
<tr><td>登记注册地在境外的，以实际管理机构所在地为纳税地点</td></tr>
<tr><td rowspan="2">非居民企业</td><td>在中国境内设立机构、场所，来源于中国境内所得与该机构、场所有实际联系的，以机构、场所所在地为纳税地点</td></tr>
<tr><td>在中国境内未设立机构、场所，或虽设立机构、场所但取得的所得与其所设机构、场所没有实际联系的，由扣缴义务人代扣代缴企业所得税，以扣缴义务人所在地为纳税地点</td></tr>
<tr><td rowspan="4">纳税申报</td><td colspan="2">纳税年度自公历1月1日起至12月31日止</td></tr>
<tr><td colspan="2">按年计征，分月或分季预缴，年终汇算清缴，多退少补</td></tr>
<tr><td colspan="2">自年度终了之日起5个月内汇算清缴</td></tr>
<tr><td colspan="2">注意：企业在纳税年度内无论盈利或者亏损，都应当在法定期限内向税务机关报送企业所得税纳税申报表、财务报告等</td></tr>
</table>

五、个人所得税（10分钟）

（一）个人所得税概述

<table>
<tr><td rowspan="3">纳税人</td><td colspan="3">个人所得税以所得人为纳税义务人（包括自然人、个体工商户、个人独资企业、合伙企业）</td></tr>
<tr><td rowspan="2">分类</td><td>居民</td><td>承担无限纳税义务（即来源于境内外的全部所得都应在我国纳税）</td></tr>
<tr><td>非居民</td><td>承担有限纳税义务（即只就来源于境内的所得纳税）</td></tr>
<tr><td rowspan="2">征收管理</td><td rowspan="2">纳税申报方式</td><td>自行申报</td><td>需自行申报的情形：
（1）年所得12万元以上
（2）从中国境内两处或两处以上取得工资、薪金所得的
（3）从中国境外取得所得的
（4）取得应纳税所得，没有扣缴义务人的
（5）国务院规定的其他情形</td></tr>
<tr><td>代扣代缴</td><td>除需自行申报的情形之外，一律实行代扣代缴</td></tr>
</table>

（二）个人所得税的税目及计算

税目	税率
工资、薪金所得	七级超额累进税率
个体工商户的生产、经营所得	五级超额累进税率
企业、事业单位的承包经营、承租经营所得	
劳务报酬所得（唯一实行加成征收）	20% （每次所得在 2 万 ~5 万元的部分适用30%，5 万元以上部分适用40%）
稿酬所得（唯一享受减征）	20%（减征 30%）
特许权使用费所得	20%
财产租赁所得	20%（住房市价租赁 10%）
财产转让所得	20%
利息、股息、红利 偶然所得 其他所得	20%（公益性彩票中奖收入起征点 1 万元） 此三项无费用扣除

第三节　税收征管（20 分钟）

一、税务登记（3 分钟）

种类	开业登记，变更登记，停业、复业登记，注销登记，外出经营报验登记
开业登记	除国家机关、个人和无固定生产经营场所的流动性农村小贩外，均应当自纳税义务发生之日起 30 日内，向纳税义务发生地税务机关申报办理税务登记
变更登记	时限要求为 30 日，是否换证看登记证内容是否变更
停业、复业登记	适用于实行定期定额征收方式的个体工商户
	停业期限不得超过一年
	纳税人应当于恢复生产、经营之前，向税务机关办理复业登记
	纳税人停业期满未按期复业又不申请延长停业的，税务机关应当视为已恢复营业，实施正常的税收征收管理
	纳税人在停业期间发生纳税义务的，应当按照税收法律、行政法规的规定申报缴纳税款

（续上表）

注销登记	法定情形：①纳税人解散、破产、撤销或终止纳税义务的需15日 ②被吊销营业执照或被撤销登记的需15日（易考点） ③因住所、经营地点变动，涉及改变税务机关的，在注销后30日办理新的登记 （链接：生产、经营场所变动并不涉及改变主管税务登记机关，办理变更手续）
外出经营报验登记	《外管证》一地一证，有效期限一般为30日，最长不得超过180天

二、发票的开具与管理（6分钟）

分类	增值税专用发票	由国家税务总局统一管理 只限于增值税一般纳税人领购使用，小规模纳税人和非增值税纳税人不得领购使用。一般纳税人如有法定情形的，不得领购使用增值税专用发票 基本联次：记账联、抵扣联、发票联（三联）
	普通发票	主要由营业税纳税人和增值税小规模纳税人使用，增值税一般纳税人在不能开具专用发票的情况下也可使用普通发票
		普通发票由行业发票和专用发票组成 行业发票适用于某个行业的经营业务 专用发票适用于某一经营项目 基本联次：无抵扣联
	专业发票	专业发票指国有金融、保险、邮政、电信、交通方面的发票、凭证
发票开具要求	（1）全部联次一次性复写或打印，在发票联和抵扣联加盖发票专用章 （2）任何单位和个人不得转借、转让、代开发票，未经税务机关批准不得拆本使用发票，不得自行扩大专业发票使用范围 （3）已开具的发票存根联和发票登记簿应当保存5年	

三、纳税申报（1 分钟）

<table>
<tr><td rowspan="4">方式</td><td>直接申报</td><td>上门申报，是传统的申报方式</td></tr>
<tr><td>邮寄申报</td><td>以邮政部门寄出的邮戳日期为实际申报日期</td></tr>
<tr><td>数据电文申报</td><td>电话语音、电子数据交换、网络传输
（1）以数据电文进入特定系统的时间为申报时间
（2）需报送书面材料
（3）两者不一致以书面材料为准</td></tr>
<tr><td>简易申报</td><td>实行定期定额的纳税人</td></tr>
</table>

四、税款征收（3 分钟）

<table>
<tr><td rowspan="10">征收方式</td><td colspan="2">查账征收</td><td>适用范围：财务会计制度健全、能如实提供生产经营情况、正确计算应纳税款的纳税人</td></tr>
<tr><td rowspan="5">核定征收</td><td rowspan="2">查定征收</td><td>由税务机关依据正常条件下的生产销售情况，对其生产的应税产品查定产量、销售额，然后依照税法规定的税率征收的一种税款征收方式</td></tr>
<tr><td>适用范围：产品零星、税源分散、会计账册不健全，但可以控制原材料或进销货的纳税人</td></tr>
<tr><td rowspan="2">查验征收</td><td>税务机关对纳税人的应税产品，进行查验后征税，并贴上完税证、查验证或盖查验戳，并据以征税的一种征收方式</td></tr>
<tr><td>适用范围：财务制度不健全、生产经营不固定、零星分散、流动性大的纳税人</td></tr>
<tr><td>定期定额征收</td><td>适应范围：经主管税务机关认定和县级以上税务机关批准的生产经营规模小，达不到有关的设置账簿标准，难以查账征收，不能准确计算计税依据的个体工商户</td></tr>
<tr><td colspan="2">代扣代缴</td><td rowspan="2">注意资金流向：代扣代缴是向纳税人支付款项同时扣收税款，代收代缴是向纳税人收取款项同时收取税款</td></tr>
<tr><td colspan="2">代收代缴</td></tr>
<tr><td colspan="2">委托代征</td><td>受托单位按照税务机关核发的代征证书的要求，以税务机关的名义向纳税人征收一些零散税款的征收方式</td></tr>
<tr><td colspan="2">其他方式</td><td>网络申报、网络转账，IC 卡纳税等</td></tr>
</table>

五、税务代理（1分钟）

特点	中介性、法定性、自愿性、公正性
业务范围	不得办理违法事项 与注册会计师的工作范围进行区分 不得代为办理增值税专用发票领购手续 不能代理应由税务机关行使的行政职权

六、税收检查及法律责任（6分钟）

	批准	经县以上税务局（分局）局长批准
税收保全措施	前提	税务机关责令具有税法规定情形的纳税人提供纳税担保而纳税人拒绝或无力提供担保
	具体措施	(1) 书面通知纳税人开户银行或者其他金融机构冻结纳税人的金额相当于应纳税款的存款（陷阱：冻结全部资金） (2) 扣押、查封纳税人的价值相当于应纳税款的商品、货物或者其他财产（陷阱：全部财产）
税收强制执行	前提	从事生产经营的纳税人、扣缴义务人未按照规定的期限缴纳税款，纳税担保人未按照规定的期限缴纳所担保的税款，由税务机关责令限期缴纳，逾期仍未缴纳
	具体措施	(1) 书面通知其开户银行或者其他金融机构从其存款中扣缴税款 (2) 扣押、查封、依法拍卖或者变卖其价值相当于应纳税款的商品、货物或者其他财产，以拍卖或者变卖所得抵缴税款 税务机关采取强制执行措施时，对上述纳税人、扣缴义务人、纳税担保人未缴纳的滞纳金同时强制执行
不适用的财产		个人及其所扶养家属维持生活必需的住房和用品，单价5 000元以下的其他生活用品
法律责任	形式	行政责任（尚未构成犯罪）和刑事责任（构成犯罪）
	行政处罚	责令限期改正、罚款、没收财产、收缴未用发票和暂停供应发票、停止出口退税权

（续上表）

法律责任	行政复议	(1) 向上一级税务机关提出复议申请（陷阱：人民法院、财政局、人民政府） (2) 纳税人、扣缴义务人、纳税担保人同税务机关在纳税上发生争议时，必须先依照税务机关的纳税决定缴纳或者解缴税款及滞纳金或者提供相应的担保，然后可以依法申请行政复议 (3) 对国家税务总局作出的具体行政行为不服的，向国家税务总局申请行政复议。对复议决定不服，申请人可以向人民法院提起行政诉讼；也可以向国务院申请裁决，国务院的裁决为终局裁决

第三环节 臻题强化 胜券在握

一、多项选择题（共30题，应在30分钟内完成）

1. 根据我国《税收征收管理法》的规定，税务机关在税款征收中，根据不同情况有权采取的措施有（ ）

A. 加收滞纳金　　B. 追征税款

C. 核定应纳税额　　D. 吊销营业执照

2. 根据国家规定，税款征收（ ）

A. 不得违规开征、停征　　B. 不得违规多征、少征

C. 可以提前征收　　D. 不得延缓征收或者摊派税款

3. 我国税法中规定的征税人包括（ ）

A. 海关　　B. 地方税务局

C. 代扣代缴单位　　D. 国家税务局

4. 关于税收保全，下列说法中正确的是（ ）

A. 目的是预防纳税人逃避税款缴纳义务

B. 对逃避纳税义务的纳税人，限制其处理商品等财产

C. 税收保全为了保证国家税款的及时、足额入库

D. 强行扣押、拍卖纳税人相当于应纳税款的商品

5. 以下关于消费税额纳税地点正确的是（ ）

A. 纳税人销售应税消费品，应当向纳税人机构所在地或者居住地申报纳税

B. 进口应税消费品，在报关地海关进行申报纳税

C. 自产自用应税消费品，应当向纳税人机构所在地或者居住地申报纳税

D. 委托加工应税消费品，由委托方向其机构所在地或者居住地申报纳税或受托方向所在地代收代缴

6. 关于应税消费品缴纳消费税的规定正确的是（ ）

A. 外购应税消费品继续生产应税消费品销售的，可以将已缴纳的消费税给予扣除

B. 收回委托加工的应税消费品继续生产应税消费品销售的，可以将已缴纳的消费税给予扣除

C. 收回委托加工的应税消费品直接对外销售的，可以将已缴纳的消费税

给予扣除

D. 委托加工应税消费品，只能由受托方代收代缴

7. 下列不得领购增值税专用发票的是（ ）

A. 个体工商户　　B. 只缴纳营业税的纳税人

C. 小规模纳税人　　D. 增值税一般纳税人

8. 下列属于财产税的是（ ）

A. 房产税　B. 车船税　C. 资源税　D. 印花税

9. 可以纳入税务代理范围的业务事项有（ ）

A. 开展税务咨询　　B. 税收检查

C. 申请税务行政复议　　D. 办理纳税申报

10. 下列应当办理开业税务登记的有（ ）

A. 工商局　　B. 个体工商户

C. 某公司在上海的分公司　　D. 企业在外地设立的分支机构

11. 下列行为不需要办理税务登记的有（ ）

A. 取得应税收入　　B. 临时发生纳税行为

C. 取得应税财产　　D. 购买家用轿车

12. 关于税款征收方式，下列说法中正确的有（ ）

A. 税务机关可以依据纳税人的情况组织税款征收

B. 网络账户转账纳税属于税款征收方式之一

C. 委托征收不属于税款征收方式

D. 纳税人的生产经营和财务管理情况是税务机关确定具体组织征收税款入库方法的原因之一

13. 下列选项中，属于税收保全措施的有（ ）

A. 书面通知纳税人开户银行或其他金融机构从其存款中扣缴税款

B. 扣押、查封纳税人的价值相当于应纳税款的商品

C. 书面通知纳税人开户银行暂停支付纳税人的金额相当于应纳税款的存款

D. 欠缴税款的纳税人未结清税款，又不提供纳税担保的，税务机关在其出境前通知边境管理机关阻止其出境

14. 增值税应税服务的具体内容包括（ ）

A. 交通运输业　　B. 邮政业

C. 转让无形资产　　D. 销售不动产

15. 下列属于企业所得税不得扣除项目的有（ ）

A. 与取得收入有关的、合理的支出

B. 税收滞纳金

C. 罚金、罚款

D. 企业所得税税款

16. 税法的三个最基本要素是（　　）

A. 税率　　B. 征税对象　C. 纳税义务人 D. 征税人

17. 下列属于行为税的有（　　）

A. 增值税　　B. 车辆购置税 C. 车船税　　D. 城市维护建设税

18. 下列纳税人应当办理税务登记的有（　　）

A. 取得应税收入的纳税人　　B. 取得应税财产的纳税人

C. 发生应税行为的纳税人　　D. 发生扣缴义务的扣缴义务人

19. 下列不属于税收保全措施的是（　　）

A. 查封商品　　　　　　　　B. 扣押财产

C. 拍卖扣押的物资以抵缴税款 D. 责令限期缴纳税款

20. 下列各项稿酬所得中，应合并为一次所得缴纳个人所得税的有（　　）

A. 同一作品再版取得的稿酬

B. 同一作品出版社分三次支付的稿酬

C. 同一作品在报刊上连载，分次取得的稿酬

D. 同一作品出版后加印而追加的稿酬

二、案例分析题（共2题，应在20分钟内完成）

1. 某汽车轮胎生产企业，2005年实现净利润－500万元，2006年实现净利润100万元，2007年实现净利润280万元，2008年实现净利润－50万元，2009年实现净利润100万元。2010年度该企业有关经营情况如下：全年实现产品销售收入5 000万元，固定资产盘盈收入20万元，其他业务收入30万元，国债利息收入20万元；应结转产品销售成本3 000万元；应缴纳增值税90万元，消费税110万元，城市维护建设税14万元，教育费附加6万元；发生产品销售费用250万元；发生财务费用12万元（其中因逾期归还银行贷款，支付银行罚息2万元）；发生管理费用802万元（其中新产品研究开发费用90万元）；发生营业外支出70万元（其中因排污不当被环保部门罚款15万元）。

（研究开发费除按照规定可在税前据实列支外，还可按照研究开发费用的50%加计扣除。）

要求：根据以上材料，回答下列问题。

（1）该企业2010年取得的各项收入在计算企业所得税时属于免税收入的是（　　）

A. 固定资产盘盈收入　　B. 产品销售收入
C. 其他业务收入　　D. 国债利息收入

（2）该企业2010年发生的各项支出准予在计算应纳税所得额时扣除的有（　　）

A. 增值税90万元　　B. 消费税110万元
C. 销售费用250万元　　D. 环保部门罚款15万元

（3）根据《中华人民共和国企业所得税法》的有关规定，该企业2005年发生的亏损可以用下一年度的所得弥补，下一年度的所得不足以弥补的，可以逐年延续弥补，但最长不得超过（　　）

A. 3年　B. 5年　C. 6年　D. 10年

（4）该企业2010年准予在计算应纳税所得额时扣除的项目金额合计为（　　）

A. 4 294万元　B. 4 309万元　C. 4 249万元　D. 4 312万元

（5）该企业2010年应缴纳的企业所得税为（　　）

A. 189万元　B. 194万元　C. 171.5万元　D. 200.25万元

2. 某商场为增值税一般纳税人，5月份发生以下购销业务：

①购入服装两批，货款均已支付，第一批货物货款为23.4万元（含税），尚未取得增值税专用发票；第二批货物取得增值税专用发票上注明支付的价款36万元、增值税税额6.12万元。先后购进这两批货物时已分别支付两笔运费0.26万元和4万元，第一批货物支付运费取得销售方开具的普通发票，第二批货物支付运费取得承运单位开具的运输发票。

②批发销售服装一批，取得不含税销售额18万元，采用委托银行收款方式结算，货已发出并办妥托收手续，货款尚未收回。

③零售各种服装，取得含税销售收入37.44万元，同时将零售价为1.755万元（含税）的服装作为礼品赠送给了顾客。

（说明：有关票据在本月均通过主管税务机关认证并申报抵扣；月初增值税留抵税额为0。）

要求：根据以上材料，回答下列问题。

（1）该商场支付运费可抵扣的增值税进项税额为（　　）

A. 0.28万元　　B. 0.298 2万元
C. 0.018 2万元　　D. 0元

（2）该商场5月份可抵扣的增值税进项税额为（　　）

A. 6.12 万元 B. 9.52 万元 C. 6.4 万元 D. 9.818 2 万元

（3）该商场销售服装的增值税销项税额为（ ）

A. 8.5 万元 B. 3.06 万元 C. 5.44 万元 D. 9.424 8 万元

（4）该商场将服装赠送给顾客的增值税销项税额为（ ）

A. 0.255 万元 B. 0.298 万元 C. 0.228 万元 D. 0.202 万元

（5）该商场5 月份应缴纳的增值税税额为（ ）

A. 2.075 万元 B. 2.355 万元 C. 0 元 D. 2.1 万元

三、单项选择题（共 20 题，应在 15 分钟内完成）

1. 甲公司2010 年度实现利润总额为500 万元，无其他纳税调整事项，经税务机关核实的 2009 年度亏损额为 380 万元，所得税税率为 25%，该公司 2010 年度应缴纳的企业所得税税额为（ ）万元

A. 125 B. 30 C. 165 D. 39.6

2. 刘某于 2013 年 1 月将自己的 4 间面积为 150 平方米的房屋出租给张某作经营场所，租期一年。刘某每月取得租金收入 2 500 元，全年租金收入 30 000元。刘某全年租金收入应缴纳个人所得税（ ）元

A. 4 080 B. 4 420 C. 4 800 D. 6 000

3. 国内某作家的一篇小说在一家报刊上连载 3 个月，3 个月稿酬收入分别为 3 000 元、4 000 元、5 000 元，该作家 3 个月所获稿酬应缴纳个人所得税（ ）元

A. 1 920 B. 1 316 C. 1 344 D. 1 568

4. 根据《中华人民共和国企业所得税法》的有关规定，下列各项中不属于企业所得税纳税人的是（ ）

A. 在中国境内成立的个人独资企业

B. 在中国境内未设立机构、场所但有来源中国境内所得的企业

C. 在外国成立，但实际管理机构在中国境内的企业

D. 在中国境内成立的外商独资企业

5. 某企业将自产的一批应税消费品（非金银首饰）用于在建工程。该批消费品成本为750 万元，计税价格为1 250 万元，适用增值税税率为17%，消费税税率为10%。计入在建工程成本的金额为（ ）

A. 962.5 万元 B. 1 587.5 万元

C. 1 087.5 万元 D. 875 万元

6. 下列关于税法和税收关系的说法中，正确的是（ ）

A. 税收可以独立于税法存在

B. 税收是税法的依据和保障

C. 税法是以保障税收活动有序进行为其存在的理由和依据

D. 税法属于经济基础范畴，税收属于上层建筑范畴

7. 采用比例税率计算应纳税额的是（　　）

A. 企业进口化妆品缴纳的消费税

B. 个体经营者缴纳的个人所得税

C. 转让房地产缴纳的土地增值税

D. 开采天然气缴纳的资源税

8. 税务机关有权检查纳税人的账簿、记账凭证、报表和有关资料。开展核查的依据是（　　）

A.《企业会计准则》　　B.《会计基础工作规范》

C.《会计从业资格管理办法》　D.《中华人民共和国税收征收管理法》

9. 小规模纳税人销售货物，对其进项税额的处理规定是（　　）

A. 可按3%抵扣进项税额　　B. 不得抵扣任何进项税额

C. 可按10%抵扣进项税额　　D. 可按13%抵扣进项税额

10. 根据《中华人民共和国税收征收管理法》的规定，不需要办理税务登记的是（　　）

A. 企业在外地设立的分支机构

B. 企业在外地设立不从事生产经营的场所

C. 个体工商户

D. 从事生产经营的事业单位

11. 某企业2013年度销售收入为500万元，实现利润总额100万元，适用的所得税税率为25%，发生业务招待费10万元，当年准予扣除的业务招待费为（　　）万元

A. 6　　B. 2.5　　C. 10　　D. 5

12. 某体育明星在奥运会上取得一枚金牌，国家体育总局（部级单位）奖励该运动员5万元奖金，同时他还收到几家赞助厂商的奖金共计10万元，下列关于该运动员的15万元所得应否缴纳个人所得税的几种意见，正确的是（　　）

A. 对15万元的奖金全额征收个人所得税

B. 对5万元的奖金免征个人所得税，对10万元的奖金征收个人所得税

C. 对15万元全部的奖金免征个人所得税

D. 对10万元的奖金免征个人所得税，对5万元的奖金征收个人所得税

13. 实行从价定率征收进口消费税的，其组成计税价格为（　　）

A. （关税完税价格 + 关税）/（1 - 消费税税率）

B. （关税完税价格 + 关税 + 消费税）/（1 + 增值税）

C. 关税完税价格 + 关税 + 消费税

D. 关税完税价格 + 关税 + 消费税 + 增值税

14. 采用超额累进税率计算税额时，速算扣除数的作用主要是（　　）

A. 解决累进临界点税负不合理问题

B. 使计算更准确

C. 减缓税率累进的速度

D. 简化计算

15. 下列各项中，采用13%税率征收增值税的有（　　）

A. 草种　　B. 柴油　　C. 暖气　　D. 汽车配件

16. 适用于上市公司的税款征收方式是（　　）

A. 查账征收　　B. 查验征收

C. 定期定额征收　　D. 委托征收

17. 根据个人所得税法律制度的规定，下列在中国境内无住所的人员中，属于中国居民纳税人的是（　　）

A. 外籍个人甲 2008 年 9 月 1 日入境，2009 年 10 月 1 日离境

B. 外籍个人乙来华学习 200 天

C. 外籍个人丙 2009 年 1 月 1 日入境，2009 年 12 月 31 日离境

D. 外籍个人丁 2009 年 1 月 1 日入境，2009 年 11 月 20 日离境

18. 下列属于非居民企业的有（　　）

A. 在河北工商局注册在中东承包项目

B. 在美国注册实际管理机构在哈尔滨的企业

C. 在美国注册在北京成立的办事处

D. 在湖北注册的企业

19. 所得税纳税申报表的报出时间为（　　）

A. 1 个月　　B. 2 个月　　C. 4 个月　　D. 5 个月

20. 某企业生产了啤酒 15 000 吨，卖了 10 000 吨，取得含税收入为 117 万元，则消费税的计税依据为（　　）

A. 15 000 吨　　B. 10 000 吨　　C. 117 万　　D. 100 万

四、判断题（共 10 题，应在 5 分钟内完成）

1. 将抵债的房屋转让，原值是 20 万元，售价 30 万元，最后应交的营业税是 0.5 万元。（　　）

2. 实行定期定额缴纳税款的纳税人，经税务机关批准，可以采用简易申报等申报纳税方式。(　　)

3. 进口环节的增值税、消费税和船舶吨税由海关负责征收管理。(　　)

4. 上门申报是税务机关为方便纳税人而主动到纳税人办公室服务的一种服务方式。(　　)

5. 凡有法律、法规规定的应税收入、应税财产或者应税行为的各类纳税人，均应当按照法律规定办理税务登记。(　　)

6. 增值税专用发票只限于增值税小规模纳税人领购使用。(　　)

7. 现行企业所得税法规定，企业应当自年度终了之日起3个月内，向税务机关报送年度企业所得税申报表，并汇算清缴税款。(　　)

8. 企业所得税的纳税年度，自公历1月1日起至12月31日止。(　　)

9. 某演员取得一次性的演出收入2.1万元，对此应实行加成征收办法计算个人所得税。(　　)

10. 委托个体经营者加工的应税消费品，由受托方向其机构所在地或居住地主管税务机关申报缴纳消费税。(　　)

参考答案及解析

一、多项选择题

1. ABC

2. ABD【解析】税务机关依照法律、行政法规的规定征收税款，不得违反法律、行政法规的规定开征、停征、多征、少征、提前征收、延缓征收或者摊派税款。

3. ABD【解析】在我国征税主体的具体部门有税务部门、财政部门和海关。

4. ABC【解析】选项D属于强制执行。

5. ABCD

6. AB【解析】为了避免重复征税，现行消费税规定，将外购应税消费品和委托加工收回的应税消费品连续生产应税消费品销售的，可以将外购应税消费品和委托加工收回应税消费品已缴纳的消费税扣除。

7. ABC【解析】只有经国家税务机关认定为增值税一般纳税人才能领购增值税专用发票，小规模纳税人和法定情形的非一般纳税人不得领购使用。

8. AB【解析】资源税属于地方税，印花税属于行为税。

9. ACD【解析】税收检查属于税务机关征管工作的一项重要内容，没有纳入税务代理范围。

10. BCD【解析】根据规定，开业税务登记的纳税人可分为以下两类：领取营业执照从事生产、经营的纳税人，其他纳税人。

11. BD 12. ABD

13. BC【解析】税务机关责令纳税人提供纳税担保而纳税人拒绝提供纳税担保或无力提供纳税担保的，经县以上税务局（分局）局长批准，税务机关可以采取下列税收保全措施：①书面通知纳税人开户银行或者其他金融机构冻结纳税人的金额相当于应纳税款的存款；②扣押、查封纳税人的价值相当于应纳税款的商品、货物或者其他财产。阻止出境属于离境清税制度。

14. AB【解析】2014 年 1 月 1 日起，交通运输业已全部纳入"营改增"范围。转让无形资产和销售不动产属于营业税应税服务。

15. BCD【解析】企业实际发生的与取得收入有关的、合理的支出，包括成本、费用、税金、损失和其他支出等，准予在计算应纳税所得额时扣除。

16. ABC 17. BD 18. ABCD

19. CD【解析】税收保全措施只包括两种情况：查封、扣押商品和冻结银行存款。

20. BCD

二、案例分析题

1. （1）D （2）BC （3）A

（4）A【解析】扣除的项目金额合计 = 销售成本（3 000）+ 消费税（110）+ 城市维护建设税（14）+ 教育费附加（6）+ 销售费用（250）+ 财务费用（12）+ 管理费用（802）+ 新产品研究开发费（90 × 50%）+ 营业外支出（70 − 15）= 4 294（元）。

（5）C【解析】前五年未弥补的亏损 = 2006 年（100 万）+ 2007 年（280 万）+ 2009 年（100 万）− 2005 年亏损（500 万）− 2008 年亏损（50 万）= 70 万（元）。2010 年应缴纳的企业所得税 = ［销售收入（5 000）+ 盘盈收入（20）+ 其他业务收入（30）− 各项扣合计（4 294）− 前五年未弥补的亏损（70）］× 25% = 171.5（万元）。注意国债利息收入 20 万元属于免税收入。

2. （1）A【解析】购入货物的增值税能抵扣，那么运费就可以抵扣。购入货物的增值税不能抵扣，那么运费也不能抵扣。第一批货物尚未取得增值税专用发票，故增值税不能抵扣，0.26 万元的运费也不能抵扣增值税。故支付运费可抵扣的增值税进项税额 =4×7% =0.28（万元）。

（2）C【解析】5 月份可抵扣的增值税进项税额 =0.28 +6.12 =6.4（万元）。

（3）A【解析】销售服装的增值税销项税额 =18×17% +37.44/1.17×17% =8.5（万元）。

（4）A【解析】商场将服装赠送给顾客的增值税销项税额 =1.755/1.17×17% =0.255（万元）。

（5）B

三、单项选择题

1. B【解析】（500 -380）×25% =30（万元）。

2. A【解析】（2 500 -800）×20% ×12 =4 080（元）。

3. C【解析】（3 000 +4 000 +5 000）×（1 -20%）×20% ×（1 -30%）=1 920×0.7 =1 344（元）。

4. A【解析】个人独资企业和合伙企业是具有自然人性质的企业，应当交个人所得税，不交企业所得税。

5. C【解析】企业将自产产品用于在建工程，应按照产品成本进行结转，不确认收入，但是按照税法的规定应该视同销售计算增值税销项税额，将增值税计入在建工程成本。由于该产品为应税消费品，则需要计算消费税。增值税 =1 250×17% =212.5（万元），消费税 =1 250×10% =125（万元），750 +212.5 +125 =1 087.5（万元）。

6. C

7. A【解析】选项 B 计算采用超额累进税率，选项 C 计算采用超率累进税率，选项 D 计算采用定额税率。

8. D【解析】根据《中华人民共和国税收征收管理法》的规定，税务机关有权检查纳税人的账簿、记账凭证、报表和有关资料。

9. B【解析】小规模纳税人不享有税款抵扣权，应纳税额采用简易征收办法计算。

10. B【解析】企业在外地设立的分支机构和从事生产、经营的场所需要办理税务登记。其中没有包括企业在外地设立的不从事生产、经营的场所要办理税务登记。

11. B【解析】企业发生的与生产经营活动有关的业务招待费支出，按照发生额的 60% 扣除，但最高不得超过当年销售（营业）收入的 5‰。业务招待费准予扣除的上限 =500×5‰ =2.5（万元），业务招待费发生额的 60% =

10×60% =6（万元），故业务招待费准予扣除的金额为 2.5 万元。

12. B【解析】奥运冠军除国家体育总局等机构的奖励可以免税外，省级以下机构和其他企业和个人奖励的物资和奖金均需缴纳个税。

13. A【解析】我国实行从价定率办法计算进口消费税，计税价格由进口货物（成本加运保费）价格（即关税完税价格）加关税税额组成。我国消费税采用价内税的计税方法，因此，计税价格组成中包括消费税税额。组成计税价格的计算公式为：组成计税价格 =（关税完税价格 + 关税税额）÷（1 – 消费税税率）。

14. D【解析】速算扣除数的主要作用是简化计算。

15. C【解析】农业用品，居民生活用品和报纸、杂志等精神文明用品采用低税率。

16. A【解析】上市公司的财务制度规范，也会自觉依法纳税。所以采用查账征收。

17. C【解析】无住所但在一个纳税年度内居住满一年的为居民纳税人。

18. C【解析】依外国法律在国外成立，并且实际管理机构也不在中国境内就是非居民企业。

19. D【解析】企业应当自年度终了之日起五个月内，向税务机关报送年度企业所得税纳税申报表，并汇算清缴，结清应缴应退税款。企业在报送企业所得税纳税申报表时，应当按照规定附送财务会计报告和其他有关资料。

20. B【解析】消费税采用比例税率和定额税率两种形式，啤酒、黄酒、成品油按照单位重量或者单位体积确定单位税额，啤酒属于从量定额计税，以应税消费品的数量为基数乘以单位税额计算应纳税额。销售量的确认，销售应税消费品的，为应税消费品的销售数量。纳税人生产的应税消费品应于销售时纳税。

四、判断题

1. 对【解析】应交营业税 =（30 – 20）×5% =0.5（万元）。

2. 对。

3. 错【解析】海关只是对关税类的税种进行征收管理。关税类税种不包含上面三个税种。进口环节的增值税、消费税和船舶吨税由税务机关负责征收管理，税务机关只是代征。

4. 错【解析】上门申报是指到税务机关进行纳税申报。

5. 对【解析】本题考查撤销税务登记的范围。凡有法律、法规规定的应税收入、应税财产或者应税行为的各类纳税人，均应当按照《征管法》及其实施细则和国家税务总局印发的《税务登记管理办法》规定办理税务登记。

6. 错【解析】本题考查撤销增值税专用发票的领购和使用。增值税专用发票只限于增值税一般纳税人领购使用，增值税小规模纳税人和非增值税纳税人不得领购使用增值税专用发票。

7. 错【解析】本题考查撤销企业所得税的纳税申报。企业应当自年度终了之日起5个月内，向税务机关报送年度企业所得税申报表，并汇算清缴，结清应缴应退税款。

8. 对【解析】本题考查撤销企业所得税的征收管理。

9. 错【解析】本题考查撤销个人所得税中劳务报酬所得的处理。劳务报酬的加成征收是对一次取得劳务收入扣除费用后的所得额超过20 000元时适用，21 000×（1－20%）＝16 800（元），故不适用加成征收。

10. 错【解析】本题考查消费税的纳税地点。委托个体经营者加工的应税消费品，由委托方向其机构所在地或居住地主管税务机关申报缴纳消费税。

第四环节 错题重温 查漏补缺

请再次回顾今天完成的习题中的错误部分，并在下方写出对于第三章最难把握的是哪一节内容，如“对于个人所得税和企业所得税的计算还是很模糊”。

5 第五天　第四章　财政法律制度

第一环节　真题回顾　胸有成竹

一、多项选择题（共15题，建议学习时间为15分钟，应快速通读，并对有疑问的题目重点阅读其解析，并做标记）

1. 下列关于中央预算的表述，正确的有（　　）

A. 由中央各部门（含直属单位）的预算组成

B. 中央预算包括地方向中央上解的收入

C. 中央预算不包括中央对地方返还或者给予补助的数额

D. 中央预算不包括企业和事业单位的预算

解析：选AB。中央政府预算由中央各部门（含直属单位）的预算组成。中央预算包括地方向中央上解的收入数额和中央对地方返还或者给予补助的数额。其中，中央各部门，是指与财政部直接发生预算缴款、拨款关系的国家机关、军队、政党组织和社会团体；直属单位，是指与财政部直接发生预算缴款、拨款关系的企业和事业单位。

2. 下列关于预算单位零余额账户的表述，正确的有（　　）

A. 可以办理提取现金业务

B. 可以办理转账业务

C. 可以向本单位按账户管理规定保留的相应账户划拨住房公积金及提租补贴

D. 可以向本单位按账户管理规定保留的相应账户划拨工会经费

解析：选ABCD。预算单位零余额账户可以办理转账、提取现金等结算业务，可以向本单位按账户管理规定保留的相应账户划拨工会经费、住房公积金及提租补贴，以及经财政部门批准的特殊款项，不得违反规定向本单位其他账户和上级主管单位、所属下级单位账户划拨资金。

3. 下列银行账户中，不能用于财政直接支付的账户有（　　）

A. 财政部门在商业银行为预算单位开设的零余额账户

B. 财政部门按资金使用性质在商业银行开设的零余额账户

C. 财政部门在商业银行开设的预算外资金财政专户

D. 预算单位在商业银行开设的基本账户

答案：选 AD。

4. 下列各项中，属于政府采购中采购人享有的权利的是（　）

A. 要求采购代理机构遵守委托协议约定的权利

B. 自行选择采购代理机构的权利

C. 审查政府采购供应商的资格的权利

D. 依法确定中标供应商的权利

答案：选 ABCD。

5. 根据我国《政府采购法》的规定，下列各项中，属于供应商参与政府采购应具备的条件的有（　）

A. 具有履行合同所必需的设备和专业技术能力

B. 具有独立承担民事责任的能力

C. 具有良好的商业信誉和健全的财务会计制度

D. 有依法缴纳保障税收的良好记录

答案：选 ABCD。

6. 分散采购模式的不利之处是（　）

A. 不便于监督管理　　B. 采购周期较长

C. 失去了规模效益　　D. 加大了采购成本

答案：选 ACD。

7. 根据《中华人民共和国预算法》的规定，下列各项中，属于县级以上地方各级人民代表大会的职权的是（　）

A. 审查本级总预算草案及本级总预算执行情况的报告

B. 批准本级预算和本级预算执行情况的报告

C. 改变或者撤销本级人民代表大会常务委员会关于预算、决算的不适当决议

D. 撤销本级政府有关预算、决算的不适当的决定和命令

解析：选 ABCD。选项 A、B、C、D 四种情况都属于县级以上地方各级人民代表大会的职权。

8. 各部门的预算职权包括（　）

A. 编制本部门预算草案

B. 编制本部门的决算草案

C. 定期向本级政府财政部门报告预算执行情况

D. 组织和监督本部门预算执行

答案：选 ABCD。

9. 下列（　　）是符合政府采购监督检查规范的

A. 接受和配合政府采购监督管理部门的监督检查

B. 在规定时间内与中标供应商签订政府采购合同

C. 遵守政府采购的各项法律、法规和规章制度

D. 依法接受供应商的询问和质疑

解析：选 ABCD。第一，必须严格执行我国《政府采购法》的各项规定，采购人不得以部门利益为由拒绝执行。第二，必须接受政府采购监督管理部门的监管。第三，必须尊重供应商的正当合法权益。在采购过程中，凡不属于应该保守的秘密，采购人有义务回答供应商的询问和质疑。第四，必须遵守采购代理机构的工作秩序。第五，必须在规定时间内与中标供应商签订政府采购合同。第六，必须在指定媒体及时向社会发布政府采购信息、招标结果，以便于供应商及时获得信息，增强政府采购过程的透明度，接受社会各界的监督。采购人还有义务妥善保存反映每项采购活动的采购文件。

10. 关于国库单一账户支付的程序，正确的是（　　）

A. 由中国人民银行向代理银行签发支付指令

B. 由财政部门向中国人民银行和代理银行签发支付指令

C. 财政部门根据指令通过国库单一账户体系将资金直接支付给收款人

D. 代理银行根据财政部门支付指令通过国库单一账户将资金直接支付给收款人

解析：选 BD。国库单一账户体系将资金直接支付到收款人或用款单位账户。财政授权支付，是指预算单位按照财政部门的授权，自行向代理银行签发支付指令，代理银行根据支付指令，在财政部门批准的预算单位的用款额度内，通过国库单一账户体系将资金支付到收款人账户。从以上可以看出，财政部门应该是发出指令通过国库单一账户体系将资金直接支付给收款人，代理银行才是根据指令。

11. 下列各项中属于《中华人民共和国预算法》规定的地方各级政府财政部门的职权的有（　　）

A. 具体组织本级总预算的执行

B. 提出本级预算预备费用方案

C. 定期向本级政府和上一级政府财政部门报告本级总预算的执行情况

D. 具体编制本级预算、预算的调整方案和决算草案

答案：选 ABCD。

12. 政府采购中，采购人应承担的义务有（　　）

A. 在规定时间与中标供应商签订政府采购合同

B. 在指定媒体及时向社会发布政府采购信息和招标结果

C. 妥善保存反映每项采购活动的采购文件

D. 依法答复供应商的询问和质疑

解析：选 ABCD。第一，必须严格执行我国《政府采购法》的各项规定，采购人不得以部门利益为由拒绝执行。第二，必须接受政府采购监督管理部门的监管。第三，必须尊重供应商的正当合法权益。在采购过程中，凡不属于应该保守的秘密，采购人有义务回答供应商的询问和质疑。第四，必须遵守采购代理机构的工作秩序。第五，必须在规定时间内与中标供应商签订政府采购合同。第六，必须在指定媒体及时向社会发布政府采购信息、招标结果，以便于供应商及时获得信息，增强政府采购过程的透明度，接受社会各界的监督。采购人还有义务妥善保存反映每项采购活动的采购文件。

13. 下列关于实行国库集中收付制度作用的表述，正确的有（　　）

A. 有利于增强财政资金收付过程的透明度

B. 有利于提高财政资金的拨付效率和规范化运作程度

C. 有利于加强对收入缴库和支出拨付过程的监管

D. 有利于预算单位用款及时和便利

答案：选 ABCD。

14. 下列各项中，属于全国人民代表大会常务委员会职权的有（　　）

A. 审查和批准中央预算的调整方案和决算

B. 审查和批准中央预算的草案和预算执行情况报告

C. 改变和撤销全国人民代表大会关于预算、决算的不当决议

D. 撤销国务院制定的同宪法、法律相抵触的关于预算、决算的行政法规、决定和命令

答案：选 AD。

15. 关于我国的预算法律制度，下列说法中正确的有（　　）

A. 预算法律制度由《中华人民共和国预算法》及《预算法实施条例》构成

B. 预算法律制度在财政法的体系中处于核心地位

C. 现行的预算法为 1994 年 3 月 22 日第八届全国人民代表大会第二次会议通过

D. 我国的《预算法实施条例》自 1995 年 11 月 2 日起实施

解析：选 BC。预算法律制度由《中华人民共和国预算法》、《预算法实施

条例》以及其他跟预算有关的法规制度构成，因此选项 A 错误；我国的《预算法实施条例》1995 年 11 月 2 日制定，自 1995 年 11 月 22 日起实施，因此选项 D 错误。

二、案例分析题（共 2 题，建议学习时间为 10 分钟）

1. 甲单位是某市水利局下属的事业单位，甲单位已经实行国库集中支付。2010 年 5 月，市政府审计部门对甲单位 2009 年度预算执行情况进行审计后，了解到以下情况：

①2009 年，甲单位按照批复的预算支付本单位职工的薪级工资、岗位工资和津贴补贴，但在 2 月至 10 月，甲单位超出预算规定的支出范围，使用零余额账户发放职工过节费，涉及金额 30 万元。

②2009 年 4 月，甲单位通过零余额账户使用财政拨款为本单位职工购买个人商业保险。

③2009 年 8 月，甲单位超出预算规定的支出范围，从本单位零余额账户借款给 A 宾馆和下属乙事业单位，涉及金额 50 万元，并通过本单位零余额账户为本单位下属事业单位支付设备采购款，涉及金额 25 万元。

④2009 年 12 月，甲单位未经批准，在本单位的专项调查项目中列支不属于项目范围的薪级工资和津贴补贴，涉及金额 20 万元。

请回答下列问题：

（1）下列各项中，应纳入本案例中该市级政府审计部门审计监督范围的为（　　）

A. 下级政府的预算执行和决算执行

B. 上级政府的预算执行和决算执行

C. 本级各单位的预算执行和决算实行

D. 本级各部门的预算执行和决算实行

解析：选 ACD。各级政府审计部门对本级各部门、各单位和下级政府的预算执行、决算实施审计监督。

（2）下列各项中，属于甲单位预算职权的为（　　）

A. 安排本单位预算支出

B. 接受国家有关部门的监督

C. 编制本单位预算、决算草案

D. 按照国家规定上缴预算收入

解析：选 ABCD。各单位的职权包括编制本单位预算、决算草案，按照规定上缴预算收入，安排预算支出，并接受国家有关部门的监督。

（3）甲单位的下列做法中，正确的为（　　）

A. 按照批复的预算支付本单位职工的岗位工资

B. 超出预算规定的支出范围，使用财政拨款为本单位职工购买个人商业保险

C. 超出预算规定的支出范围，使用财政拨款发放职工过节费

D. 按照批复的预算支付本单位职工的薪级工资

解析：选 AD。各单位、各部门的预算支出，必须按照本级政府财政部门批复的预算科目和数额执行，不得挪用；确需作出调整的，必须经本级政府财政部门同意。

（4）甲单位的下列做法中，不正确的为（　　）

A. 超出预算规定的支出范围，使用财政拨款借给乙单位

B. 超出预算规定的支出范围，使用财政拨款为丙单位购买设备

C. 超出预算规定的支出范围，使用财政拨款为丁单位购买设备

D. 超出预算规定的支出范围，将财政拨款借给 A 宾馆

解析：选 ABCD。预算单位零余额账户可以办理转账、提取现金等结算业务，可以向本单位按账户管理规定保留的相应账户划拨工会经费、住房公积金及提租补贴，以及经财政部门批准的特殊款项，不得违反规定向本单位其他账户和上级主管单位、所属下级单位账户划拨资金。

（5）甲单位下列做法中，不正确的为（　　）

A. 未经上级主管部门水利局批准，在本单位的专项调查项目中列支不属于项目范围的薪级工资

B. 未经批准，在本单位的专项调查项目中列支不属于项目范围的津贴补贴

C. 经上级主管部门水利局批准，在本单位的专项调查项目中列支不属于项目范围的津贴补贴

D. 经批准，在本单位的专项调查项目中列支不属于项目范围的薪级工资

答案：选 AB。

2. 某预算研究部门在一份有关我国国家预算情况的报告中提出了以下观点：

①我国国家预算根据国家政权结构和行政区划的不同，可以分为中央预算、地方预算、各级总预算和部门预算、单位预算。

②各级预算都要实行收支平衡的原则。

③国家预算具有激励的职能。

④我国从 2000 年开始进行了国家预算编制的重大改革，即部门预算改

革。部门预算是市场经济国家财政预算管理的基本组织形式，具有丰富的基本内涵。

⑤部门预算改革后，国家预算要落实到每一个具体部门，预算管理以部门为依托，从根本上改变财政资金按性质归口管理的传统做法。

⑥财政预算以部门编制预算作为起点。

⑦部门预算对部门本身要有严格的资质要求，限定那些与财政直接或间接发生经费领拨关系的一级预算单位为预算部门。

⑧部门预算是一项综合预算。

请结合以上资料，回答下列我国国家预算构成的有关问题：

(1) 观点①至④中，正确的为（　　）

A. ④　　B. ①　　C. ②　　D. ③

答案：选 C。

(2) 下列各项中，具体负责编制本案例调研观点①中所指的“各级总预算”的单位为（　　）

A. 财政部门　　B. 税务部门

C. 审计部门　　D. 人民代表大会常务委员会

答案：选 A。

(3) 下列各项中，属于本案例调研观点①中的“部门预算”主体的为（　　）

A. 国家机关　　B. 军队　　C. 政党组织　　D. 社会团体

答案：选 ABCD。

(4) 下列各项中，属于本案例调研观点④中“我国部门预算的基本内涵”的为（　　）

A. 部门预算实现了将各类不同性质的财政资金统一编制到使用相关资金的部门

B. 部门作为预算编制的基础单元，取消财政与部门中间环节

C. 财政预算以部门编制预算作为起点，即从基层单位开始预算的编制

D. 限定那些与财政直接发生经费领拨关系的一级预算单位为预算部门

答案：选 ACD。

(5) 观点⑤至⑧中，不正确的为（　　）

A. ⑥　　B. ⑤　　C. ⑧　　D. ⑦

答案：选 D。

三、单项选择题（共 30 题，为保证复习效果，对不懂的题目应做标记，以便更好地复习巩固。建议学习时间为 20 分钟）

1.《中华人民共和国预算法》一共修订了（　　）次

A. 1　　B. 2　　C. 3　　D. 4

解析：选 A。《中华人民共和国预算法》1994 年颁布，2011 年开始修订，所以到目前只修订 1 次。注意跟《中华人民共和国会计法》的修订次数区分开，《中华人民共和国会计法》修订了两次。

2.《中华人民共和国预算法》规定，地方各级政府预算由（　　）审查批准

A. 地方各级人大　　B. 地方各级政府

C. 上级人大　　D. 上级政府

解析：选 A。县以上各级人民代表大会审查本级总预算草案及本级总预算执行情况的报告、批准本级预算和本级预算执行情况的报告。

3. 财政部门在商业银行为预算单位开设零余额账户的作用是（　　）

A. 用于财政直接支付和与国库单一账户支出清算

B. 用于记录、核算和反映预算外资金的收入和支出活动

C. 用于财政授权支付和清算

D. 用于记录、核算和反映预算单位的特殊专项支出活动

解析：选 C。国库单一账户体系的构成及每个构成部分的功能是要求考生掌握的。财政部门按资金使用性质在商业银行开设零余额账户用于财政直接支付和与国库单一账户支出清算；在商业银行为预算单位开设的零余额账户用于财政授权支付和清算。

4. 县级以上各级政府决算草案经本级人民代表大会常务委员会批准后，本级政府财政部门应自批准之日起（　　）日内向本级各部门批复决算

A. 10　　B. 20　　C. 15　　D. 30

答案：选 B。

5. 根据我国《政府采购法》的规定，下列各单位中，可以确定并公布政府采购限额标准的是（　　）

A. 省级以上人民政府　　B. 县市级人民政府

C. 地市级人民政府　　D. 乡镇级人民政府

解析：选 A。中央的政府采购限额标准由国务院确定并公布，地方政府采购限额标准由省级、自治区、直辖市人民政府确定并公布。

6. 下列关于国家预算的表述，不正确的是（　　）

A. 国家预算的收支规模可调节社会总供给和总需求的平衡，预算支出的

结构可调节国民经济结构

B. 我国的预算收入主要采取无偿划拨的形式，是社会主义经济的内部积累

C. 国家预算是保障国家机器运转的物质条件，以及政府实施各项社会经济政策的财力保证

D. 国家预算的编制和执行情况对国民经济和社会发展都有直接的作用

解析：选 B。预算收入是指通过一定的形式和程序，有计划地筹措到的归国家支配的资金。所以选项 B 是错的。其他三项都是对的。

7. 下列各项中，不属于政府采购中采购人权利的是（　　）

A. 审查政府采购供应商资格的权利

B. 限制外地供应商进入本地区政府采购市场的权利

C. 自行选择采购代理机构的权利

D. 依法确定中标供应商的权利

解析：选 B。在政府采购中，不得有地方保护主义，所以选项 B 不属于采购人的权利。

8. 根据我国《政府采购法》的规定，下列各项中，可以确定并公布政府集中采购目录的是（　　）

A. 乡镇级人民政府　　B. 县市级人民政府

C. 地市级人民政府　　D. 省级以上人民政府

解析：选 D。中央的政府采购限额标准由国务院确定并公布，地方政府采购限额标准由省级、自治区、直辖市确定并公布。

9. 下列各项关于政府采购方式的表述，属于单一来源采购的是（　　）

A. 采购人或其委托的政府采购代理机构以投标邀请书的方式邀请三家或三家以上特定的供应商参与投标的采购方式

B. 采购人或其委托的政府采购代理机构通过与多家供应商就采购事宜进行谈判，经分析比较后从中确定中标供应商的采购方式

C. 采购人采购不具备竞争条件的物品，只能从唯一的供应商取得采购货物或服务的情况下，直接向该供应商协商采购的采购方式

D. 采购人或其委托的政府采购机构以招标公告的方式邀请不特定的供应商参加投标竞争，从中择优选择中标供应商的采购方式

解析：选 C。选项 A 属于邀请招标，选项 B 属于竞争性谈判，选项 D 属于公开招标，选项 C 属于单一来源采购。

10. 根据《中华人民共和国预算法》的规定，下列各项中，负责对本级各级部门决算草案进行审核的是（　　）

A. 本级人民代表大会　　　　B. 本级人民代表大会常务委员会

C. 本级政府审计部门　　　　D. 本级政府财政部门

解析： 选D。各部门对所属各单位的决算草案，应当审核并汇总编制本部门的决算草案，在规定的期限内报本级政府财政部门审核。各级政府财政部门对本级各部门决算草案审核后发现有不符合法律、行政法规规定的，有权予以纠正。对决算进行审查和批准的是本级人民代表大会常务委员会，进行审核的是本级政府财政部门。

11. 根据《中华人民共和国预算法》的规定，下列各项中接受乡、民族乡、镇政府返还或者补助款项有关情况报告的是（　　）

A. 本级审计部门

B. 本级人民代表大会

C. 本级人民代表大会常务委员会

D. 本级财政部门

解析： 选B。接受返还或者补助款项的乡、民族乡、镇政府应当向本级人民代表大会报告有关情况。但是接受返还或者补助款项的县级以上地方各级政府应当向本级人民代表大会常务委员会报告有关情况。

12. 下列关于国库单一账户的表述，不正确的是（　　）

A. 用于与预算单位零余额账户进行清算

B. 用于预算单位办理转账、提取现金等结算业务

C. 用于记录、核算和反映纳入预算管理的财政收入和财政支出活动

D. 用于与财政部门零余额账户进行清算

解析： 选B。国库单一账户，用于记录、核算和反映纳入预算管理的财政收入和支出活动，并与财政部门在商业银行开设的预算单位零余额账户和财政部门零余额账户进行清算。预算单位零余额账户才可以办理提现。

13. 根据我国《政府采购法》，下列各项关于政府采购的表述，正确的是（　　）

A. 政府采购只能由集中采购机构代理

B. 政府采购只能采用公开招标方式

C. 政府采购使用的是财政性资金

D. 政府采购当事人只包括采购人和供应商

解析： 选C。我国政府采购实行集中采购和分散采购相结合，有公开招标、邀请招标等多种方式，当事人包括采购人、供应商、采购代理机构。所以只有C是正确的。

14. 下列各项中，不符合《中华人民共和国预算法》规定的是（　　）

A. 总预算是指政府的财政汇总预算

B. 各部门预算由本部门所属各单位预算组成

C. 下一级只有本级预算的，下级政府总预算即指下级政府的本级预算

D. 中央预算由中央各部门的预算组成，但不含其直属单位的预算

解析：选D。中央预算由中央各部门（含直属单位）的预算组成。

15. 根据我国《政府采购法》的规定，下列各项中，不属于政府采购当事人的是（　　）

A. 政府采购监督管理部门　　B. 供应商

C. 采购代理机构　　D. 采购人

解析：选A。政府采购的当事人包括采购人、供应商和采购代理机构。

16. 有权利批准中央预算的是（　　）

A. 国务院　　B. 国务院财政部

C. 全国人民代表大会　　D. 各级财政部门

解析：选C。全国人民代表大会的职权包括：①审查中央和地方预算草案及中央和地方预算执行情况的报告；②批准中央预算和地方预算执行情况的报告；③改变和撤销全国人民代表大会常务委员会关于预算、决算的不适当决议。

17. 以下属于公开招标的是（　　）

A. 采购人根据供应商的资信和业绩，选择一定数目的法人向其发出招标邀请书，从中选定供应商

B. 采购人或者代理机构通过与多家供应商进行谈判，最后从中确定供应商

C. 采购人向有关供应商发出询价单让其报价，在报价基础上进行比较并确定最优供应商的一种采购方式

D. 由招标人按照法定程序，在公开出版物上发布招标公告，所有符合条件的供应商或承包商可以平等参加投标竞争，从中择优选择中标者的招标方式

解析：选D。选项A属于邀请招标，选项B属于竞争性谈判，选项C属于询价，选项D属于公开招标。

18. 以下选项中负责对预算调整方案备案的是（　　）

A. 上级政府　　B. 本级人民代表大会

C. 本级政府　　D. 本级人民代表大会及其常委会

解析：选A。地方各级政府预算的调整方案经批准后，由本级政府报上一级政府备案。

19. 根据《中华人民共和国预算法》的规定，下列各项中，负责审查和批准各级预算的调整方案的是（ ）

A. 本级人民代表大会常务委员会

B. 本级人民政府

C. 本级财政部门

D. 上级财政部门

解析：选 A。全国人民代表大会常务委员会审查和批准中央预算的调整方案，县级以上地方各级人民代表大会常务委会员审查和批准本级预算的调整方案。

20. 以下可以办理转账、提取现金等结算业务，可以向本单位按账户管理规定保留的相应账户划拨工会经费、住房公积金及提租补贴的账户是（ ）

A. 国库单一账户　　B. 财政部门的零余额账户

C. 预算单位的零余额账户　　D. 财政专户

解析：选 C。预算单位的零余额账户可以办理转账、提取现金等结算业务，可以向本单位按账户管理规定保留的相应账户划拨工会经费、住房公积金及提租补贴，以及经财政部门批准的特殊款项，不得违反规定向本单位其他账户和上级主管单位、所属下级单位账户划拨资金。

21. 根据《中华人民共和国预算法》的规定，下列各项中，有权撤销本级政府和下一级人民代表大会及其常务委员会关于预算、决算的不适当的决定、命令和决议的是（ ）

A. 本级政府审计部门

B. 本级人民代表大会

C. 本级人民代表大会常务委员会

D. 本级政府财务部门

解析：选 C。县级以上地方各级人民代表大会常委会有权撤销本级政府和下一级人民代表大会及其常务委员会关于预算、决算的不适当的决定、命令和决议。

22. 根据我国《人民币银行结算账户管理办法》的规定，需要支取现金的，应在开户时报中国人民银行当地分支行批准的资金专用存款账户的是（ ）

A. 财政预算外资金专用存款账户

B. 证券交易结算资金专用存款账户

C. 金融机构存放同业资金专用存款账户

D. 期货交易保证金专用存款账户

解析：选C。基本建设资金、更新改造资金、政策性房地产开发资金、金融机构存放同业资金账户需要支取现金的，应在开户时报中国人民银行当地分支行批准。

23. 有关政府采购代理中介机构的说法，不正确的是（　　）

A. 甲级政府采购代理机构资格由国家财政部负责审批

B. 乙级政府采购代理机构资格由申请人住所所在地的省级人民政府财政部门负责审批

C. 中级专业技术人员应占机构人员总数的70%以上

D. 高级专业技术人员应占机构人员总数的20%以上

解析：选C。中级专业技术人员应在60%以上。

24. 养路费应上缴（　　）账户

A. 国库单一账户

B. 财政专户

C. 特设专户

D. 先存入单位银行账户，再上缴财政

解析：选B。预算外资金应上缴到财政专户。

25. 政府采购的工作目标是（　　）

A. 扩面增量、稳步递增

B. 统一领导、分级管理

C. 取之于民、用之于民

D. 科学理财、严格把关

答案：选A。

26. 下列政府采购中，采购人采购纳入集中采购目录的政府采购项目，必须使用的采购方式是（　　）

A. 联合其他采购人自行团购　　B. 由主管部门代为采购

C. 采购人自行采购　　D. 委托集中采购机构代理采购

解析：选D。我国政府采购实行集中采购和分散采购相结合的执行模式。但是纳入集中采购目录的政府采购项目必须委托集中采购机构代理采购。

27. 下列关于政府采购人的权利，正确的是（　　）

A. 采购人采购纳入集中采购目录的政府采购项目，可以自行采购

B. 采购未纳入集中采购目录的政府采购项目，必须委托集中采购机构代理采购

C. 采购人有权自行选择采购代理机构，任何单位和个人不得以任何方式为采购人指定采购代理机构

D. 不在委托的范围内办理政府采购事宜

解析：选C。根据我国《政府采购法》的规定，采购人有权自行选择采购代理机构，任何单位和个人不得以任何方式为采购人指定采购代理机构。

28. 根据《中华人民共和国预算法》的规定，下列各项中，负责具体编制各级政府预算调整方案的是（　　）

A. 人民代表大会　　B. 政府税务部门

C. 人民代表大会常务委员会　　D. 政府财政部门

解析：选D。国务院财政部门具体编制中央预算的调整方案，地方政府财政部门编制本级预算的调整方案。

29. 不属于政府采购供应商的权利的是（　　）

A. 平等地取得供应商权利的资格

B. 平等地获取政府采购信息的权利

C. 排斥其他供应商参与竞争的权利

D. 要求采购人保守其商业秘密的权利

解析：选C。政府采购供应商的权利包括：第一，有权公平、平等地参与政府采购活动。第二，有权公平、平等地获得政府采购信息。供应商公平、平等地获得政府采购信息，是政府采购宗旨和原则的客观要求。第三，有权提出质疑和投诉，行使对政府采购活动的监督。第四，有权要求采购人或采购代理机构保守其商业秘密。

30. 《中华人民共和国预算法》调整社会关系强调（　　）

A. 事前调整　B. 事中调整　C. 事后调整　D. 全过程调整

解析：选A。预算其实就是一种事前计划，所以属于事前调整。

四、判断题（共20题，建议学习时间为10分钟）

1. 全国人民代表大会具有审查、批准地方预算草案及地方预算执行情况的报告的职权。（　　）

解析：错。全国人大有审查地方预算执行情况的报告的职权，但没有批准地方预算执行情况的报告的职权。县级以上地方各级人民代表大会具有批准本级预算草案和本级预算执行情况的报告的职权。

2. 部门预算对部门本身要有严格的资质要求，要限定那些与财政直接或间接发生经费领拨关系的一级预算单位为预算部门。（　　）

解析：错。部门预算对部门本身要有严格的资质要求，要限定那些与财政直接发生经费领拨关系的一级预算单位为预算部门。没有间接。

3. 编制决算可以总结年度预算中预算管理方面的经验和教训，集中反映

当年国民经济和社会发展情况，供国家决策时参考。(　　)

答案：对。

4.《中华人民共和国预算法》中包含对预算审查和批准程序的规定。(　　)

答案：对。

5. 各级政府预算经本级人民代表大会批准后，本级政府财政部门应当及时向本级各部门批复预算，各部门应当及时向所属各单位批复预算。(　　)

答案：对。

6. 中央预算不包括直属单位的预算。(　　)

解析：错。中央预算是由中央各部门（含直属单位）的预算组成的。

7. 国家预算是国家机器运转的财力保证。(　　)

答案：对。

8. 财政收入的收缴方式分为直接缴库和间接缴库。(　　)

解析：错。财政收入的收缴方式分为直接缴库和集中汇缴。

9. 根据国库集中收付制度，所有财政性资金都纳入国库管理，收入直接缴入国库，支出由国库直接支付到商品和劳务供应者或用款单位。(　　)

答案：对。

10. 部门预算既包括行政单位预算，又包括其下属单位的事业单位预算。(　　)

答案：对。

11. 政府采购中，采购人采购未纳入集中采购目录的政府采购项目，可以自行采购，也可以委托集中采购机构在委托的范围内代理采购。(　　)

解析：对。采购人采购纳入集中采购目录的政府采购项目，必须委托集中采购机构代理采购；采购未纳入集中采购目录的政府采购项目，可以自行采购，也可以委托集中采购机构在委托的范围内代理采购。

12. 根据《中华人民共和国预算法》的规定，与财政部门直接发生预算缴款、拨款关系的企业和事业单位应按照国家规定上缴预算收入，并接受国家有关部门的监督。(　　)

答案：对。

13. 财政直接支付，是由财政部门向中国人民银行发出支付指令，中国人民银行根据指令通过国库单一账户体系，将资金直接支付到收款人或用款单位账户。(　　)

解析：错。财政直接支付是指由财政部门向中国人民银行和代理银行签发支付指令，代理银行根据支付指令通过国库单一账户体系将资金直接支付到收款人或用款单位账户。

14. 国民经济和社会发展计划、财政中长期计划是各级政府编制预算草案的依据之一。(　　)

解析：对。如果本题改成各部门、各单位编制预算草案的依据，那就错了。

各级政府编制年度预算草案的依据：

(1) 法律、法规；

(2) 国民经济和社会发展计划、财政中长期计划以及有关的财政经济政策；

(3) 本级政府的预算管理职权和财政管理体制确定的预算收支范围；

(4) 上一年度预算执行情况和本年度预算收支变化因素；

(5) 上级政府对编制本年度预算草案的指示和要求。

各部门、各单位编制年度预算草案的依据：

(1) 法律、法规；

(2) 本级政府的指示和要求以及本级政府财政部门的部署；

(3) 本部门、本单位的职责、任务和事业发展计划；

(4) 本部门、本单位的定员定额标准；

(5) 本部门、本单位上一年度预算执行情况和本年度预算收支变化因素。

15. 我国研制反物质武器、中子弹等尖端武器的科研支出预算属于国防支出预算。(　　)

解析：对。《中华人民共和国预算法》规定的预算支出的国防支出包括国防费、国防科研事业费、民兵建设费等。

16. 预算法对审查和批准作了明文规定。(　　)

答案：对。

17. 国库单一账户是在人民银行开设的国库存款账户，它与零余额账户、单位预算内零余额账户和特设专户进行清算，实现财政国库集中支付。(　　)

答案：对。

18. 政府采购中，不能自行进行采购活动。(　　)

解析：错。政府采购中，采购人采购未纳入集中采购目录的政府采购项目，可以自行采购，也可以委托集中采购机构在委托的范围内代理采购。

19. “财政零余额账户”经过批准可以提取现金。

答案：对。

20. 询价是采购人向有关供应商（通常三家以上）发出询价单让其报价，在报价基础上进行比较并确定最优供应商的一种采购方式。（　）

答案：对。

第二环节　知识图表　面面俱到

第一节　预算法律制度（15 分钟）

一、预算法律制度的构成（2 分钟）

体系	通过时间	施行时间	地位
《中华人民共和国预算法》	1994 年 3 月 22 日	1995 年 1 月 1 日	在财政法的体系中处于核心地位
《预算法实施条例》	1995 年 11 月 2 日	1995 年 11 月 22 日	

二、国家预算概述（2 分钟）

<table>
<tr><td>概念</td><td colspan="3">也称政府预算，是政府的基本财政收支计划，即经法定程序批准的国家年度财政收支计划</td></tr>
<tr><td>作用</td><td colspan="3">财力保证、调节制约、反映监督</td></tr>
<tr><td rowspan="2">级次划分</td><td colspan="3">一级政府一级预算</td></tr>
<tr><td colspan="3">共分五级：中央、省（自治区、直辖市）、市（自治州）、县（不设区的市、市辖区）、乡（民族乡、镇）</td></tr>
<tr><td rowspan="4">构成</td><td rowspan="2">按政府级次</td><td>中央预算</td><td>中央预算由中央各部门（含直属单位）的预算组成</td></tr>
<tr><td>地方预算</td><td>地方预算由各省、自治区、直辖市总预算组成</td></tr>
<tr><td rowspan="2">按收支管理范围</td><td>总预算</td><td>总预算是由本级政府预算和汇总的下一级总预算组成</td></tr>
<tr><td>部门单位预算</td><td>由本部门所属各单位预算组成，是一项综合预算</td></tr>
</table>

三、预算管理的职权（2 分钟）

各级人民代表大会	审查权、批准权、变更撤销权
各级人大常委会	监督权、审批权、撤销权
各级财政部门	编制权、执行权、提案权、报告权（具体工作）

（续上表）

各部门、各单位	编制、执行本部门、本单位预算、决算草案 按照国家规定上缴预算收入，安排预算支出 接受国家有关部门的监督

四、预算收入和预算支出（2 分钟）

预算收入	按来源划分	税收收入、依照规定应当上缴的国有资产收益、专项收入、其他收入
	按分享程度划分	中央预算收入、地方预算收入、中央和地方预算共享收入
预算支出	按内容划分	经济建设支出、事业发展支出、国家管理费用支出、国防支出、各项补贴支出、其他支出等
	按级次划分	中央预算支出、地方预算支出

五、预算组织程序（3 分钟）

四个环节：编制、审批、执行、调整		
编制	预算年度	公历 1 月 1 日至 12 月 31 日
	预算编制依据	中央预算和地方各级政府预算：参照上一年度预算执行情况和本年度收支预测进行编制 各部门、各单位：参照本部门、本单位上一年度预算执行情况和本年度预算收支变化因素
审批	人民代表大会审批	中央预算由全国人民代表大会审查和批准
		地方各级政府预算由本级人民代表大会审查和批准
执行	执行部门	各级政府、各级政府财政部门、预算收入征收部门、国家金库、各有关部门和有关单位
调整	调整原因	（1）增加支出 （2）减少收入 （3）总支出超过总收入 （4）原批准的预算中举借债务的数额增加
	预算调整的审批	中央、县级以上地方各级政府预算调整方案提请本级人民代表大会常务委员会审批 乡、民族乡、镇政府预算调整方案提请本级人民代表大会审批

六、决算（2 分钟）

审批	中央决算草案——全国人民代表大会常务委员会审查和批准 县级以上地方各级政府财政部门编制本级决算草案——本级人民代表大会常务委员会审查和批准 乡、民族乡、镇政府编制本级决算草案，提请本级人民代表大会审查和批准

七、预决算的监督（2 分钟）

各级国家权力机关的监督	全国人民代表大会及其常务委员会对中央和地方预算、决算进行监督 县级以上地方各级人民代表大会及其常务委员会对本级和下级政府预算、决算进行监督 乡、民族乡、镇人民代表大会对本级预算、决算进行监督
审计部门的监督	各级审计机关对本级预算执行情况、对本级各部门和下级政府预算的执行情况和决算，进行审计监督

第二节　政府采购法律制度（15 分钟）

一、政府采购法律制度的构成（2 分钟）

体系	要点
《政府采购法》	2002 年通过，2003 年 1 月 1 日实施，共 9 章 88 条
政府采购部门规章	如《政府采购货物和服务招标投标管理办法》、《政府采购信息公告管理办法》等
政府采购地方性法规和政府规章	如《北京市政府采购办法》、《深圳经济特区政府采购条例》等

二、政府采购概述（13 分钟）

概念	国家机关、事业单位和团体组织，使用财政性资金采购依法制定的集中采购目录以内的或者采购限额标准以上的货物、工程和服务的行为
主体范围	国家机关、事业单位和社会团体 注意：国有企业、私营企业、集体企业都不属于政府采购的主体范围
资金范围	政府采购资金为财政性资金 = 财政预算资金 + 预算外资金 + 财政资金相配套的单位自筹资金

（续上表）

集中采购目录		属于中央预算的政府采购项目——国务院确定并公布 属于地方预算的政府采购项目——省、自治区、直辖市人民政府或者其授权的机构确定并公布
对象		货物、工程和服务
原则		公开透明原则、公平竞争原则、公正原则、诚实信用原则（三公一诚） 注意：区分公平竞争原则和公正原则
功能		（1）节约财政支出，提高资金使用效益 （2）强化宏观调控 （3）活跃市场经济 （4）推进反腐倡廉 （5）保护民族产业
政府采购执行模式	实行集中采购和分散采购相结合的执行模式	
	集中采购	集中采购必须委托集中采购机构代理采购
		纳入集中采购目录的政府采购项目，应当实行集中采购
	分散采购	采购未纳入集中采购目录的政府采购项目，可以自行采购，也可以委托集中采购机构在委托范围内代理采购
政府采购当事人	采购人	国家机关、事业单位和团体组织
	供应商	指向采购人提供货物、工程或服务的法人、其他组织或自然人
		供应商参加政府采购活动的条件：参加政府采购活动前三年内，在经营活动中没有重大违法记录
	采购代理机构	经过认定的社会中介机构
政府采购方式	包括公开招标、邀请招标、竞争性谈判、单一来源、询价等	
	公开招标	邀请不特定的供应商参加投标的方式，是政府采购的主要方式
		采购人不得将应当以公开招标方式采购的货物或者服务化整为零或者以其他任何方式规避公开招标采购
	邀请招标	邀请3家以上供应商
		符合下列情形之一的，可以采用邀请招标方式采购： （1）具有特殊性，只能从有限范围的供应商处采购的 （2）采用公开招标方式的费用占政府采购项目总价值的比例过大的

（续上表）

<table>
<tr><td rowspan="6">政府采购方式</td><td rowspan="2">竞争性谈判</td><td>与不少于3家的供应商谈判</td></tr>
<tr><td>符合下列情形之一的，可以采用竞争性谈判方式采购：
（1）招标后没有供应商投标或者没有合格标的或者重新招标未能成立的
（2）技术复杂或者性质特殊，不能确定详细规格或者具体要求的
（3）采用招标所需时间不能满足用户紧急需要的
（4）不能事先计算出价格总额的</td></tr>
<tr><td rowspan="2">单一来源</td><td>唯一</td></tr>
<tr><td>符合下列情形之一的，可以采用单一来源方式采购：
（1）只能从唯一供应商处采购的
（2）发生了不可预见的紧急情况，不能从其他供应商处采购的
（3）必须保证原有采购项目一致性或者服务配套的要求，需要继续从原供应商处添购，且添购资金总额不超过原合同采购金额百分之十的</td></tr>
<tr><td rowspan="2">询价</td><td>只考虑价格因素，要求采购人向3家以上供应商发出询价单</td></tr>
<tr><td>适用范围：货物规格、标准单一，现货货源充足而且价格变动幅度比较小的采购项目</td></tr>
</table>

第三节 国库集中收付制度（5分钟）

<table>
<tr><td>国库单一账户体系</td><td colspan="2">国库单一账户体系由国库单一账户、财政部门零余额账户、预算单位零余额账户、预算外资金财政专户、特设专户构成
注意：国库单一账户的开户银行为中国人民银行</td></tr>
<tr><td>财政收入收缴方式和程序</td><td colspan="2">收缴方式分为直接缴库和集中汇缴
收缴程序分为直接缴库程序和集中汇缴程序</td></tr>
<tr><td rowspan="3">财政支出支付方式</td><td>财政直接支付</td><td>实行财政直接支付的支出主要包括工资支出、购买支出、转移支付</td></tr>
<tr><td rowspan="2">财政授权支付</td><td>实行财政授权支付的支出为未纳入财政直接支付管理的购买支出和零星支出</td></tr>
<tr><td>包括单件物品或单项服务购买额不足10万元人民币的购买支出、年度财政投资不足50万元人民币的工程采购支出、特别紧急的支出和经财政部门批准的其他支出</td></tr>
</table>

第三环节　臻题强化　胜券在握

一、多项选择题（共20题，应在20分钟内完成）

1. 下列关于《中华人民共和国预算法》的叙述正确的有（　　）

A. 提高预算单位资产管理的基础法律

B. 制定其他预算法的依据

C. 是我国预算管理的根本性法律

D. 1994年颁发，1995年1月1日施行

2. 预算的作用有（　　）

A. 促进投资作用　　B. 财力保证作用

C. 调节制约作用　　D. 反映监督作用

3. 与财政部门直接发生缴款、领款关系的国家机关各部门预算职权有（　　）

A. 定期向本级政府财政部门报告预算执行情况

B. 组织和监督本部门预算的执行

C. 编制本部门预算草案

D. 编制本部门决算草案

4. 属于按国家政权结构和行政区划对总预算进行划分的有（　　）

A. 直辖市总预算　　B. 自治区总预算

C. 县级总预算　　D. 省级总预算

5. 从主体上讲，预算支出可分为（　　）

A. 经济建设支出　　B. 中央预算支出

C. 国家管理费用支出　　D. 地方预算支出

6.《中华人民共和国预算法》规定的国家预算支出范围有（　　）

A. 经济建设支出

B. 国家管理费用支出

C. 文化、教育、科学等事业发展支出

D. 国防支出

7. 下面属于中央预算收入的有（　　）

A. 中央和地方共享收入中按照一定比例或者标准划入地方预算的收入

B. 地方本级收入

C. 中央本级收入

D. 地方按照规定向中央上缴的收入

8. 下列关于预算单位零余额账户的表述，正确的有（　　）

A. 可以办理转账业务

B. 可以向本单位按账户管理规定保留的相应账户划拨住房公积金及提租补贴

C. 可以办理提取现金业务

D. 可以向本单位按账户管理规定保留的相应账户划拨工会经费

9. 构成国库单一账户体系的有（　　）

A. 经国务院和省级人民政府批准或授权财政部门批准开设的特殊专户

B. 财政部门零余额账户

C. 预算单位零余额账户

D. 国库单一账户

10. 政府采购中，实行集中采购模式的不利之处有（　　）

A. 难以满足用户多样性需求　B. 采购程序复杂

C. 难以适应紧急情况采购　D. 采购周期较长

11. 在预算管理中，各部门的职权有（　　）

A. 编制本部门预算、决算草案

B. 确定本部门的预算草案

C. 监督本部门预算的执行

D. 定期向本级政府财政部门报告预算的执行情况

12. 下列选项中，可作为政府采购当事人中采购人的有（　　）

A. 中华人民共和国商务部　B. 人民教育出版社

C. 中国红十字会　D. 个人独资企业

13. 下列各项中，属于《中华人民共和国预算法》中划分预算职权的原则的有（　　）

A. 统一领导　B. 各级独立　C. 权责结合　D. 分级管理

14. 下列各项中，属于《中华人民共和国预算法》规定的县级以上地方各级人民代表大会的职权的有（　　）

A. 审查本级总预算草案及本级总预算执行情况的报告

B. 批准本级预算和本级预算执行情况的报告

C. 改变或者撤销本级人民代表大会常务委员会关于预算决算的不适当的决议

D. 撤销本级政府关于预算、决算的不适当的决定和命令

15. 下列关于财政支出的支付方式的说法，正确的有（　　）

A. 财政支出的支付方式包括直接支付和授权支付

B. 不足10万元人民币的工资支出适用于财政授权支付

C. 特别紧急的支出适用于财政授权支付

D. 年度财政投资不足50万元人民币的工程采购支出适用于财政授权支付

16. 关于预算调整原因的叙述，正确的有（　　）

A. 原批准的预算在执行中因特殊情况需要增加支出

B. 原批准的预算中举借债务的数额变更的部分

C. 原批准的预算在执行中因特殊情况需要减少收入

D. 原批准的收支平衡的预算的总支出超过总收入

17. 根据《中华人民共和国预算法》的规定，不属于全国人民代表大会预算职权的是（　　）

A. 批准中央预算和中央预算执行情况的报告

B. 审查和批准中央预算的调整方案

C. 监督中央和地方预算的执行

D. 改变或者撤销全国人民代表大会常务委员会关于预算、决算的不适当的决议

18. 下列关于政府采购的说法，正确的有（　　）

A. 政府采购的资金来源为财政性资金，既包括预算内资金，又包括预算外资金

B. 属于地方预算的政府采购项目，其集中采购目录由地方各级人民政府或者其授权机构制定

C. 政府采购的对象既包括法人和其他组织，也包括自然人

D. 我国《政府采购法》规定除极少数法定情形外，政府采购应当采购本国的货物、工程和服务

19. 下列关于政府采购当事人的说法，正确的有（　　）

A. 政府采购的采购人拥有审查政府采购供应商资格的权利

B. 政府采购的供应商参加政府采购活动前三年内，在经营活动中没有重大违法记录

C. 政府采购一般代理机构的资格由国务院有关部门或省级人民政府有关部门认定，主要负责集中采购的代理业务

D. 政府采购代理机构负有依法发布采购信息的义务

20. 下列关于政府采购方式的表述，正确的有（　　）

A. 公开招标是政府采购的主要方式

B. 邀请招标只能邀请三家供应商

C. 特殊商品只能从唯一供应商处采购的，可以选择单一来源方式

D. 在询价采购方式下，为保证满足符合采购需求、质量和服务相等且报价最低的原则，应对供应商多次报出的价格进行反复分析和比较

二、案例分析题（共2题，应在20分钟内完成）

1. 丙单位是实行国库集中支付的事业单位。2012年5月，审计机构对丙单位2011年度财政资金使用情况进行检查，对以下情况提出质疑：

①2011年3月，丙单位将其代收的纳入预算管理的行政事业性收费存入本单位在商业银行开设的基本户；5月，丙单位将部分行政事业性收费缴入国库，剩余部分直接用于购买本单位办公设备。

②2011年6月，丙单位通过本单位零余额账户借款20万元给所属下级单位。

③2011年7月至8月，丙单位对办公楼进行内部装修，按照规定应采用财政直接支付方式支付工程款，丙单位申请通过财政部门零余额账户支付施工方工程款项150万元。

④2011年12月，丙单位使用财政性资金购买了一台大型专用设备，通过本单位零余额账户向本单位基本户转账50万元，再通过基本户向供应商支付设备款。

⑤2011年11月，丙单位通过本单位零余额账户提取现金支付日常办公用品零星支出2万元。

根据以上情况，请回答如下问题：

（1）下列各项中，属于国库集中支付方式的为（　　）

A. 财政直接支付　　B. 财政转移支付

C. 财政授权支付　　D. 财政专项支付

（2）国库单一账户体系中的下列各银行账户中，属于财政直接支付和与国库单一账户支出清算应使用的账户为（　　）

A. 财政部门按资金使用性质在商业银行开设的零余额账户

B. 财政部门在商业银行开设的预算外资金财政专户

C. 财政部门在中国人民银行开设的国库单一账户

D. 财政部门在商业银行为预算单位开设的零余额账户

（3）根据国库集中收付制度的有关规定，下列关于行政事业性收费管理的表述，正确的为（　　）

A. 预算单位代收的纳入预算管理的行政事业性收费可以无限期存放在单位基本户

B. 预算单位代收的纳入预算管理的行政事业性收费可以存放于基本户，直接用于支付单位的日常性开支

C. 预算单位代收的纳入预算管理的行政事业性收费可根据单位的需要部分缴库

D. 预算单位代收的纳入预算管理的行政事业性收费按规定的时限全额缴库

(4) 下列关于丙单位实行财政直接支付方式的表述，正确的为（　　）

A. 财政直接支付中应由中国人民银行向代理银行签发支付指令

B. 丙单位进行财政直接支付时，应首先按照批复的部门预算和资金使用计划向财政国库支付执行机构提出支付申请

C. 财政直接支付中，财政部门应根据支付指令，通过国库单一账户体系将资金直接支付到丙单位账户

D. 财政直接支付中，代理银行应根据财政部门支付指令，通过国库单一账户体系将资金直接支付到丙单位账户

(5) 下列关于丙单位使用零余额账户的情形，正确的为（　　）

A. 通过本单位零余额账户提取现金支付日常办公用品零星支出

B. 通过财政部门零余额账户支付办公楼装修工程款

C. 通过本单位零余额账户借款给下级单位

D. 通过本单位零余额账户向本单位基本户转账50万元，再通过单位基本户向供应商支付设备款

2. ①甲市某事业单位2012年初准备使用财政性资金修缮和装修一幢办公楼，预算金额为800万元，采用公开招标方式，经确认，此次采购项目已经达到公开招标的标准。该单位委托A招标公司代理进行公开招标的事宜，已知A公司是取得政府采购代理机构资格的中介机构。A公司于2012年2月1日在财政部指定的媒体上公开发布招标文件，招标文件中确认的投标截止时间为2012年2月17日。招标活动中，A公司确定的符合专业条件的供应商为5家，最终确定中标的供应商为B建筑公司。

②2012年6月1日因建筑材料价格急剧上涨，导致项目采购预算不足，该项目财务负责人刘某认为应当申请预算调整，方可确保项目如期完工。该项目总负责人张某认为，项目预算调整是正常的活动，只要报请财政部门审批即可。

③工程于2012年10月1日完工验收，实际结算金额与预算相同。由于施

工质量极佳，事业单位准备再将其另外一幢楼房按照同样的标准进行外墙修缮，但不再进行内部装修，并与B建筑公司签订补充合同，该合同的预算金额为100万元。

要求：根据本题所述内容，回答下列问题。

（1）政府采购方式有（　　）

A．公开招标　B．邀请招标　C．竞争性谈判 D．单一来源及询价

（2）该事业单位最终确定中标公司为B建筑公司的做法中，正确的为（　　）

A．使用公开招标方式的做法正确

B．委托A招标公司的做法正确

C．事业单位最终确定中标公司为B建筑公司的全部流程均符合政府采购法的规定

D．上述说法均正确

（3）对于该项目的预算调整，下列说法中正确的为（　　）

A．该项目财务负责人刘某的观点正确

B．该项目总负责人张某的观点正确

C．该项目财务负责人刘某的观点错误，因材料价格上涨导致项目采购预算不足不得申请预算调整

D．该项目总负责人张某的观点错误，预算调整应报甲市人民代表大会审查批准

（4）下列各项中，属于该事业单位预算调整方案应当列明的内容为（　　）

A．项目　B．原因　C．措施　D．数额

（5）对于与B建筑公司签订补充合同的做法，下列说法中正确的为（　　）

A．该事业单位可以与B建筑公司签订补充合同

B．该事业单位不可以与B建筑公司签订补充合同

C．若该合同的预算金额能够压缩至80万元，则该事业单位可以与B建筑公司签订补充合同

D．若该合同的预算金额为50万元以上，则该事业单位必须重新招标

三、单项选择题（共15题，应在10分钟内完成）

1. 下列不属于国库单一账户体系的有（　　）

A．国库单一账户

B．财政部门在商业银行开设零余额账户

C．财政部门在商业银行为预算单位开设零余额账户

D．预算单位在商业银行为本单位开设基本账户

2. 在不可预见的紧急情况发生时，对于不能从其他供应商处采购的货物或服务，可以采用的采购方式是（　　）

A．公开招标　　B．邀请招标

C．单一来源采购　　D．竞争性谈判

3. 下列关于政府采购的说法，正确的是（　　）

A．政府采购只能采用公开招标的方式

B．政府采购只能由集中采购机构代理

C．政府采购的对象只包括货物和工程

D．各级财政部门是政府采购的监督管理部门

4. 预算的组织程序不包括（　　）

A．编制　　B．审批　　C．执行　　D．决算

5. 不属于《中华人民共和国预算法》规定的各部门预算职权的是(　　)

A．定期向本级政府财政部门报告预算的执行情况

B．编制本部门预算和决算草案

C．确定本部门预算的调整方案

D．组织和监督本部门预算的执行

6. 下列各项中，有权撤销本级政府关于预算、决算的不适当的决定和命令的是（　　）

A．县级以上地方人民代表大会常务委员会

B．县级以上地方人民代表大会

C．全国人民代表大会

D．全国人民代表大会常务委员会

7. 根据《中华人民共和国预算法》的规定，下列各项中，负责批准中央预算执行情况报告的是（　　）

A．国务院审计部门　　B．国务院财政部门

C．全国人民代表大会　　D．全国人民代表大会常务委员会

8. 甲公司申请取得乙级政府采购代理机构的资格，其应当经过（　　）的审批

A. 财政部　　B. 省级人民政府财政部门

C. 甲公司所在市财政局　　D. 省级人民政府

9. 下列各项中，属于政府采购中有关“政府采购主体不能无故将希望参加采购的供应商排斥在外”的规定所体现的原则是（　　）

A. 公开透明原则　　B. 公正原则

C. 诚实守信原则　　D. 公平竞争原则

10. 采购人或其委托的政府采购代理机构通过与多家供应商就采购事宜进行谈判，经分析比较后从中确定中标供应商的采购方式是（　　）

A. 竞争性谈判 B. 单一来源 C. 公开招标 D. 询价

11.（　　）在国库会计中使用，行政单位和事业单位会计中都设置该账户

A. 国库单一账户　　B. 财政部门零余额账户

C. 预算单位零余额账户　　D. 预算外资金专户

12. 下列不属于《中华人民共和国预算法》中划分预算职权的原则的是（　　）

A. 权责结合 B. 分级管理 C. 各级独立 D. 统一领导

13. 下列体现政府采购中“公正原则”的是（　　）

A. 政府采购当事人不得伪造、变造、隐匿、销毁需要依法保存的文件

B. 政府采购的法规和规章制度要公开

C. 将竞争机制引入采购活动中，实行优胜劣汰

D. 评标委员会以及有关的小组人员必须要有一定数量的要求，要有各方面代表，而且人数必须为单数，相关人员要回避

14. 根据政府采购法律制度的规定，下列情形中，采购人不可以采用竞争性谈判方式采购的是（　　）

A. 采用招标方式所需时间不能满足用户紧急需要的

B. 不能事先计算出价格总额的

C. 采用公开招标方式的费用占政府采购项目总价值的比例过大的

D. 技术复杂或者性质特殊，不能确定详细规格或者具体要求的

15. 下列关于国库单一账户体系的说法，错误的是（　　）

A. 国库单一账户在中国人民银行开设，主要用于管理预算内资金的收付

B. 财政部门零余额账户主要用于财政直接支付

C. 预算单位零余额账户可以办理转账、提取现金等结算业务

D. 预算外财政资金专户用于记录、核算和反映预算单位的特殊专项支出活动

四、判断题（共20题，应在10分钟内完成）

1. 预算单位零余额账户用于直接支付与清算。（　　）

2. 政府采购方式中，邀请招标是指采购人或某委托的政府采购代理机构以投标邀请书的方式邀请三家或以上特定的供应商参与投标的采购方式。（　　）

3. 政府采购方式中，采购人采购未纳入集中采购目录的政府采购项目，可以自行采购，也可以委托集中采购机构在委托的范围内代理采购。（　　）

4. 实行国库集中收付制度，改革以往财政性资金主要通过征收机关和预算单位设立多重账户分散进行缴库和拨付的方式，可以解决财政性资金截留、挤占、挪用等问题。（　　）

5. 财政收入收缴方式包括直接缴库和间接缴库。（　　）

6. 政府采购方式中，公开投标是指采购人或其委托的政府采购机构以招标公告的方式邀请不特定的供应商参加投标竞争，从中择优选择中标供应商的方式。（　　）

7. 政府采购方式中，邀请招标是指采购人或其委托的政府采购代理机构以招标公告的方式邀请不特定的供应商参加投标竞争，从中择优选择中标供应商的采购方式。（　　）

8. 财政部门在中国人民银行开设的国库单一账户是用于记录、核算和反映纳入预算管理的财政收入和财政支出活动，并用于与财政部门在商业银行开设的零余额账户进行清算，实现收付。（　　）

9. 政府采购方式包括公开招标、邀请招标、竞争性谈判、单一来源、询价以及国务院政府采购监督管理部门认定的其他采购方式。（　　）

10. 特设专户是用于记录、核算和反映预算单位的特殊专项支出活动，并用于与国库单一账户清算。（　　）

11. 政府采购方式中，竞争性谈判是指采购人或其委托的政府采购代理机构通过与多家供应商就采购事宜进行谈判，经分析比较后从中确定中标供应商的采购方式。（　　）

12. 政府采购信息应当在省级以上财政部门指定的政府采购信息发布媒体上向社会公开发布。（　　）

13. 政府采购中，对纳入集中采购目录属于本单位特殊要求的项目，经省级以上人民政府批准，可以自行采购。（　　）

14. 政府采购中，采购代理机构具有确定中标供应商的权力。（　　）

15. 国务院财政部门编制中央决算草案，报国务院审定后，由国务院提请全国人民代表大会审查和批准。（　　）

16. 各部门的职权包括安排预算的支出，并接受相关部门的监督。(　　)

17. 预算组织程序包括预算收支范围、预算编制、预算执行、预算调整、决算和监督等。(　　)

18. 预算单位零余额账户是预算单位在商业银行自行开设的零余额账户。(　　)

19. 集中采购机构的资格，必须由国务院有关部门或省级人民政府有关部门认定。(　　)

20. 预决算的监督包括税务部门的监督。(　　)

参考答案及解析

一、多项选择题

1. ABCD　2. BCD　3. ABCD　4. ABCD

5. BD【解析】选项A、C是按照预算支出内容来划分的。

6. ABCD　7. CD　8. ABCD　9. ABCD　10. ABCD　11. ACD

12. ABC【解析】采购人是指依法进行政府采购的国家机关、事业单位和团体组织。

13. ACD　14. ABCD　15. ACD

16. ACD【解析】选项B中，原批准的预算中举借债务的数额变更的部分，不明确是增加还是减少，正确的表述应该是，原批准的预算中举借债务的数额增加的部分。因此选项B错误。

17. BC【解析】选项B审查和批准中央预算的调整方案不属于全国人民代表大会的预算职权；选项C监督中央和地方预算的执行是全国人民代表大会常务委员会的预算职权。

18. AD【解析】属于地方预算的政府采购项目，其集中采购目录由省、自治区、直辖市人民政府或者其授权机构制定。因此选项B错误。政府采购的供应商既包括法人和其他组织，也包括自然人，而不是政府采购的对象。因此选项C错误。

19. ABD【解析】政府采购一般代理机构的资格由国务院有关部门或省级人民政府有关部门认定，主要负责分散采购的代理业务。因此选项C是错误的。

20. AC【解析】邀请招标应当至少邀请三家供应商，因此选项B是错误的。在询价采购方式下，为保证满足符合采购需求、质量和服务相等且报价最低的原则，应对供应商一次报出的价格进行反复分析和比较，而不是多次的。因此选项D错误。

二、案例分析题

1.（1）AC （2）A （3）D （4）BD （5）AB

2.（1）ABCD （2）AB （3）A （4）ABCD （5）BC

三、单项选择题

1. D 2. C 3. D

4. D【解析】预算组织程序包括编制、审批、执行、调整。

5. C 6. A 7. C

8. B【解析】乙级政府采购代理机构应当经过省级人民政府财政部门审批。

9. D 10. A 11. B 12. C

13. D【解析】选项A政府采购当事人不得伪造、变造、隐匿、销毁需要依法保存的文件，体现的是诚实信用原则。选项B政府采购的法规和规章制度要公开，体现的是公开透明原则。选项C将竞争机制引入采购活动中，实行优胜劣汰，体现的是公平竞争原则。

14. C【解析】采用公开招标方式的费用占政府采购项目总价值的比例过大的，不存在不确定因素，因此不可以采用竞争性谈判方式采购，而应当采用邀请招标方式采购。

15. D【解析】预算外财政资金专户主要用于预算外资金的管理。

四、判断题

1. 错【解析】预算单位零余额账户用于授权支付与清算。

2. 对 3. 对 4. 对

5. 错【解析】财政收入收缴方式包括直接缴库和集中汇缴。

6. 对

7. 错【解析】本题是公开招标的含义。

8. 对 9. 对 10. 对 11. 对

12. 对【解析】政府采购信息应当在省级以上人民政府财政部门指定的媒体上发布。采购金额达到500万元以上的政府采购项目信息应当在国务院财政部门指定的媒体上发布。

13. 对【解析】我国《政府采购法》第十八条规定：纳入集中采购目录

属于通用的政府采购项目的，应当委托集中采购机构代理采购；属于本部门、本系统有特殊要求的项目，应当实行部门集中采购；属于本单位有特殊要求的项目，经省级以上人民政府批准，可以自行采购。

14. 错【**解析**】采购人才具有确定中标供应商的权力。

15. 错【**解析**】中央决算草案，报国务院审定后，由国务院提请全国人民代表大会常务委员会审查和批准。

16. 错【**解析**】各单位的职权包括安排预算的支出，并接受相关部门的监督。

17. 错【**解析**】预算组织程序包括预算编制、审批、执行、调整，不包括决算和监督，因此这句话是错误的。

18. 错【**解析**】预算单位零余额账户是财政部门为预算单位在商业银行自行开设的零余额账户。

19. 错【**解析**】根据我国政府采购法的规定，设区的市、自治州以上人民政府根据本级政府采购项目组织集中采购。

20. 错【**解析**】预决算的监督包括国家权力机关的监督、各级政府的监督、各级政府财政部门的监督和各级政府审计部门的监督。

第四环节　错题重温　查漏补缺

请再次回顾今天完成的习题中的错误部分，并在下方写出对于第四章最难把握的是哪一节内容，如“今天的内容比较少，但是有点难，总是不能很好地把握预算的组织程序”。

下编

专项训练及模拟试题

6 第六天　难点先行　确保通关

题外话

经过五天的复习，应对《财经法规与会计职业道德》的知识脉络有整体的了解。在考试中，多选题和案例分析题是让广大考生很头疼的题型，可多选题和案例分析题均为每小题2分，两类题的总分有60分，特别是对于计算型的案例分析题，一步错则步步错，应将案例分析题一次突破，才能确保过关无忧。

今天应重温前五天的错题及不熟悉的题目，并对以下的经典真题进行复习，逐步掌握答题技巧，熟悉考试难度。

一、多项选择题（共30题，建议学习时间为30分钟）

1. 税率包括（　　）

A. 超额累进税率　　B. 超率累进税率

C. 定额税率　　D. 比例税率

解析： 选ABCD。税率包括比例税率、定额税率和累进税率三种。选项A、B属于累进税率。

2. 消费税的纳税环节包括（　　）

A. 进口　　B. 零售　　C. 批发　　D. 生产

解析： 选ABCD。消费税的纳税环节包括生产环节、委托加工环节、进口环节、零售环节和批发环节。

3. 下列关于国家预算的说法正确的有（　　）

A. 国家预算具有收入、支出、分配、调控、监督的职能

B. 国家预算的作用包括财力保证作用、调节制约作用和反映监督作用

C. 通过国家预算的编制和执行便于掌握国民经济的运行状况、发展趋势以及出现的问题，从而采取对策措施，促进国民经济稳定协调地发展，体现的是调节制约作用

D. 我国的国家预算共分 5 级

解析：选 BD。国家预算具有分配、调控、监督的职能，因此选项 A 错误。通过国家预算的编制和执行便于掌握国民经济的运行状况、发展趋势以及出现的问题，从而采取对策措施，促进国民经济稳定协调地发展，体现的是反映监督作用，因此选项 C 错误。

4. 下列选项中，适用我国《政府采购法》的有（　　）

A. 某国有企业采购工程物资用于建设

B. 香港政府从内地采购纺织用品

C. 注册会计师协会采购办公设备

D. 教育局以财政预算外资金采购工程劳务

解析：选 CD。国有企业、香港政府、澳门政府都不适用于我国的《政府采购法》，因此选项 A、B 错误。

5. 下列关于政府采购的说法正确的有（　　）

A. 政府采购的资金来源为财政性资金，既包括预算内资金，又包括预算外资金

B. 属于地方预算的政府采购项目，其集中采购目录由地方各级人民政府或者其授权机构制定

C. 政府采购的对象既包括法人和其他组织，也包括自然人

D. 我国《政府采购法》规定除极少数法定情形外，政府采购应当采购本国的货物、工程和服务

解析：选 AD。属于地方预算的政府采购项目，其集中采购目录由省、自治区、直辖市人民政府或者其授权机构制定。因此选项 B 错误。政府采购的供应商既包括法人和其他组织，也包括自然人，而不是政府采购的对象。因此选项 C 错误。

6. 下列各项中，单位可用现金进行结算的有（　　）

A. 支付职工工资、津贴 1 000 元

B. 支付个人劳务报酬 600 元

C. 向个人发放防暑降温补贴 200 元

D. 支付出差人员差旅费 3 000 元

解析：选 ABCD。1 000 元结算起点以上的除了向个人收购农副产品和其他物资的价款以及出差人员必须随身携带的差旅费以外，不能使用现金。

7. 以下属于会计法律制度的有（　　）

A.《企业会计制度》　B.《总会计师条例》

C.《会计从业资格管理办法》　D.《注册会计师法》

解析：选 ABCD。选项 A、C 属于第三层次国家统一的会计制度，选项 B 属于第二层次会计行政法规，选项 D 属于第一层次会计法律，皆属于我国会计法律制度。

8. 下列人员中，不得担任国有企业、事业单位的会计机构负责人的有（　　）

A. 单位负责人的伯父　　B. 单位负责人的配偶

C. 单位负责人的儿女　　D. 单位负责人的兄弟

解析：选 ABCD。国家机关、国有企业、事业单位任用会计人员应当实行回避制度。单位领导人的直系亲属不得担任本单位的会计机构负责人、会计主管人员。会计机构负责人、会计主管人员的直系亲属不得在本单位会计机构中担任出纳工作。需要回避的直系亲属为夫妻关系、直系血亲关系、三代以内旁系血亲以及配偶关系。

9. 以下属于代理记账机构的业务范围的是（　　）

A. 编制记账凭证，登记会计账簿，编制财务会计报告

B. 出具审计报告

C. 向税务机关提供税务资料

D. 委托人委托的其他会计业务

解析：选 ACD。出具审计报告属于会计师事务所的业务范围。

10. 下列属于会计机构、会计人员在单位内部会计监督中的权利的是（　　）

A. 对违反《中华人民共和国会计法》等相关规定的会计事项，有权拒绝办理

B. 对违反《中华人民共和国会计法》等相关规定的会计事项，按照职权予以纠正

C. 对单位内部的会计资料实施监督

D. 对单位内部的财产物资实施监督

解析：选 ABCD。会计机构和会计人员对违反《中华人民共和国会计法》和国家统一的会计制度规定的会计事项，有权拒绝办理或按照职权予以纠正；对单位内部的会计资料和财产物资实施监督。

11. 以下属于违反了会计法律制度的是（　　）

A. 变造会计凭证

B. 任用不符合条件的会计人员

C. 按照实际发生的经济业务事项填制凭证

D. 随意变更会计处理方法

解析：选 ABD。按照实际发生的经济业务事项填制凭证符合会计法律制度。

12. 下列各项中，属于会计违法行为的有（　　）

A. 变更会计处理方法　　B. 变造会计资料

C. 编制虚假会计报告　　D. 伪造会计资料

解析：选 BCD。随意变更会计处理方法才属于会计违法行为。

13. 根据《中华人民共和国会计法》的规定，对会计资料的基本要求包括（　　）

A. 不提供虚假的财务会计报告

B. 不得更改会计凭证和会计账簿

C. 不得伪造、变造会计凭证和会计账簿

D. 会计资料的内容和要求必须符合国家统一的会计制度的规定

解析：选 ACD。会计资料的基本要求是：会计资料的内容和要求必须符合国家统一的会计制度的规定，保证会计资料的真实性和完整性，不得伪造、变造会计凭证和会计账簿，不得提供虚假的财务会计报告。会计资料可以按照规定的方法更改，但不得随意涂改。

14. 委托收款的记载事项有（　　）

A. 表明“委托收款”的字样

B. 确定的金额

C. 委托收款凭据名称及附记单证张数

D. 委托日期

答案：选 ABCD。

15. 下列岗位当中，不能由出纳担任的有（　　）

A. 保管会计档案

B. 稽核

C. 对外财务会计报表的工作

D. 债权债务的登记工作

解析：选 ABD。出纳不能兼管会计档案的保管、稽核、债权债务和收入费用的登记工作。

16. 会计师事务所依法承办的审计业务包括（　　）

A. 审计企业会计报表，出具审计报告

B. 验证企业资本，出具验资报告

C. 办理企业合并、分立、清算事宜中的审计业务，出具有关的报告

D. 咨询业务

解析：选 ABC。会计师事务所可承办审计业务和会计咨询业务。此题是问审计业务包括哪些，应选 ABC。如果问会计师事务所的业务范围，则选ABCD。

17. 下列各项中，属于会计工作的政府监督主体的有（　　）

A. 税务部门　　B. 审计部门

C. 会计师事务所　　D. 财政部门

解析：选 ABD。会计师事务所属于会计工作的社会监督。

18. 一般会计人员交接会计资料的监交人有（　　）

A. 由主管单位派人　　B. 会计主管人员

C. 单位负责人　　D. 会计机构负责人

解析：选 BD。一般会计人员办理交接手续，由单位的会计机构负责人、会计主管人员负责监交。

19. 下列哪些属于违反《中华人民共和国会计法》应该承担责任的违法行为（　）

A. 未按规定使用会计记录文字或者记账本位币的行为

B. 未按规定保管会计资料，致使会计资料灭失

C. 未按规定填制取得原始凭证

D. 未按规定建立并实施单位内部会计监督制度

解析：选 ABCD。只要是《中华人民共和国会计法》规定必须要依法进行会计工作的事项，而单位并未照做，都属于违法行为，必须承担相应的法律后果。

20. 继续教育的目的有（　　）

A. 提高会计人员的学历

B. 提高会计人员的职业道德水平

C. 提高会计人员的专业胜任能力

D. 提高会计人员的学位

解析：选 BC。学历教育能提高学历和学位，继续教育则不能。

21. 对会计工作的社会监督包括（　　）

A. 财政部门对单位和会计人员的会计行为监督

B. 单位和个人检举违反会计法律制度的行为

C. 注册会计师对委托单位的资本进行验证

D. 注册会计师对委托单位的财务会计报告进行审计

解析：选 BCD。选项 A 属于会计工作的政府监督。

22. 下列各项中，属于会计专业职务的有（　　）

A. 会计从业资格　　　　　　　B. 高级会计师

C. 会计员　　　　　　　　　　D. 注册会计师

解析： 选 BC。会计专业职务有会计员、助理会计师、会计师和高级会计师。

23. 委托代理记账的委托人应当履行的义务包括（　　）

A. 对代理记账机构退回的要求按照国家统一的会计制度规定进行更正、补充的原始凭证，应当及时予以更正、补充

B. 对本单位发生的经济业务事项，应当填制或者取得符合国家统一的会计制度规定的原始凭证

C. 及时向代理记账机构提供经过审核的原始凭证和其他相关资料

D. 应当配备专人负责日常货币收支和保管

解析： 选 ABD。审核原始凭证是代理记账机构的工作。委托人应及时向代理记账机构提供真实、完整的原始凭证和其他相关资料。

24. 单位负责人应当保证（　　）

A. 会计机构依法履行职责　　　B. 财务会计报告真实、完整

C. 经济预测报告真实、准确　　D. 会计人员依法履行职责

解析： 选 ABD。经济预测报告存在不确定性，并不能保证预测完全准确。

25. 内部审计的内容主要包括（　　）

A. 财务审计　　　　　　　　　B. 财物审计

C. 经营审计　　　　　　　　　D. 管理审计

解析： 选 ACD。内部审计的内容主要包括财务审计、经营审计、经济责任审计、管理审计和风险管理等。

26. 报考会计专业技术资格考试的条件是（　　）

A. 具备本科以上的学历

B. 坚持原则，具备良好的职业道德品质

C. 履行岗位职责，热爱本职工作

D. 具备会计从业资格

解析： 选 BCD。报考会计专业技术资格考试的不同级别对学历的要求不同，并不是每一级别都硬性规定必须具备本科以上的学历。

27. 会计人员在单位内部的监督职权有（　　）

A. 对违反《中华人民共和国会计法》和国家统一会计制度规定的会计事项，有权拒绝办理或按照职权予以纠正

B. 发现会计账簿与实物、款项及有关资料不相符的，按照国家统一会计制度的规定有权自行处理的，应当及时处理；无权处理的，应当立即向单位

负责人报告，请求查明原因，作出处理

C. 监督各单位从事会计工作的人员

D. 办理企业合并、分立、清算事宜中的审计业务，出具有关的报告

解析：选 AB。选项 C 属于财政部门的监督，选项 D 属于社会监督中会计师事务所的工作。

28. 根据个人所得税法律制度的规定，可以将个人所得税的纳税义务人区分为居民纳税义务人和非居民纳税义务人，依据的标准有（　　）

A. 境内有无住所　　　　B. 境内工作时间

C. 取得收入的工作地　　D. 境内居住时间

解析：选 AD。我国个人所得税纳税义务人依据住所和居住时间两个标准，区分为居民和非居民，分别承担不同的纳税义务。

29. 下列各项中，应计入增值税的应税销售额的有（　　）

A. 向购买者收取的包装物租金

B. 向购买者收取的销项税额

C. 因销售货物向购买者收取的手续费

D. 因销售货物向购买者收取的代收款项

解析：选 ACD。增值税是价外税，销售额不包括向购买方收取的销项税额。

30. 按照主权国家行使税收管辖权的不同，可将税法分为（　　）

A. 国内税法　　B. 国际税法

C. 外国税法　　D. 通用税法

解析：选 ABC。按照主权国家行使税收管辖权的不同，可将税法分为国内税法、国际税法和外国税法。

二、案例分析题（共 25 题，计算类的案例分析题每题请控制在 10 分钟内完成，理论性的案例分析题应在 5 ~ 7 分钟内完成。对于考核相同考点的不同题目应注意把握考核的要点）

1. 某供销社地处边远山区，每日现金零星支付需要量为 2 000 元。经开户银行审查批准，该企业可以从自己的收入中坐支现金，坐支的限额是 2 万元。以下是该企业 2011 年 6 月的库存现金日记账。

库存现金日记账

2011年		凭证号码		对方科目	摘要	收入	付出	结余
月	日	字	号					
6	1	略			期初余额			40 000
	5				职工出差借款		3 000	37 000
	8				收到销售给当地个人的销货款	26 000		63 000
	10				收到销售给当地个人的销货款	1 000		64 000
	15				购买当地农民的农副产品		25 000	39 000
	16				收到销售给当地个人的销货款	85 000		124 000
	25				购买当地农民的农副产品		65 000	59 000
	26				收到销售给当地个人的销货款	58 000		117 000
	30				本月合计及期末余额	170 000	93 000	117 000

要求：根据上述资料，回答下列问题。

（1）以下说法中正确的有（　　）

A. 2011年6月初，库存现金超过了库存限额

B. 2011年6月末，库存现金超过了库存限额

C. 按照规定，2011年6月30日，送存银行的现金不应少于87 000元

D. 按照规定，2011年6月30日，送存银行的现金不应少于77 000元

解析：选ABC。2011年6月初，库存现金为40 000元，超过了库存现金限额30 000元；2011年6月末，库存现金为117 000元，超过了库存现金限额30 000元；2011年6月30日，送存银行的现金不应少于117 000 - 30 000 = 87 000（元）。

（2）按照现金管理要求，以下说法中正确的有（　　）

A. 6月5日，支付给职工出差借款3 000元，超出现金使用限额规定

B. 6月8日，销售给当地个人的销货款26 000元，不应收取现金

C. 6月15日，购买当地农民的农副产品25 000元，可以支付现金

D. 对现金结算，不可给予比转账结算优惠的待遇

解析：选CD。出差人员必须随身携带的差旅费结算起点定为1 000元，并没有上限，选项A错误；向个人收购农副产品和其他物资支付的价款，开

户单位支付给个人的款项，超过使用现金限额的部分，也可以支付现金，选项B错误。

(3) 关于该单位是否坐支现金的问题，以下判断中正确的有（　　）

A. 不存在坐支

B. 存在坐支

C. 坐支的金额没有超出开户银行规定的坐支限额

D. 坐支的金额已经超出开户银行规定的坐支限额

答案：选BD。

(4) 关于坐支的现金，以下说法中错误的是（　　）

A. 6月15日，购买当地农民的农副产品25 000元属于坐支现金

B. 6月25日，购买当地农民的农副产品65 000元不属于坐支现金

C. 6月15日，购买当地农民的农副产品25 000元，其中5 000元超过了坐支现金限额

D. 6月25日，购买当地农民的农副产品65 000元不属于坐支现金，其中45 000元超过了坐支现金限额

解析：选ABCD。该单位的库存现金为不超过2 000×15＝30 000（元）。6月15日，购买当地农民的农副产品25 000元，可以用库存现金直接支付，不属于坐支现金；6月25日，购买当地农民的农副产品65 000元，最多可以用库存现金支付30 000元，剩余的35 000元允许坐支的现金限额最高是2万，还有15 000元超过了坐支现金限额。

(5) 根据现金管理的有关规定，该单位的库存现金限额应为（　　）

A. 不超过40 000元　　B. 不超过30 000元

C. 不超过20 000元　　D. 不超过10 000元

解析：选B。边远地区和交通不便地区的开户单位的库存现金限额，可按多于5天，但不得超过15天的日常零星开支的需要确定。因此，该单位的库存现金应为不超过2 000×15＝30 000（元）。

题外话

税法计算类的案例分析题难度较大，可适当安排较多时间。

2. 宏达公司原是一家国有企业，2013年内，发生了如下事项：

①新的领导班子上任，决定精简机构，将中层干部轮岗，并将会计部撤

并到厂部办公室，同时任命办公室主任朱某兼任会计负责人。撤并以后，会计主要工作重新分工如下：原会计部主办会计继续留任会计工作，原设备处工作人员、朱某的女儿小英调任出纳工作，兼任会计档案的保管。朱某毕业于某名牌师范大学，自从参加工作以来一直从事办公室文秘，恪守职责，兢兢业业，深受厂领导和同事们的好评。为了使其尽快胜任会计负责人岗位，领导要求朱某参加会计知识培训班，并参加当年全省会计从业资格的统一考试。

②撤并工作完成后，办理会计交接手续，由厂部纪检、监察部门严格监交。

根据以上资料，回答下列问题：

(1) 根据《中华人民共和国会计法》的规定，会计机构设置的规则为 (　)

A. 单独设置会计机构

B. 在有关机构中设置会计人员并指定会计主管人员

C. 委托合法的代理记账中介机构代理记账

D. 委托其他企业代理记账

解析：选 ABC。《中华人民共和国会计法》规定："各单位应依据会计业务的需要，设置会计机构，或者在有关机构中设置会计人员并指定会计主管人员；不具备设置条件的，应当委托经批准设立从事会计代理记账业务的中介机构代理记账。"

(2) 根据《中华人民共和国会计法》的规定，会计机构负责人（会计主管人员）的任职资格包括（　）

A. 取得会计从业资格证书

B. 具备会计师以上的专业技术职务资格

C. 从事会计工作三年以上的经历

D. 必须从事过两个以上会计岗位的工作

解析：选 ABC。根据规定，担任单位会计机构负责人（会计主管人员）的，除取得会计从业资格证书外，还应当具备会计师以上专业技术职务资格或者从事会计工作三年以上的经历。

(3) 根据《中华人民共和国会计法》的规定，出纳不得兼管（　）工作

A. 稽核

B. 会计档案的保管

C. 收入、费用、债权债务账目的登记工作

D. 现金保管工作

解析：选 ABC。出纳员不得兼管稽核、会计档案保管和收入、费用、债权债务账目的登记工作。

（4）在上述案例中，违反会计法律相关规定的事实有（　　）

A. 将会计部撤并到厂部办公室

B. 任命办公室主任朱某兼任会计负责人

C. 朱某的女儿小英调任出纳工作

D. 朱某的女儿兼任会计档案的保管

解析：选 BCD。根据规定，担任单位会计机构负责人（会计主管人员）的，除取得会计从业资格证书外，还应当具备会计师以上专业技术职务资格或者从事会计工作三年以上的经历，朱某不具备会计机构负责人的任职资格；会计机构负责人、会计主管人员的直系亲属不得在本单位会计机构中担任出纳工作，朱某是会计机构负责人，其女儿不得担任出纳工作；出纳员不得兼管稽核、会计档案保管和收入、费用、债权债务账目的登记工作，因此，朱某的女儿作为出纳兼任会计档案的保管是不正确的。

（5）根据法律规定，会计人员的交接，应当由（　　）负责监交

A. 由单位的纪检、监察部门负责监交

B. 一般会计人员的交接，由会计机构负责人、会计主管人员负责监交

C. 会计机构负责人、会计主管人员办理交接，由单位负责人负责监交，必要时由上级部门会同监交

D. 会计机构负责人、会计主管人员办理交接，由上级部门负责监交

解析：选 BC。一般会计人员办理会计工作交接手续时，由会计机构负责人（会计主管人员）负责监交；会计机构负责人（会计主管人员）办理交接手续，由单位负责人负责监交，必要时上级主管部门可以派人会同监交。

3. 林某持有会计从业资格证书。

①2005 年 8 月 1 日，林某到甲企业从事会计工作，2005 年 12 月林某到甲企业所在的 A 地办理注册登记。

②2006 年 8 月，林某因工作调动到本县乙企业。

③2007 年林某参加继续教育累计 20 小时。

④2008 年 3 月，林某因从事会计工作期间违反《中华人民共和国会计法》的相关规定，被吊销会计证，但未追究刑事责任；2010 年 3 月，林某重新取得会计从业资格证书。

（1）针对①正确的是（　　）

A. 林某未按规定时间办理注册登记

B. 会计从业管理机构可以吊销会计从业资格证书

C. 会计从业管理机构可以责令限期改正并予以公告

D. 林某的行为符合规定

解析：选 AC。应在从事会计工作起 90 日内办理上岗注册登记。

（2）针对②正确的是（　　）

A. 由于会计从业资格证书在全国范围内有效，林某无须办理任何手续

B. 由于在同一会计从业资格管理机构管辖范围内调转工作，林某无须办理任何手续

C. 林某应当自离开原工作单位之日起 90 日内办理调转手续

D. 林某应当自离开原工作单位之日起 30 日内办理调转手续

解析：选 C。因工作调动到其他单位继续从事会计工作的，需在离开原工作单位之日起 90 日内办理调转登记。

（3）针对③正确的是（　　）

A. 时间符合

B. 继续教育的时间累计不得少于 20 小时

C. 继续教育的时间累计不得少于 24 小时

D. 林某接受继续教育时间不符合规定

答案：选 CD。

（4）针对④正确的是（　　）

A. 可重新取得会计从业资格证书

B. 不得同意申请，因为截至 2010 年 3 月，未满三年

C. 不得同意申请，因为截至 2010 年 3 月，未满五年

D. 林某不得重新取得会计从业资格证书

答案：选 CD。

（5）下列各项中不正确的是（　　）

A. 持证人员从事会计工作，应当自从事会计工作之日起 90 日内办理注册登记

B. 持有会计从业资格证书的人员，离开会计工作岗位超过 6 个月的应办理离岗备案

C. 从事会计工作必须取得会计从业资格证书

D. 持证人员在同一会计从业资格管理部门管辖内调转且继续从事会计工作应办理调转登记

答案：选 ABCD。

4. 新洲宾馆 2010 年发生的关于信用卡的业务有：

①2 月 8 日，向银行交存备用金，申领信用卡。

②8 月 17 日，宾馆将信用卡注销。

（1）该宾馆申领的信用卡是（　　）

A. 贷记卡　　B. 个人卡　　C. 单位卡　　D. 准贷记卡

答案：选 C。

（2）信用卡单位卡使用的范围有（　　）

A. 转入销货款项　　B. 用于在特约商户购入

C. 用于支付货款　　D. 交存现金

解析：选 BC。在单位卡的使用过程中，其账户的资金一律从其基本存款账户转账存入，不得交存现金，不得将销货收入的款项存入其账户。单位卡的持卡人不得将其用于 10 万元以上的商品交易、劳务供应款结算，并一律不得支取现金。

（3）个人信用卡持卡人要向其账户续存资金的，下列各项中只限于（　　）

A. 劳务报酬收入的转账　　B. 工资性存款的转账

C. 持有的现金　　D. 经营性收入的转账

答案：选 ABC。

（4）商业银行办理银行卡收单业务向商户收取结算手续费，其标准不得低于交易金额的 2%。下列各项中，使用这一标准的行业有（　　）

A. 商业　　B. 旅游　　C. 宾馆　　D. 娱乐

解析：选 BCD。宾馆、娱乐、旅游、餐饮是按 2% 收取手续费，其他行业按 1% 收取手续费。

（5）信用卡销户时，下列表述中正确的有（　　）

A. 发卡银行应当收回信用卡，有效信用卡无法收回的，应当将其止付

B. 单位卡账户余额也可以转为一般存款账户

C. 单位卡账户余额转入基本存款账户

D. 单位卡账户余额也可以由单位提取现金

答案：选 AC。

题外话

休息一下再继续！

5. 王某和张某是两个刚刚从事会计工作的年轻人，对相关财经法规不够

熟悉。2010年10月10日，王某向张某签发了一张16 000元的转账支票以及一张1 200元的现金支票，王某在签发支票时使用普通的蓝色水笔填写，并且没有签章。张某将16 000元的转账支票交给银行，银行不予转账，退还了该支票，并且提出要对王某处以罚款。张某又将1 200元的现金支票背书转让给徐某，徐某是一位从业多年、经验丰富的财务人员，拒绝接受张某转让的现金支票，认为其不合法。王某的开户银行是忻州市城南支行，账户余额只有15 000元。

根据上述情况，回答下列问题：

(1) 在王某对张某开具支票的行为中，支票基本的当事人中出票人、付款人和收款人分别是（　　）

A. 王某、忻州市城南支行、张某

B. 忻州市城南支行、张某、王某

C. 忻州市城南支行、王某、张某

D. 张某、忻州市城南支行、王某

解析：选A。王某签发支票让张某去银行办理结算，签发人即出票人，所以王某为出票人；支票是由银行付款的，所以忻州市城南支行为付款人；张某为收款人。

(2) 王某在对张某签发支票时，存在的错误之处有（　　）

A. 没有签章　　B. 现金支票超出了最高限额

C. 账户余额不足　　D. 用普通蓝色水笔填写

解析：选ACD。选项A应该有出票人签章；选项C账户余额不够，不能签发；选项D应该用碳素墨水；现金支票没有最高限额的说法，所以选项B没错。

(3) 银行有权要求出票人的罚款金额为（　　）元

A. 1 500　　B. 320　　C. 800　　D. 1 000

解析：选D。出票人签发空头支票、签章与预留签章不符或使用支付密码错误的支票，银行应予以退票，并按票面金额处以5%但不低于1 000元的罚款，持票人有权要求出票人赔偿支票金额2%的赔偿金。16 000×5% =800（元）<1 000（元），所以银行有权要求出票人的罚款金额为1 000元。

(4) 支票按照支付票款方式的不同，分为（　　）

A. 4类　　B. 3类　　C. 5类　　D. 2类

解析：选B。支票按照支付票款方式的不同，分为现金支票、转账支票和普通支票三类。

(5) 下列各项中，可以支取现金的支票有（　　）

A. 普通支票　B. 转账支票　C. 划线支票　D. 现金支票

答案：选 AD。

6. 信发有限责任公司是一家中外合资经营企业，2013 年度发生了以下事项：

①公司收到一张应由公司与乙公司共同负担费用支出的原始凭证，公司会计人员张某以该原始凭证及应承担的费用进行账务处理，并保存该原始凭证；同时应乙公司的要求将该原始凭证复制件提供给乙公司用于账务处理。

②3 月 5 日，公司会计科一名档案管理人员生病临时交接工作，胡某委托单位出纳员李某临时保管会计档案。

③6 月 30 日，公司有一批保管期满的会计档案，按规定需要进行销毁。公司档案管理部门编制了会计档案销毁清册，档案管理部门的负责人在会计档案销毁清册上签了字，并于当天销毁。

根据材料，选择下列符合题意的选项：

（1）根据事项①，一张原始凭证所列支出需由两个以上单位共同负担时，下列做法中正确的是（　　）

A. 由保存该原始凭证的单位开具原始凭证分割单给其他应负担单位

B. 在记账时加以注明即可

C. 由双方共同加以说明即可

D. 由保存该原始凭证的单位出具复印件给其他应分割单位

解析：选 A。根据规定，一张原始凭证所列的支出需要由两个以上的单位共同负担时，应当由保存该原始凭证的单位开具“原始凭证分割单”给其他应负担的单位，而不是给复印件。

（2）根据事项②，下列表述中正确的有（　　）

A. 会计科档案管理人员，是会计工作岗位

B. 会计科档案管理人员，不是会计工作岗位

C. 出纳员可以临时保管会计档案

D. 出纳员不能临时保管会计档案

解析：选 AD。会计机构内会计档案管理岗位，是会计工作岗位。出纳员不得兼管稽核、会计档案保管和收入、费用、债权债务账目的登记工作。

（3）出纳员不得兼管（　　）账目的登记工作

A. 稽核　B. 收入　C. 费用　D. 会计档案保管

解析：选 ABCD。出纳员不得兼管稽核、会计档案保管和收入、费用、债权债务账目的登记工作。

（4）一般的会计工作人员交接，由（　　）负责监交

A. 单位负责人　　　　　　B. 总会计师

C. 会计机构负责人　　　　D. 会计主管人员

解析：选 CD。一般会计人员办理会计工作交接手续时，由会计机构负责人（会计主管人员）负责监交。

(5) 根据事项③，下列关于会计档案销毁的表述，正确的有（　　）

A. 公司档案部门销毁会计档案的做法不符合规定

B. 会计档案保管期满需要销毁的，要由本单位档案部门提出意见

C. 应编制会计档案销毁清册，并经单位负责人在会计档案销毁清册上签字

D. 销毁时要由单位档案部门和会计部门共同派人监销

解析：选 ABCD。根据我国法律制度的规定，会计档案保管期满需要销毁的，要由本单位档案部门提出意见，会同本单位会计部门共同进行审查和鉴定，编制会计档案销毁清册，并经单位负责人在会计档案销毁清册上签字，销毁时要由单位档案部门和会计部门共同派人监销。

7. 某财政部门对某单位进行检查时，发现下列情况：

①由于会计人员少，会计张某同时负责会计账簿的记账与审批。

②由于财务主管王某业务能力强，单位负责人授权其全权负责对外投资事宜，包括对外投资的决策和执行。

③为达到业绩目标，单位负责人郑某要求会计机构负责人李某虚构交易事项，粉饰财务报告，李某予以拒绝，随后被撤职。

④该企业为掩盖其虚构交易事项，将伪造的会计资料故意转移。

根据上述资料，回答下列问题：

(1) 针对事项①，下列说法中正确的有（　　）

A. 记账人员与审批人员属于不相容职务，特殊情况下可以由同一人担任

B. 张某不可以同时负责记账和部分事项的审批

C. 张某可以同时负责记账和部分事项的审批

D. 张某同时负责记账和部分事项的审批，不符合单位内部会计监督的基本要求

解析：选 BD。记账人员与经纪业务事项或会计事项的审批人员的职责权限应当明确，并相互分离、相互制约。

(2) 针对事项②，下列说法中正确的有（　　）

A. 该企业的做法不符合规定

B. 重大的经济业务的决策人员和执行人员之间应当相互监督、相互制约，防止权限过于集中

C．重大经济业务要建立有效的监督和控制制度

D．该企业的做法符合规定

解析：选ABC。重大对外投资、资产处置、资金调度及其他重要经济业务事项的决策和执行的相互监督、相互制约的程序应当明确。

（3）根据《中华人民共和国会计法》的规定，会计机构、会计人员发现会计账簿记录与实务、款项不相符的，应当采取的处理办法是（　　）

A．立即向会计机构负责人报告，经批准后由会计人员处理

B．按国家统一的会计制度的规定有权自行处理的，应当及时处理；无权处理的，应当立即向单位负责人报告，请求查明原因，作出处理

C．立即向单位负责人报告，经批准后由会计机构处理

D．直接由会计机构进行处理

解析：选B。根据《中华人民共和国会计法》的规定，会计机构、会计人员发现会计账簿记录与实务、款项不相符的，按国家统一的会计制度的规定有权自行处理的，应当及时处理；无权处理的，应当立即向单位负责人报告，请求查明原因，作出处理。

（4）针对事项③，下列说法中正确的有（　　）

A．根据会计法的规定，李某无权拒绝办理

B．应当恢复会计机构负责人李某的名誉、级别

C．郑某指使会计机构伪造会计凭证，违反了《中华人民共和国会计法》的规定，可对其处5 000元以上5万元以下的罚款

D．根据《中华人民共和国会计法》的规定，李某有权拒绝办理

答案：选BCD。

（5）针对事项④，下列说法中正确的有（　　）

A．根据《中华人民共和国会计法》的规定，县级以上各级人民政府财政部门是本行政区域内的会计监督检查主体，对本行政区域内的单位的会计工作行使监督权

B．根据《中华人民共和国会计法》的规定，各单位对于监督检查部门依法开展的会计监督检查工作有义务予以配合，如实提供会计凭证、会计账簿、财务会计报告和其他会计机构以及有关情况，不得拒绝、隐匿、谎报

C．对该企业处以5 000元以上5万元以下的罚款

D．该企业的做法属于隐匿依法应保存的会计资料和不如实提供会计资料以及有关情况的行为

解析：选ABD。本题考查违反会计法律制度的法律责任。在予以通报的同时，可以对单位并处5 000元以上10万元以下的罚款。

8. 某市财政部门在对辖区内的一个生产企业进行会计执法检查中发现下列问题：

①该企业销售货物时将向购买方收取款项的 80% 金额作为发票金额开具发票，其他款项记入私密账本。

②该企业采用电子计算机进行会计核算，但是其使用的软件经财政部门验证不符合国家统一的会计制度的规定。

③该企业规定对经理级以上人员交来的发票，一律不必审核，直接作为记账凭证的依据。

④该企业对外提供的财务报告上只有会计机构负责人的签名。

⑤该企业从设立以来坚持每年销毁一次会计档案，销毁时要求企业负责人、会计机构负责人及会计人员均应在场。

根据上述资料，回答下列问题：

（1）根据事项①的内容，下列说法中正确的有（　　）

A. 县级以上人民政府应当责令其限期改正

B. 该企业的行为属于账外设账

C. 可以对该企业处 3 000 元以上 5 万元以下的罚款

D. 可以对该企业直接负责的主管人员和其他直接责任人员处 2 000 元以上 2 万元以下的罚款

解析：选 BCD。根据《中华人民共和国会计法》的规定，私设会计账簿的，可以由县级以上人民政府财政部门责令限期改正，而非县级以上人民政府。

（2）下列有关会计电算化的表述，错误的有（　　）

A. 用电子计算机进行会计核算的单位，只要能保证其生成的会计资料可靠，可以自由选用会计软件

B. 只要使用的会计软件符合要求，其生成的会计资料也必定可靠

C. 用电子计算机进行会计核算，也必须保证会计资料的真实、完整

D. 用电子计算机生成的会计资料必须符合国家统一的会计制度的要求

解析：选 AB。各单位应根据实际情况和财力状况，选择与本单位会计电算化工作规划相适应的计算机机种、机型、系统软件及有关配套设备。

（3）下列有关事项③的说法，正确的有（　　）

A. 该企业的这一规定不符合会计法律制度的规定

B. 记账凭证应当根据经过审核的原始凭证及有关资料编制

C. 会计机构、会计人员必须审核原始凭证，这是法定职责

D. 会计机构、会计人员对领导交来的原始凭证，只能无条件地接受

答案：选 ABC。

（4）下列有关财务会计报告的签章，表述错误的有（　　）

A. 财务会计报告应当由单位负责人和主管会计工作的负责人、会计机构负责人（会计主管人员）签名并盖章

B. 财务会计报告应当由单位负责人和主管会计工作的负责人、会计机构负责人（会计主管人员）签名或盖章

C. 设置总会计师的单位，还须由总会计师签名或盖章

D. 设置总会计师的单位，还须由总会计师签名并盖章

解析：选 BC。财务会计报告应当由单位负责人和主管会计工作的负责人、会计机构负责人（会计主管人员）签名并盖章；设置总会计师的单位，还需由总会计师签名并盖章；单位负责人应当保证财务会计报告真实、完整。

（5）下列针对事项⑤的说法，不正确的有（　　）

A. 会计档案应当根据法定期限妥善保管，不得随意销毁

B. 定期保管的会计档案，最低保管年限为 5 年

C. 对故意销毁的会计人员，县级以上人民政府财政部门可以吊销其会计从业资格证书

D. 会计档案的销毁应当由单位档案管理机构提出销毁意见，会同会计机构共同鉴定，严格审查，编造销毁清册，报单位负责人批准后，由单位档案管理机构和会计机构共同派员监销

解析：选 B。《企业档案管理办法》规定，会计档案的保管期限分为永久、定期两类。定期保管期限分为 3 年、5 年、10 年、15 年、25 年五类。最低保管期限为 3 年。

9. 2011 年 5 月，某省级财政部门在对精方会计师事务所进行检查时，发现下列情况：

①股东张某 2003 年取得注册会计师证书，后调入某企业工作，2006 年加入精方会计师事务所从事审计业务。

②精方会计师事务所成立于 2001 年，由某省级财政部门批准设立，未报财政部备案。

③2008 年，精方会计师事务所的客户甲上市公司因金融危机影响，亏损 100 万元，为粉饰财务报告，甲公司采用非法手段调节利润，精方会计师事务所在客户的施压下出具了无保留意见审计报告。

④针对甲公司弄虚作假、虚增利润的行为，财政部门实施了处罚，甲公司以该公司财务会计报告已经精方会计师事务所审计为由拒绝承担责任。

根据以上情况，请回答下列问题：

（1）针对事项①，下列说法中正确的有（　　）

A. 张某符合规定条件，可以担任精方会计师事务所股东

B. 张某调入企业工作时，应当办理中国注册会计师协会执业会员转为非执业会员手续

C. 张某不满足取得注册会计师证书后最近连续5年在会计师事务所从事审计业务的条件，不能担任精方会计师事务所的股东

D. 张某不满足取得会计师证书后最近连续5年在会计师事务所执业的条件，不能担任精方会计师事务所的股东

答案：选BC。

（2）针对事项②，下列说法中正确的有（　　）

A. 该会计师事务所的做法不符合规定

B. 该会计师事务所的做法符合规定

C. 根据我国《会计师事务所审批和监督暂行办法》的规定，设立会计师事务所由省级财政部门审批，批准后，报财政部备案

D. 根据我国《会计师事务所审批和监督暂行办法》的规定，设立会计师事务所由县级以上人民政府财政部门审批，批准后，报财政部备案

答案：选AC。

（3）根据《中华人民共和国注册会计师法》的规定，会计师事务所可以依法承办的业务有（　　）

A. 办理企业合并、分立、清算事宜中的审计业务

B. 验证企业资本，出具验资报告

C. 承办会计咨询业务

D. 审查企业财务会计报告，出具审计报告

答案：选ABCD。

（4）针对事项③，下列说法中正确的有（　　）

A. 甲公司的做法不符合规定，任何单位或者个人不得以任何方式要求或者示意注册会计师以及所在的会计师事务所出具不实或者不当的审计报告

B. 精方会计师事务所的做法不符合规定

C. 精方会计师事务所是在甲公司的施压下出具的审计意见，不是其本意表达，不应承担责任

D. 省级财政部门可以对精方会计师事务所的上述行为实施行政处罚

答案：选ABD。

（5）针对事项④，下列说法中正确的有（　　）

A. 甲公司的理由不成立，应当承担法律责任

B. 注册会计师审计不能替代或减轻单位负责人对会计资料真实性、完整性承担的责任

C. 省级财政部门依法对本行政区域内单位的违法会计行为实施行政处罚符合法律规定

D. 注册会计师审计在一定程度上可以替代或减轻单位负责人对会计资料真实性、完整性承担的部门责任

答案：选 ABC。

10. 明确划分国家各级权力机关、各级政府、各级财政部门以及各部门各单位在预算活动中的职权，是保证依法管理预算的前提条件，也是将各级预算编制、预算审批、预算执行、预算调整和预算决算的各环节纳入法治化、规范化轨道的必要措施。《中华人民共和国预算法》明确地规定了各级人民代表大会及其常务委员会、各级政府、各级财政部门和各部门、各单位的预算职权。请根据以上资料，回答下列关于预算职权的问题：

（1）根据《中华人民共和国预算法》的规定，下列各项中，属于划分预算职权的原则的有（　　）

A. 分级管理　B. 权责结合　C. 统一领导　D. 各级独立

答案：选 ABC。

（2）根据《中华人民共和国预算法》的规定，下列各项中，属于县级以上地方各级人民代表大会的职权的有（　　）

A. 审查本级总预算草案及本级总预算执行情况的报告

B. 撤销本级政府关于预算、决算的不适当的决定和命令

C. 批准本级预算和本级预算执行情况的报告

D. 改变或者撤销本级人民代表大会常务委员会关于预算、决算的不适当的决议

答案：选 ABCD。

（3）根据《中华人民共和国预算法》的规定，下列各项中，属于乡、民族乡、镇的人民代表大会的职权的有（　　）

A. 监督本级预算的执行

B. 审查和批准本级预算的调整方案和本级决算

C. 审查和批准本级预算和本级预算执行情况的报告

D. 撤销本级政府关于预算、决算的不适当的决定和命令

答案：选 ABCD。

（4）根据《中华人民共和国预算法》的规定，下列各项中，不属于国务院财政部门职权的为（　　）

A. 具体编制地方预算的调整方案

B. 具体组织中央和地方预算的执行

C. 具体编制中央预算、决算草案

D. 提出中央预备费动用方案

答案：选 ABCD。

(5) 根据《中华人民共和国预算法》的规定，下列各项中，属于各部门的预算职权的有（　　）

A. 编制本部门决算草案

B. 定期向本级政府财政部门报告预算的执行情况

C. 组织和监督本部门预算的执行

D. 编制本部门预算草案

答案：选 ABCD。

题外话

可以稍事休息一下了！

11. 贾某系某公司的财务人员，于 2000 年 6 月 7 日从银行开出一张金额为 90 万元、收款人为贾某的汇票。6 月 9 日该汇票被"六安市丰达发展公司"诈骗分子掉包骗走，并于 6 月 12 日向中国银行安徽省某支行申请解付，中国银行支行在对该票据背书情况没有严格审查的情况下，轻率予以解付；中国农业银行安徽省某县支行在"六安市丰达发展公司"手续不全的情况下，违规为其开户，致使该 90 万元汇票款能转到该账户，从而造成其中 60 万元的流失。

(1) 对变造票据除签章以外的记载事项的，下列表述中正确的有（　　）

A. 在变造之前签章的人，对变造事项只承担保证责任

B. 在变造之后签章的人，对变造之后的记载事项负责

C. 在变造之前签章的人，对原记载事项负责

D. 不能辨别在票据被变造之前或之后签章的，视同在变造之前签章

答案：选 BCD。

(2) 根据支付结算法律制度的规定，下列选项中，属于变造票据的有（　　）

A. 变更票据金额　　　　B. 变更票据上的到期日

C. 变更票据上的签章　　　　D. 变更票据上的付款日

解析：选 ABD。变造票据是指对签章以外的内容加以改变。没权限的人在票据上签章，是属于伪造。

（3）根据票据法律制度的规定，下列有关在票据上签章效力的表述，正确的有（　　）

A. 出票人在票据上签章不符合规定的，票据无效

B. 承兑人在票据上签章不符合规定的，其签章无效，但不影响其他符合规定签章的效力

C. 保证人在票据上签章不符合规定的，其签章无效，但不影响其他符合规定签章的效力

D. 背书人在票据上签章不符合规定的，其签章无效，但不影响其前手符合规定签章的效力

答案：选 ABCD。

（4）中国农业银行安徽省某县支行在“六安市丰达发展公司”手续不全的情况下，违规为其开户，应对其处以（　　）元的罚款

A. 1 000　　　　B. 5 000 ~ 30 000

C. 1 万 ~ 3 万　　　　D. 5 万 ~ 30 万

答案：选 B。

（5）下列有关银行汇票的表述，正确的有（　　）

A. 填明“现金”字样的银行汇票可以提取现金

B. 填明“现金”字样的银行汇票可以挂失止付

C. 填明“现金”字样的银行汇票可以背书转让

D. 填明“现金”字样的银行汇票不可以背书转让

答案：选 ABD。

12. 2008 年 3 月 10 日，某公司向银行申领了信用卡，其中一部分作为对管理人员的福利，另一部分作为公司自用。

（1）下列情形中，可以办理销户的有（　　）

A. 4 月 12 日，该公司要求注销自用的信用卡

B. 3 月 11 日，公司一名管理人员的信用卡丢失并于当日挂失；4 月 12 日，要求注销该丢失的信用卡

C. 至 2009 年 6 月 7 日，该公司自用的信用卡未发生过任何交易

D. 至 2010 年 8 月 30 日，该公司自用的信用卡未发生过任何交易

解析：选 D。持卡人要求销户的情况，需要持卡人交回银行卡 45 天才可以销户，所以选项 A 不满足销户条件。银行卡挂失满 45 天后才可以销户，所

以选项 B 不满足销户条件。银行卡账户两年以上未发生交易，才可以办理销户，所以选项 C 不满足销户条件。

（2）关于信用卡资金来源的表述，正确的有（　　）

A．公司可以将资金从基本存款账户中转账存入持有的信用卡

B．公司持有的信用卡可以交存现金

C．公司可以将其销货收入的款项存入持有的信用卡

D．公司管理人员可以将个人的收入及公司的暂时款项存入其持有的信用卡

解析：选 A。公司信用卡的资金只能从基本户转入。不能交存现金，转入销货收入等其他情况。

（3）公司的下列做法中，错误的有（　　）

A．3 月 16 日，公司持卡购买一台价值 12 万元的设备

B．3 月 21 日，公司将信用卡转借给其子公司

C．3 月 30 日，公司从信用卡上支取现金 5 000 元

D．4 月 1 日，公司结算信用卡，3 月共透支 15 万元（该公司无综合授信额度）

答案：选 ABCD。

（4）关于信用卡的表述，正确的有（　　）

A．同一持卡人单笔透支发生额，个人卡不得超过 2 万元

B．贷记卡的首月最低还款额不得低于其当月透支余额的 3%

C．信用卡透支利率为日利率 5%

D．准贷记卡的透支期限最长为 60 天

答案：选 AD。

（5）发卡银行给予持卡人一定的信用额度，持卡人可以在信用额度内先消费、后还款的信用卡是（　　）

A．普通卡　　B．附属卡　　C．贷记卡　　D．准贷记卡

答案：选 C。

13. 某日化工厂生产企业为增值税一般纳税人，一月份该企业发生以下经济业务：

①外购原材料一批，从供货方取得的增值税专用发票上注明支付的货款 180 万元，增值税税额 30. 6 万元，款项已付并验收入库，支付相关运费 10 万元已收到，为运输单位开具的运输发票。

②外购机器设备一套，从供货方取得的增值税专用发票上注明支付的货款 50 万元，增值税税额 8. 5 万元，款项已付并验收入库。

③购进一批办公用品，取得普通发票，注明金额2 340元，办公用品已投入使用。

④购进一批红酒用于给职工发放福利，取得了增值税专用发票，发票上注明支付的货款6 000元，增值税税额1 020元。

⑤月初将部分订单委托其他企业加工，发出的原材料价值8 000元，委托加工合同规定加工费5 000元（不含税），加工企业代垫辅助材料1 000元，月底尚未收到加工的化妆品和加工企业开具的发票。

⑥对外销售化妆品一批，取得销售收入586.17万元（含税）。

⑦将闲置的一套设备出租，取得租金收入1万元。

（说明：有关票据在本月通过主管税务机关认证并申报抵扣，化妆品的消费税税率为30%）

根据上述材料，回答下列问题：

（1）下列关于该企业可抵扣进项税额的说法正确的是（　　）

A. 外购红酒可抵扣的进项税额为1 020元

B. 外购办公用品可抵扣的进项税额为340元

C. 外购机器设备可抵扣的进项税额为0元

D. 外购原材料及支付相关费用可抵扣的进项税额为31.3万元

解析：选D。外购红酒用于职工福利，增值税不能抵扣，要作进项税额转出，所以选项A不对；外购办公用品，取得普通发票，因为普通发票不能抵扣，所以选项B不对；外购设备取得增值税专用发票，8.5万增值税可作为进项税额抵扣，所以选项C不对；外购材料取得增值税专用发票增值税30.6万元可以抵扣，支付运费10万元，可按7%抵扣0.7万元，合计可以抵扣31.3万元，所以选项D是对的。

（2）该企业本月发生的委托加工业务可抵扣的进项税额为（　　）

A. 2 380元　B. 0元　C. 850元　D. 1 020元

解析：选B。委托加工业务尚未取得增值税专用发票，所以可抵扣进项税为0。

（3）该企业对外销售化妆品的增值税销项税额为（　　）

A. 99.45万元　B. 85.17万元　C. 85万元　D. 99.65万元

解析：选B。销售化妆品的增值税销项税额＝586.17/（1＋17%）×17%＝85.17（万元）。

（4）该企业出租闲置设备应缴纳（　　）

A. 增值税0.17万元　B. 营业税0.07万元

C. 营业税0.05万元　D. 增值税0.13万元

解析：选 C。销售闲置设备属于销售不动产，应交营业税 =1 ×5% =0.05（万元）。

（5）该企业本月应缴纳的消费税为（　　）

A. 100.2 万元　　B. 175.851 万元

C. 117.234 万元　　D. 150.3 万元

解析：选 D。本月应纳消费税 =586.17/（1 +17%）×30% =150.3（万元）。

14. 某生产企业为增值税一般纳税人，5 月份的有关生产经营业务如下：

①销售甲产品，开具普通发票，取得含税销售收入 29.25 万元。

②将生产的一批乙产品用于本企业基建工程，该批产品市场不含税销售价 22 万元。

③将生产的一批丙产品用于本企业职工福利，该批产品市场不含税销售价 5 万元。

④将上月购进的一批 A 材料用于生产甲产品，该批材料不含税购买价 10 万元。

⑤购进 B 材料，取得增值税专用发票上注明支付的货款 60 万元、增值税税额 10.2 万元；另外支付购货的运输费用 6 万元，取得运输发票。

⑥向农业生产者购进免税农产品一批，取得收购凭证上注明价款 30 万元，支付给运输单位的运费 5 万元，取得运输单位开具的运输发票，本月下旬将购进农产品的 20% 用于本企业职工福利。（不能抵扣）

（说明：有关票据在本月均通过主管税务机关认证并申报抵扣；5 月初增值税留抵税额为 0）

根据上述材料，回答下列问题：

（1）该企业 5 月份开展的业务中，需要缴纳增值税的有（　　）

A. 将购进的 A 材料用于生产甲产品

B. 将丙产品用于本企业职工福利

C. 销售甲产品

D. 将乙产品用于基建工程

答案：选 BCD。

（2）该企业 5 月份的增值税销项税额为（　　）

A. 7.99 万元　B. 4.25 万元　C. 10.54 万元　D. 8.84 万元

解析：选 D。5 月份销项税额 =29.25/（1 +17%）×17% +22 ×17% +5 ×17% =8.84（万元）。

（3）该企业购进 B 材料及支付相关运费可抵扣的进项税额为（　　）

A. 10.62 万元 B. 11.22 万元 C. 10.2 万元 D. 10.98 万元

解析：选 A。B 材料进项税额 =10.2 +6 ×7% =10.62（万元）（A 材料上月购进，当月已抵扣）。

（4）该企业购进免税农产品及支付相关运费可抵扣的进项税额为（　　）

A. 4.25 万元 B. 3.12 万元 C. 3.9 万元 D. 3.4 万元

解析：选 D。可抵扣的农产品进项税额 = 购入价 ×13%，即 30 ×13% =3.9（万元）。可抵扣的运费进项税额 =5 ×7% =0.35（万元）。（本月下旬将购进农产品的 20% 用于本企业职工福利。进项税额转出，不能抵扣）最终企业购进免税农产品及支付相关运费可抵扣的进项税额 =（3.9 +0.35）×（1 −20%）=3.4（万元）。

（5）该企业 5 月份可结转下月继续抵扣的增值税进项税额为（　　）

A. 5.18 万元 B. 6.03 万元 C. 9.77 万元 D. 0 元

解析：选 A。本月销项税合计为 8.84 万元，进项税合计 =10.62 +3.4 =14.02（万元），进项税大于销项税结转下月继续抵扣金额 =10.62 +3.4 −8.84 =5.18（万元）。

15. 某企业根据我国《企业所得税法》的有关规定，可以享受自项目取得第一笔生产经营收入的纳税年度起，第 1 年至第 2 年免征企业所得税，第 3 年至第 5 年减半征收企业所得税的优惠政策。该企业 2005 年 9 月份开始生产经营，从 2005 年度至 2009 年度，每年应纳税所得额分别为 10 万元、60 万元、80 万元、90 万元、100 万元。2010 年度该企业会计报表上的销售收入总额 1 000 万元，利润总额为 100 万元，已累计预缴企业所得税 25 万元。2010 年其他有关情况如下：

①营业外收入 50 万元，其中包括购买国债的利息收入 10 万元，国债转让收益 10 万元，股票转让收益 10 万元，接受捐赠收入 10 万元。

②管理费用 450 万元，销售费用 300 万元。

③支付在建办公楼工程款 60 万元，已列入当期费用。

④支付诉讼费 2.3 万元，已列入当期费用。

⑤营业外支出 300 万元，其中包括违法经营罚款 10 万元。

（说明：该企业 2005—2007 年适用 33% 的企业所得税税率）

根据上述材料，回答下列问题：

（1）下列关于该企业应缴纳企业所得税的说法正确的有（　　）

A. 该企业从 2005 年度开始生产经营，应当计算享受税收优惠的期限。该公司 2005、2006 年度可以享受免税优惠，不需要缴纳企业所得税

B. 该企业 2005 年度经营未满一年，减免征税优惠可以从 2006 年开始

算起

C. 该企业2008—2009年度需要缴纳企业所得税 =（90 + 100）×25% ×50% =23.75（万元）

D. 从2010年度开始该企业不再享受税收减免优惠

答案：选ACD。

(2) 该企业2010年取得的营业外收入中属于免税收入的是（　　）

A. 国债利息收入10万元　　B. 国债转让收益10万元

C. 股票转让收益10万元　　D. 接受捐赠收入10万元

解析：选A。国债利息为免税收入。

(3) 下列费用中，准予在计算应纳税所得额时扣除的是（　　）

A. 管理费用450万元　　B. 支付在建办公楼工程款60万元

C. 支付诉讼费2.3万元　　D. 营业外支出300万元

解析：选AC。支付在建办公楼工程款60万元应作为在建工程成本，不能作为费用扣除；营业外支出300万元中包含的违法经营罚款10万元不能扣除。

(4) 该企业2010年汇算清缴应补缴的企业所得税税额为（　　）

A. 40万元　　B. 15万元　　C. 42.5万元　　D. 17.5万元

解析：选B。企业所得税税额 =［100万（会计利润）－10万（国债利息收入）+60万（在建工程款）+10万（违法经营罚款）］×25% =40万（元），40万－2010年已预缴所得税25万 =15万（元）。

(5) 该企业2008—2010年应缴纳的企业所得税税额合计为（　　）

A. 38.75万元　B. 63.75万元　C. 76.25万元　D. 51.25万元

解析：选B。企业所得税税额 =（2008年90万 +2009年100万）×25%/2 +2010年40万 =63.75万（元）。

16. 某汽车制造企业为增值税一般纳税人。6月份购进原材料，取得增值税专用发票上注明的货款2 500万元、增值税税款425万元，销售汽车取得销售收入（含税）9 360万元，货款已收到；兼营汽车租赁业务取得收入20万元（汽车租赁属于服务业，5%营业税）；兼营汽车运输业务取得收入50万元（3%营业税）。

（说明：该企业分别核算汽车销售额、租赁业务和运输业务营业额；有关票据在本月均通过主管税务机关认证并申报抵扣；月初增值税留抵税额为0；该企业生产的汽车适用消费税税率为5%）

根据以上材料，回答下列问题：

(1) 该企业6月份应缴纳的增值税税额为（　　）

A. 1 360 万元　　　　B. 935 万元

C. 1 166.2 万元　　　　D. 651.8 万元

解析：选 B。6 月份应缴纳的增值税税额 = 9 360/1.17 × 0.17 − 425 = 935（万元）。

（2）该企业 6 月份应缴纳的消费税税额为（　　）

A. 341.88 万元　　　　B. 400 万元

C. 353.98 万元　　　　D. 205.13 万元

解析：选 B。6 月份应缴纳的消费税税额 = 9 360/1.17 × 0.05 = 400（万元）。

（3）该企业开展汽车租赁业务应缴纳的营业税税额为（　　）

A. 3.4 万元　　B. 0.6 万元　　C. 1 万元　　D. 4 万元

解析：选 C。企业开展汽车租赁业务属于服务业，应缴纳的营业税税额 = 20 × 5% = 1（万元）。

（4）该企业开展运输业务应缴纳的营业税税额为（　　）

A. 1.5 万元　　B. 2.5 万元　　C. 2 万元　　D. 3 万元

解析：选 A。该企业开展运输业务应缴纳的营业税税额 = 50 × 3% = 1.5（万元）。

（5）下列各项中，关于该企业销售汽车业务的会计处理正确的是（　　）（单位：万元）

A. 借：银行存款　　9 360
　　贷：主营业务收入　　8 000
　　　　应交税费—应交增值税（销项税额）　　1 360

B. 借：银行存款　　9 360
　　贷：主营业务收入　　7 600
　　　　应交税费—应交增值税（销项税额）　　1 360
　　　　应交税费—应交消费税　　400

C. 借：银行存款　　9 360
　　贷：主营业务收入　　9 360

D. 借：银行存款　　8 000
　　贷：主营业务收入　　8 000

答案：选 A。

题外话

要善于总结做题的技巧，题海战术不可取，做题技巧很重要！休息一下继续复习！

17. 某商业企业属于增值税小规模纳税人，5月份有关购销业务如下：

①购进服装100套，进价150元/套，取得普通发票，价款已付；另支付进货运费200元，取得运输单位开具的运输发票。

②购入办公设备，取得普通发票，注明价款5 500元。

③销售服装80套，售价412元/套，开具普通发票上注明价款32 960元，价款已全部收到。

④转让厂房，取得转让收入100 000元。

（说明：有关票据在本月均通过主管税务机关认证并申报抵扣；月初增值税留抵税额为0）

根据上述材料，回答下列问题：

（1）下列关于增值税小规模纳税人的说法，正确的有（　　）

A. 从事货物生产或提供应税劳务的纳税人，以及以从事货物生产或提供应税劳务为主，并兼营货物批发或零售的纳税人，年应税销售额在50万元以下的，属于小规模纳税人

B. 从事货物批发或零售的纳税人，年应税销售额在80万元以下的，属于小规模纳税人

C. 年应税销售额超过小规模纳税人标准的个人、非企业性单位、不经常发生应税行为的企业，视同小规模纳税人纳税

D. 小规模纳税人应纳增值税与购进货物没有关系，购进货物的全部支出都将计入货物的成本

答案：选ABCD。

（2）小规模纳税人增值税的征收率为（　　）

A. 3%　　B. 7%　　C. 10%　　D. 13%

答案：选A。

（3）该企业销售服装应缴纳的增值税税额为（　　）

A. 960元　　B. 988.8元　　C. 966元　　D. 976元

解析：选A。增值税税额 $=32\ 960/1.03\times 0.03=960$（元）。

（4）该企业转让厂房应缴纳的营业税为（　　）

A. 3 000 元　　B. 4 000 元　　C. 5 000 元　　D. 6 000 元

解析：选 C。营业税 = 100 000 × 5% = 5 000（元）。

（5）下列各项说法中正确的是（　　）

A. 该企业外购服装可抵扣的进项税额为 0

B. 该企业外购服装发生的运费可抵扣的进项税额为 14 元

C. 该企业购入办公用品可抵扣的进项税额为 165 元

D. 该企业可按 3% 的征收率计算可抵扣的进项税额

解析：选 A。小规模纳税人购买物资所支付的增值税不能抵扣。

18. 某企业 2013 年度实现的利润总额为 700 万元，适用的所得税税率为 25%，营业外支出为 80 万元。其中，通过红十字会向贫困山区捐款 100 万元，通过其他企业向灾区捐款 10 万元，支付的税收滞纳金为 8 万元。

根据材料，回答以下问题：

（1）下列关于企业所得税的税率的说法，正确的有（　　）

A. 居民企业适用于 25% 的基本税率

B. 所有小型微利企业，其所得减按 20% 的税率征收企业所得税

C. 非居民企业的税率为 20%

D. 对国家需要重点扶持的高新技术企业，减按 15% 的税率征收企业所得税。

解析：选 AD。对符合条件的小型微利企业，所得减按 20% 的税率征收企业所得税，并非所有小型微利企业。非居民企业的税率分为两种，请回顾第四天第二环节第二节主要税种的知识图表。

（2）企业所得税应纳税所得额的计算方法有（　　）种

A. 1　　B. 2　　C. 3　　D. 4

解析：选 B。企业所得税应纳税所得额的计算方法有直接法和间接法两种。

（3）企业发生的公益性捐赠支出，准予扣除（　　）万元

A. 100　　B. 110　　C. 10　　D. 84

解析：选 D。企业发生的公益性捐赠支出，在年度利润总额 12% 以内的部分，准予在计算应纳税所得额时扣除。本题中，通过其他企业向灾区捐款的 10 万元不符合规定，不予扣除，通过红十字会向贫困山区捐款 100 万元准予扣除年度利润 700 万元的 12%，即 84 万元。

（4）该企业 2013 年度企业所得税应纳税所得额为（　　）万元

A. 700　　B. 724　　C. 620　　D. 600

解析：选B。公益性捐赠支出以外的捐赠支出10万元不得扣除，公益性捐赠支出可扣除84万元，税收滞纳金不得扣除，应纳税所得额 = 700 + （100 − 700 × 12%） + 8 = 724（万元）。

（5）该企业2013年度企业所得税应纳税额为（　　）万元

A. 181　　B. 175　　C. 155　　D. 150

解析：选A。应纳税额 = 724 × 25% = 181（万元）。

题外话

打起精神！加油啊！会计从业资格证在前方招手！

19. 某机械公司为增值税一般纳税人，主要生产各种电动工具。2010年7月5日该公司申报6月份增值税款100万元。7月底，税务机关对该公司6月份增值税计算缴纳情况进行专项检查，有关检查情况如下：

①6月2日，该机械公司销售给某单位货物一批，开具普通发票，取得收入12.87万元，企业的会计处理为：

借：银行贷款　　128 700

　贷：其他应付款　　128 700

②6月10日，处理一批下脚料，将取得的含增值税销售额3.51万元全部确认为其他业务收入。

③6月15日，购进低值易耗品一批，取得承运公司开具的运输发票上注明的运输金额为1万元，该公司计算抵扣的进项税额为0.1万元。

根据上述材料，回答下列问题：

（1）根据我国《税收征收管理办法》，该公司第一笔业务的会计处理违反税法的有关规定，属于（　　）

A. 抗税　　B. 欠税　　C. 漏税　　D. 偷税

答案：选D。

（2）该公司处理下脚料应确认的增值税销项税额为（　　）

A. 0.51万元　　B. 0.596 7万元

C. 0.515 6万元　　D. 0.5万元

解析：选A。销项税额 = 3.51/1.17 × 17% = 0.51（万元）。

（3）该公司购进低值易耗品支付的运费，可以按照一定的扣除率计算可抵扣的进项税额，该扣除率为（　　）

A. 3%　　B. 7%　　C. 10%　　D. 17%

答案：选 B。

（4）该公司应补缴的增值税税额为（　　）

A. 1.87 万元　B. 2.38 万元　C. 2.41 万元　D. 2.5 万元

解析：选 C。应补缴的增值税税额 = 12.87/1.17 × 0.17 + 3.51/1.17 × 17% + （0.1 − 1 × 7%） = 2.41（万元）。

（5）根据我国《税收管理法》，税务机关对该公司违反税法规定的行为处理正确的是（　　）

A. 责令该公司限期补缴少缴的增值税款，加收滞纳金

B. 处以少缴纳税款的 1.5 倍的罚款

C. 处以少缴纳税款的 6 倍的罚款

D. 通知该公司开户银行冻结其相当于少缴税款的存款

答案：选 AB。

20. 东方家具公司为增值税一般纳税人。2010 年该公司发生以下经济业务：

①2 月 4 日，销售家具一批取得销售额（含增值税）93.6 万元，收到 A 公司的开户银行开出的见票即付的汇票一张，注明的出票日期为 2010 年 2 月 4 日，金额 93.6 万元。

②2 月 10 日，外购用于生产家具的木材一批，全部价款已付并验收入库。对于开具的增值税专用发票注明的货款（不含增值税）为 40 万元，运输单位开具的货运发票注明的运费金额为 1 万元。

③2 月 15 日，外购建筑涂料用于装饰公司办公楼，取得对方开具的增值税发票上注明的增值税税额为 9 万元，已办理验收入库手续。

④2 月 20 日，向客户 B 企业开出一张支票，由于 B 企业的名称全称和金额不确定，因此出纳在开出支票时未记载“收款人名称”和“金额”。

⑤5 月 1 日，向 C 公司销售货物取得了 C 公司开具的一张银行承兑汇票，该汇票为检票后定期付款的汇票付款期为 3 个月，出票人为 C 公司，出票日期为 5 月 1 日。

⑥6 月 15 日，支付给 D 公司财务咨询费将 C 公司开具的银行承兑汇票背书转让给 D 公司，在背书时，出纳将公司的签章盖在了票据背面“被背书人”处，将 D 公司的名称写在了“背书人”处。

根据上述资料，回答下列问题：

（1）关于 2 月 4 日，收到 A 公司见票即付的汇票，下列提示付款期限中，没有超过法定期限的有（　　）

A. 2010年2月14日　　B. 2010年3月2日

C. 2010年4月14日　　D. 2010年6月14日

解析：选AB。银行汇票的提示付款期限为1个月。

(2) 该公司2月份增值税进项税额为（　）万元

A. 0.84　　B. 0.48　　C. 4.8　　D. 6.87

解析：选D。2月份增值税进项税额 = 40 × 0.17 + 1 × 7% = 6.87（万元）。

(3) 该公司2月份应缴纳增值税税额为（　）万元

A. 6.73　　B. 2.5　　C. 52　　D. 22

解析：选A。2月份应缴纳增值税税额 = 93.6/1.17 × 17% − 40 × 0.17 − 1 × 7% = 6.73（万元）。

(4) 关于2月20日向B企业开出支票的行为，下列表述中正确的有（　）

A. 收款人名称可以授权补记，在出票时未记载的票据也是有效的

B. 由于“收款人名称”是支票的绝对记载事项，因此支票无效

C. 由于“确定的金额”是支票的绝对记载事项，因此支票无效

D. 确定的金额可以授权补记，在出票时未记载的，票据也是有效的

答案：选AD。

(5) 关于6月15日公司进行汇票背书的行为，下列观点中正确的有（　）

A. 背书时应不记载背书人，被背书人应记载为“D公司”

B. 公司出纳的背书记载不符合规定

C. 该记载会导致票据不连续

D. 该记载会导致承兑人拒绝付款

答案：选BCD。

题外话

对于一些不是完全计算型的案例分析题，可先解决理论性的小题，最后再做计算类的小题。

21. 某公司主营货物运输业务，经税务机关批准按“交通运输业”税目征收营业税。该公司2010年发生如下经济业务：

①取得货物运输收入1 000万元，其中，运输货物出境取得收入100万

元，运输货物入境取得收入 200 万元，支付给其他运输企业的运费 200 万元。

②销售货物并负责运输所售货物共取得收入 100 万元（不含增值税）。

③将本公司的 5 辆货车出租给某物流公司，取得收入 20 万元。

根据上述材料，回答下列问题：

（1）下列各项中，关于第一笔业务的有关说法正确的有（　　）

A. 该公司取得运输货物收入适用 5% 的营业税税率

B. 该公司运输货物出境不用缴纳营业税

C. 该公司运输货物入境不用缴纳营业税

D. 该公司支付给其他运输企业的运费在计算营业税时可以从运输业务营业额中扣除

解析： 选 CD。取得运输货物收入适用 3% 的税率；运输入境货物，相当于在国外拉业务，属于劳务出口，不交营业税；运输出境货物，是在国内揽运输业务，不属于出口性质。

（2）该公司开展第一笔业务取得运输货物收入应缴纳的营业税税额为（　　）

A. 30 万元　　B. 18 万元　　C. 24 万元　　D. 15 万元

解析： 选 B。第一笔业务应缴纳营业税税额 =（1 000 − 200 − 200）×3% =18（万元）。

（3）该公司开展第二笔业务应缴纳（　　）

A. 增值税 17 万元　　B. 营业税 3 万元

C. 增值税 14.5 万元　　D. 营业税 5 万元

解析： 选 B。第二笔业务应缴纳营业税税额 =100×3% =3（万元）。

（4）该公司出租货车应缴纳营业税（　　）

A. 1 万元　　B. 0.6 万元　　C. 0 元　　D. 4 万元

解析： 选 A。出租货车属于服务业，应缴纳营业税税额 = 20×5% = 1（万元）。

（5）该公司 2010 年应缴纳的营业税税额为（　　）

A. 18 万元　　B. 21 万元　　C. 22 万元　　D. 23.4 万元

解析： 选 C。2010 年应缴纳的营业税税额 =18 +3 +1 =22（万元）。

22. 某工业企业 2010 年度的相关情况如下：

①3 月 12 日，企业会计科会同档案科对单位会计档案进行了清理，编制了会计档案销毁清册，各保管期已满的会计档案按规定程序完全销毁，其中包括一些保管期满但未结清债务债权的原始凭证。

②7 月 23 日，会计科在例行审核有关单据时，发现一张购买计算机的发

票，其金额栏 10 000 元的数字有更改迹象，经查阅相关买卖合同、单据，确认更改后的金额数字是正确的。于是，会计科要求该发票的出具单位在发票金额栏更改之处加盖出具单位印章，之后，该企业予以受理并据此登记入账。

③该企业当年产品销售收入 450 万元，其他应征税的收入 110 万元，销售成本、销售税金及附加 95 万元，有关费用、其他支出 215 万元，经审查企业所得税前费用列支罚款 6 万元，上一年度亏损 34 万元。

根据上述资料，回答下列问题：

(1) 对于保管期满的会计档案，应由（　　）提出销毁意见，编制会计档案销毁清册

A. 单位档案管理部门　　B. 会计机构

C. 单位负责人　　D. 会计机构负责人

答案：选 AB。

(2) 会计机构、会计人员在审核原始凭证时，对不真实、不合法的原始凭证应当（　　）

A. 有权不予受理

B. 向单位负责人报告

C. 请求查明原因，追究有关当事人的责任

D. 予以退回，要求更正、补充

答案：选 ABC。

(3) 原始凭证的（　　）书写错误的，可以更正并在更改处盖章

A. 日期　　B. 金额

C. 经济业务内容　　D. 经办人员签名

答案：选 ACD。

(4) 该企业 2010 年度企业所得税的应纳税所得额是（　　）万元

A. 216　　B. 222　　C. 250　　D. 25

解析：选 B。应纳税所得额 $=450+110-95-215+6-34=222$（万元）。

(5) 该企业 2010 年度企业所得税的应纳税额是（　　）万元

A. 54　　B. 55.5　　C. 62.5　　D. 64

解析：选 B。应纳税额 $=222\times25\%=55.5$（万元）。

23. 中国居民王某是一家公司的员工，其 2010 年的收入情况如下：

①为其他单位提供技术咨询，取得一次性个人劳务报酬 3 000 元。

②工作之余发表文章一次性取得稿酬收入 5 000 元。

③取得公司分配的股息、红利所得 4 000 元。

根据上述资料，回答下列问题：

(1) 下列关于王某取得劳务报酬收入的说法，正确的有（　　）

A. 劳务报酬所得的税率是20%

B. 劳务报酬所得的税率是30%

C. 应纳税所得额超过20 000元可以加成征收

D. 劳务报酬所得3 000元，可以扣除800元的费用

解析：选AD。劳务报酬所得税率一般为20%，应纳税所得额超过20 000元可以加成征收，收入与应纳税所得额的含义不同。

(2) 下列关于王某取得稿酬所得的说法，正确的有（　　）

A. 稿酬所得5 000元可以扣除800元的费用

B. 稿酬所得5 000元可以扣除20%的费用

C. 对稿酬所得，可以减征30%的税额

D. 稿酬所得的实际税率为14%

答案：选BCD。

(3) 王某为其他单位提供技术咨询，应缴纳个人所得税（　　）元

A. 400　　B. 420　　C. 440　　D. 480

解析：选C。提供技术咨询属于劳务报酬，应缴纳个人所得税 =（3 000 − 800）×20% = 440（元）。

(4) 王某发表文章取得稿酬收入，应缴纳个人所得税（　　）元

A. 520　　B. 560　　C. 588　　D. 840

解析：选B。发表文章取得稿酬收入，应缴纳个人所得税 = 5 000 ×（1 − 20%）×20% ×（1 − 30%）= 560（元）。

(5) 下列关于王某个人所得税的说法，正确的有（　　）

A. 王某的个人所得税应当由其支付人作为扣缴义务人

B. 王某应当在当年度结束后执行12万元以上年所得的申报

C. 王某取得公司分配的股息、红利所得，税率20%

D. 股息、红利所得的应纳税额是800元

答案：选ACD。

24. 某企业2013年度销售收入为5 000万元，实现利润总额为1 000万元，适用的所得税税率为25%，年度发生广告费用为450万元，业务招待费为100万元。

根据资料，回答以下问题：

(1) 根据税法规定，广告费和业务宣传费支出，除国务院财政、税务主管部门另有规定外，不超过当年销售（营业）收入（　　）的部分，准予扣除；超过部分，准予在以后纳税年度结转扣除

A. 12%　　　　B. 15%　　　　C. 60%　　　　D. 5‰

答案：选 B。

（2）该企业本年度可扣除的广告费为（　　）万元

A. 750　　　　B. 600　　　　C. 25　　　　D. 120

解析：选 A。准予当年扣除的广告费上限 =5 000 ×15% =750（万元），实际发生 450 万元，低于准予扣除的金额，可以全额扣除。

（3）该企业 2013 年度准予扣除的业务招待费为（　　）万元

A. 60　　　　B. 25　　　　C. 100　　　　D. 120

解析：选 B。企业发生的与生产经营活动有关的业务招待费支出，按照发生额的 60% 扣除，但最高不得超过当年销售（营业）收入的 5‰。业务招待费准予扣除的上限 =5 000 ×5‰ =25（万元），业务招待费发生额的 60% = 100 ×60% =60（万元），故业务招待费准予扣除的金额为 25 万元。

（4）该企业 2013 年度的企业所得税应纳税所得额为（　　）万元

A. 1 000　　　　B. 1 075　　　　C. 4 450　　　　D. 5 000

解析：选 B。应纳税所得额 =1 000 + （100 −25） =1 075（万元）。

（5）该企业 2013 年度的企业所得税应纳税额为（　　）万元

A. 268.75　　　　B. 250　　　　C. 1 250　　　　D. 112.5

解析：选 A。应纳税额 =1 075 ×25% =268.75（万元）。

25. 大丰公司根据合同向引航公司购买产品，并签发一张金额为 8 万元的支票，出票日期为 2011 年 7 月 1 日。引航公司同年 7 月 5 日背书转让给佳丽公司，并将付款日期另行记载为 7 月 20 日。

要求：根据上述资料，回答下列问题。

（1）下列各项中属于有效行为的是（　　）

A. 大丰公司向引航公司购买产品

B. 大丰公司向引航公司签发支票

C. 引航公司将支票背书转让给佳丽公司

D. 引航公司另行记载支票的付款日期

答案：选 ABC。

（2）根据《中华人民共和国票据法》的规定，下列日期中，持票人佳丽公司的提示付款时间符合规定的是（　　）

A. 2011 年 8 月 5 日　　　　B. 2011 年 7 月 9 日

C. 2011 年 7 月 20 日　　　　D. 2011 年 1 月 15 日

答案：选 B。

（3）如果佳丽公司于 2012 年 2 月 20 日才提示付款，以下说法中错误的

是（　　）

A. 票据权利和民事权利均未丧失

B. 票据权利和民事权利均已丧失

C. 票据权利丧失，但仍然享有民事权利

D. 民事权利丧失，但仍然享有票据权利

解析：选 ABD。支票请求权为 6 个月。

（4）根据《中华人民共和国票据法》的规定，现金支票与转账支票的关系是（　　）

A. 现金支票可以转账，转账支票不能支取现金

B. 现金支票只能支取现金，转账支票只能用于转账

C. 现金支票在特殊情况下可以转账

D. 转账支票可以支取现金，现金支票不能转账

答案：选 B。

（5）根据《中华人民共和国票据法》的规定，下列各项中，属于票据行为的是（　　）

A. 出票　　B. 背书　　C. 承兑　　D. 保证

答案：选 ABCD。

题外话

今天的难点专题特训终于结束了，请注意标记需进一步理解消化的题目，以便下一次的复习。

7 第七天 冲刺训练 全真模拟（一）

题外话

从今天起到第九天，每天进行两套全真模拟测试题的演练，题型题量与考试一致，迅速进入临场考试状态。

第一环节：对第六天学习内容进行回忆，重温错题。（用时20分钟）

第二环节：稍作休息，模拟热身。

为培养对真实考试的时间观念，今天的两套题可按题型分段练习，请在指定时间内完成。

综合模拟试题1

一、单项选择题（本题共20题，每题1分，共20分，多选、少选、错选、不选均不得分）

（请在15分钟内完成）

1. 下列属于会计部门规章的是（　　）

A.《财政部门实施会计监督办法》

B.《企业会计准则第31号——现金流量表》

C.《企业财务会计报告条例》

D.《注册会计师法》

2. 每当发生财政资金支付行为时，先由代理银行将实际应支付的款项垫付给收款人，每日终了后再由代理银行与中国人民银行国库单一账户进行清算，划转代理银行已垫付资金。这类账户称为（　　）

A. 国库单一账户　　B. 零余额账户

C. 预算外资金财政专户　　D. 小额现金账户

3. 根据有关规定，办理托收承付的（　　）

A. 收付双方必须都是国有企业

B. 收付双方必须签有合法的代销合同

C. 结算款项的收款人可以选用邮寄的划回方式

D. 每笔金额起点为5万元

4. 根据我国《政府采购法》的规定，下列各单位中，可以确定并公布政府采购限额标准的是（　　）

A. 省级以上人民政府　　B. 县市级人民政府

C. 地市级人民政府　　D. 乡镇级人民政府

5. 根据《中华人民共和国支付结算办法》的规定，贷记卡持卡人非现金交易，享受免息还款期，免息还款期最长为（　　）

A. 30天　　B. 60天　　C. 90天　　D. 180天

6. 下列各项中，可作为区分不同类型税种的主要标志的是（　　）

A. 纳税义务人　B. 征税人　　C. 税目　　D. 征税对象

7. 根据我国《人民币银行结算账户管理办法》的规定，存款人申请开立、变更、撤销一般存款账户、专用存款账户和临时存款账户必须出具的证明文件是（　　）

A. 临时存款账户开户登记证

B. 专用存款账户开户登记证

C. 基本存款账户开户登记证

D. 一般存款账户开户登记证

8. 下列表述中，不正确的是（　　）

A. 背书不得附条件，否则所附条件不具有票据上的效力

B. 付款人承兑汇票不得附有条件，否则视为拒绝承兑

C. 保证不得附有条件，附有条件的，不影响对汇票的保证责任

D. 支票中另行记载付款日期的，该记载有效

9. 结算起点是由（　　）确定，报国务院备案

A. 中央银行　　B. 中国人民银行

C. 工商银行　　D. 开户银行

10. 下列各项中，不得领购增值税专用发票的有（不考虑特殊情况）（　　）

A. 增值税小规模纳税人

B. 销售货物的增值税一般纳税人

C. 提供加工劳务的增值税一般纳税人

D. 提供修配业务的增值税一般纳税人

11. 按月或按季预缴的，应当自月份或者季度终了之日起（　　）内，向税务机关报送预缴企业所得税申报表，预缴税款

A. 10 日　　B. 15 日　　C. 20 日　　D. 30 日

12. 2011 年 2 月，甲公司出租其自有的仓库两间，每间每月收取租金为 2 万元，则甲公司 2 月份应缴纳的营业税为（　　）万元

A. 0　　B. 0.1　　C. 0.2　　D. 0.4

13. 下列各项中，在计算企业所得税应纳税所得额时不得扣除的项目是（　　）

A. 销售费用　　B. 企业所得税税额

C. 消费税　　D. 已发生的经营亏损

14. 2010 年 2 月，某个体工商户（增值税小规模纳税人）购进皮鞋 150 双，单价 60 元，当月以每双 120 元的含税价格全部零售出去。该个体工商户当月销售这些皮鞋应纳增值税为（　　）元

A. 3 060　　B. 524.27　　C. 273.95　　D. 720

15. 下列关于会计档案管理岗位的说法，正确的是（　　）

A. 在聘任为助理会计师之后，会计档案管理岗位属于会计岗位

B. 在会计档案正式移交档案管理部门之后，会计档案管理岗位属于会计岗位

C. 在聘任为助理会计师之前，会计档案管理岗位属于会计岗位

D. 在会计档案正式移交之前，会计档案管理岗位属于会计岗位

16. 下列关于国库单一账户的表述，不正确的是（　　）

A. 用于预算单位办理转账、提取现金等结算业务

B. 用于记录、核算和反映纳入预算管理的财政收入和财政支出活动

C. 用于与财政部门零余额账户进行清算

D. 用于与预算单位零余额账户进行清算

17. 设立代理记账机构，除国家法律、行政法规另有规定外，还应符合的条件是（　　）

A. 主管代理记账业务的负责人具有会计师以上专业技术职务资格

B. 向主管部门提供会计资料

C. 及时向代理记账机构提供真实、完整的原始凭证和其他相关资料

D. 对在执行业务中知悉的商业秘密应当保密

18. （　　）是会计核算工作得以正常进行的前提条件

A. 及时填制或取得原始凭证

B. 及时填制或取得记账凭证

C. 会计账簿登记

D. 会计账簿核对

19. 根据我国《人民币银行结算账户管理办法》的规定，一般存款账户不能办理的业务是（　　）

A. 借款归还　B. 现金支取　C. 借款转存　D. 现金缴存

20. 国家需要重点扶持的高新技术企业，可以按较低的税率征收企业所得税，该税率为（　　）

A. 10%　B. 15%　C. 20%　D. 25%

二、多项选择题（下列每小题的备选答案中，有两个或两个以上符合题意的正确答案，本题共20题，每题2分，共40分，多选、少选、错选、不选均不得分）

（请在20分钟内完成）

21. 下列各项中，属于《中华人民共和国预算法》中划分预算职权的原则的有（　　）

A. 分级管理　B. 权责结合　C. 各级独立　D. 统一领导

22. 依据我国《财政部门实施会计监督办法》规定，财政部门依法对各单位会计账簿设置所实施的监督检查包括（　　）

A. 是否存在任用无会计从业资格证的人从事会计工作

B. 应当设置会计账簿的是否按规定设置会计账簿

C. 设置会计账簿是否存在其他违反法律、行政法规和国家统一的会计制度的行为

D. 是否存在伪造、变造会计账簿的行为

23. 会计违法行为涉及的法律责任包括（　　）

A. 刑事责任　B. 赔偿责任　C. 民事责任　D. 行政责任

24. 会计职业道德与会计法律制度的区别为（　　）

A. 性质不同　B. 作用范围不同

C. 实现形式不同　D. 实施保障机制不同

25. 以下关于预算的说法，正确的是（　　）

A. 国家预算是国民经济的综合反映

B. 预算收入反映国民经济发展水平和经济效益水平

C. 预算支出反映各项建设事业的基本情况

D. 国家预算是国家财政实行宏观调控的主要依据和手段

26. 根据我国《企业所得税暂行条例》及有关规定，企业在计算全年应纳税所得额时，应计入应纳税所得额的收入有（　　）

A. 购买国库券到期兑现的利息收入

B. 外单位欠款付给的利息

C. 收取的逾期未收回包装物的押金

D. 企业在建工程支付的利息

27. 开户单位可以使用现金的业务有（　　）

A. 职工工资、津贴

B. 个人劳务报酬

C. 采购工业用主要原材料

D. 向个人收购农副产品和其他物资的价款

28. 代理记账的业务范围有（　　）

A. 对委托单位进行会计核算

B. 对外提供财务会计报告

C. 向税务机关提供税务资料

D. 委托人委托的其他会计业务

29. 会计职业道德的特征有（　　）

A. 具有一定强制性　　B. 较多关注公众利益

C. 具有自愿性　　D. 与个人利益有冲突

30. 下列属于流转税的税种有（　　）

A. 增值税　B. 所得税　C. 营业税　D. 消费税

31. 《中华人民共和国票据法》所指的“票据”包括（　　）

A. 支票　B. 发票　C. 汇票　D. 本票

32. 会计人员继续教育中的会计职业道德教育，具体应包括（　　）内容

A. 法制教育　B. 荣誉教育　C. 品德教育　D. 形势教育

33. 根据我国《个人所得税法》的有关规定，工资、薪金所得与劳务报酬所得的主要区别在于（　　）

A. 经常所得与偶然所得的区别

B. 独立劳务活动与非独立劳务活动的区别

C. 是否有雇佣与被雇佣的关系

D. 主动劳动与被动劳动的区别

34. 下列关于税收与税法关系的说法，正确的有（　　）

A. 税收活动必须严格按照税法的规定进行

B. 税收属于经济基础范畴

C. 税法以保障税收活动的有序进行为其存在的理由和依据

D. 税法属于上层建筑范畴

35. 税法按照主权国家行使税收管辖权的不同，可以分为（ ）

A. 国内税法　　B. 国际税法

C. 外商投资企业税法　　D. 外国税法

36. 下列做法中不正确的有（　　）

A. 甲公司代其子公司开具了一张价值 20 000 元的增值税发票

B. 乙公司将其未用完的增值税发票转让给丙公司

C. 丙公司将闲置的发票本出售给丁公司并收取一定费用

D. 丁公司将已开具的发票存根联和发票登记簿保存 6 年后报经税务机关查验后予以销毁

37. 下列说法中体现了“客观公正”会计职业道德规范的是（　　）

A. 端正工作态度　　B. 坚持依法办事

C. 实事求是，不偏不倚　　D. 保持应有的独立性

38. 下列各项中，属于会计工作的自律管理组织的有（　　）

A. 中国管理会计师协会　　B. 中国会计学会

C. 中国注册会计师协会　　D. 中国总会计师协会

39. 下列关于我国《政府采购法》的说法，正确的有（　　）

A.《政府采购法》是 2002 年颁发的

B.《政府采购法》是制定其他关于预算制度的基本依据

C.《政府采购法》是 2002 年施行的

D. 是规范我国政府采购活动的根本性法律

40. 相对于企业而言，下列各项中，属于内部控制的控制方法的有（　　）

A. 授权审批控制　　B. 财产保护控制

C. 预算控制　　D. 绩效考评控制

三、判断题（本题共 20 题，每题 1 分，共 20 分。判断正确得 1 分，判断错误、不判断均不得分也不扣分）

（请在 10 分钟内完成）

41. 票据出票日期使用小写填写的，银行不予受理。（　　）

42. 政府有关部门以本级预算安排的资金拨付给下级政府有关部门的专款，必须经本级人民代表大会常务委员会同意并办理预算划转手续。（　　）

43. 保持独立性是会计职业道德中坚持准则原则的基本要求。（　　）

44. 票据是由出票人签发的，约定自己或者委托付款人在见票时或指定的日期向收款人或持票人在符合条件时支付一定金额的有价证券。（　　）

45. 存款人尚未清偿开户银行债务的，不得申请撤销银行结算账户。（　　）

46. 中国注册会计师协会是我国注册会计师的行业自律组织，对注册会计师进行自律管理和约束。（　　）

47. 会计职业道德规范“坚持准则”中的“准则”就是指会计准则。（　　）

48. 生产型增值税不允许纳税人在计算增值税时扣除外购固定资产的价值。（　　）

49. 为了简化业务流程，办理货币资金业务的全过程可由一人完成。（　　）

50. 起征点是指征税对象达到一定数额才开始征税的界限，征税对象的数额达到规定数额的，只对其超过起征点部分的数额征税。（　　）

51. 除法律、行政法规另有规定外，未经中国人民银行批准的非银行金融机构和其他单位不得作为支付结算和资金清算的中介机构。（　　）

52. 无民事行为能力人或者限制民事行为能力人在票据上的签章无效，但不影响其他签章的效力。（　　）

53. 政府采购只能实行集中采购的方式。（　　）

54. 会计职业道德情感的培养与会计职业道德认知的形成是一样的。（　　）

55. 持证人员离开会计工作岗位超过9个月的，应当填写注册登记表，并持会计从业资格证书，向原注册登记的会计从业资格管理机构备案。（　　）

56. 国家机关，国有企业、事业单位的单位负责人的直系亲属可以担任本单位会计机构负责人。（　　）

57. 在一个阶级社会里，可以有多种体现不同阶级愿望和意志的会计法律制度。（　　）

58. 在中华人民共和国境内的外商投资企业、外国企业和其他外国组织的会计记录的文字可以仅使用一种外国文字。（　　）

59. 会计核算以人民币为记账本位币，业务收支以人民币以外的货币为主的单位，可以选定某一种货币作为记账本位币，对应编制的财务会计报告也要采用该种外币核算。（　　）

60. 国家预算对财政收支是一种估算反映，不具有监督的作用。（　　）

四、案例分析题（本题共2题，每题有5小题，每小题2分，共20分。有一个或者一个以上符合题意的正确答案，多选、少选、错选、不选均不得分）

（请在15分钟内完成）

61. 2010年4月，甲公司发生如下业务：①甲企业开出一张付款期限为3个月的汇票给乙企业，丙企业在该汇票的正面记载了保证事项，乙企业取得汇票后，将该汇票背书转让给了丁企业；②甲企业采用汇兑的方式结算前欠戊公司的货款。请答题：

（1）下列各项中，属于保证的当事人的有（　　）

A. 甲企业和乙企业　　B. 甲企业和丙企业

C. 丙企业和丁企业　　D. 乙企业和丁企业

（2）关于背书事项，下列表述中错误的是（　　）

A. 若该票据记载“不得转让”，则该票据的背书无效

B. 若该票据附有“货到付款”，则该票据的背书无效

C. 若该票据仅将其一半转让给丁企业，则该票据的背书无效

D. 若该票据标明“商业汇票”，则该票据的背书无效

（3）下列各项中，不得背书转让的情形有（　　）

A. 被拒绝承兑　　B. 被拒绝付款

C. 超过付款提示期限　　D. 票据记载“不得转让”

（4）保证的绝对记载事项有（　　）

A. 被保证人的名称、住所　　B. 保证日期

C. 保证文句　　D. 保证人签章

（5）汇入银行向戊公司发出取款通知后，经过（　　）个月无法交付的汇款，应主动办理退汇

A. 1　　B. 2　　C. 3　　D. 6

62. 国家预算是有计划地管理财政收支的工具，预算组织程序包括预算草案的编制、预算审批、预算执行和预算调整。财政部门在预算组织协调和监督工作中，依照《中华人民共和国预算法》的规定，将预算计划管理方式贯穿于预算资金筹集、分配和使用的始终，并通过预算管理工作内容来实现。

请根据以上资料，回答如下关于预算组织程序的问题：

（1）下列关于预算草案的叙述，不正确的为（　　）

A. 预算草案是指各级政府、各部门、各单位编制的未经法定程序审查和批准的预算收支计划

B. 预算草案专指各级政府财政部门编制的已经法定程序审查和批准的预

算收支计划

C. 预算草案是指各级政府、各部门、各单位编制的已经法定程序审查和批准的预算收支计划

D. 预算草案专指各级政府财政部门编制的未经法定程序审查和批准的预算收支计划

（2）下列各项中，属于各级政府编制年度预算草案的依据的为（　　）

A. 国民经济和社会发展计划、财政中长期计划以及有关的财政经济政策

B. 上一年度预算执行情况和本年度预算收支变化因素

C. 上级政府对编制本年度预算草案的指示和要求

D. 本级政府的预算管理职权和财政管理体制确定的预算收支范围

（3）下列各项中，属于各部门、各单位编制年度预算草案的依据的为（　　）

A. 本部门、本单位的定员定额标准

B. 法律、法规和本级政府的指示和要求以及本级政府财政部门的部署

C. 本部门、本单位上一年度预算执行情况和本年度预算收支变化因素

D. 本部门、本单位的职责、任务和事业发展计划

（4）根据《中华人民共和国预算法》的规定，负责审查和批准中央预算的为（　　）

A. 国务院财政部门

B. 国务院

C. 全国人民代表大会常务委员会

D. 全国人民代表大会

（5）根据《中华人民共和国预算法》的规定，负责具体编制预算调整方案的为（　　）

A. 人民代表大会常务委员会

B. 人民代表大会

C. 政府财政部门

D. 政府税务部门

参考答案及解析

一、单项选择题

1. A【解析】以财政部第10号令形式发布的《财政部门实施会计监督办

法》属于会计规章，选项B属于会计规范性文件，选项C属于会计行政法规，选项D属于会计法律。

2. B【解析】零余额账户与国库单一账户相互配合，构成财政资金支付过程的基本账户。通过此类账户可以实现财政资金日常支付以及与国库单一账户清算。

3. C【解析】除国有企业外，供销合作社以及经营管理较好，并经开户银行审查同意的城乡集体所有制工业企业也可以使用托收承付结算方式，故选项A错误。托收承付结算每笔金额起点为1万元，故选项D错误。托收承付是根据购销合同由收款人发货后委托银行向异地付款人收取款项，由付款人向银行承认付款的结算方式。代销商品的款项，不得办理托收承付结算，故选项B错误。托收承付结算款项的划回方法，分邮寄和电报两种，由收款人选用，故选项C正确。

4. A【解析】中央的政府采购限额标准由国务院确定并公布，地方政府采购限额标准由省级、自治区、直辖市人民政府确定并公布。

5. B

6. D【解析】征税对象又称为“课税对象”或“课税客体”。它是指征税的标的物，即对什么东西征税，也是缴纳税款的客体。征税对象的全体（集合）即构成该种税的征税范围。征税对象是税收制度中最基本的要素之一，它决定纳税人和税率。征税对象是税法最基本的要素。

7. C【解析】基本存款账户是其他单位存款账户存在的基础，是存款人的主办账户。

8. D【解析】支票限于见票即付，不得另行记载付款日期。另行记载付款日期的，该记载无效。

9. B【解析】按照规定，结算起点为1 000元，超过结算起点的，应实行银行转账结算。在结算起点以下的零星支出可以使用现金进行结算，结算起点的调整由中国人民银行确定，报国务院备案。

10. A【解析】只有经国家税务机关认定为增值税一般纳税人才能领购增值税专用发票，小规模纳税人和法定情形的一般纳税人不得领购使用。

11. B【解析】企业按月或按季预缴企业所得税的，应当自月份或者季度终了之日起15日内，向税务机关报送预缴企业所得税纳税申报表，预缴税款。

12. C【解析】出租业务按服务业缴纳营业税；应缴纳的营业税 $=2\times2\times5\%=0.2$（万元）。

13. B

14. B【解析】小规模纳税人不得抵扣进项税额，不含税销售额 = 120 × 150 ÷（1 + 3%）= 17 475.73（元），应纳税额 = 17 475.73 × 3% = 524.27（元）。

15. D　16. A

17. A【解析】设立代理记账机构，除国家法律、行政法规另有规定外，应当符合下列条件：①有 3 名以上持有会计从业资格证书的专职从业人员；②主管代理记账业务的负责人具有会计师以上专业技术职务资格；③有固定的办公场所；④有健全的代理记账业务规范和财务会计管理制度。

18. A【解析】及时填制或取得原始凭证，是会计核算工作得以正常进行的前提条件。

19. B　20. B

二、多项选择题

21. ABD【解析】单位预算管理实行“统一领导、分级管理、权责结合”的原则。

22. BCD【解析】财政部门依法对各单位设置会计账簿的下列情况实施监督检查：

（1）应当设置会计账簿的是否按规定设置会计账簿；

（2）是否存在账外设账的行为；

（3）是否存在伪造、变造会计账簿的行为；

（4）设置会计账簿是否存在其他违反法律、行政法规和国家统一的会计制度的行为。

23. AC　24. ABCD　25. ABCD

26. BC【解析】选项 A“购买国库券到期兑现的利息收入”属于免税收入，选项 D“企业在建工程支付的利息”要计入在建工程的成本。

27. ABD【解析】开户单位可以在下列范围内使用现金：

（1）职工工资、津贴；

（2）个人劳务报酬；

（3）根据国家规定颁发给个人的科学技术、文化艺术、体育等各种奖金；

（4）各种劳保、福利费用以及国家规定的对个人的其他支出；

（5）向个人收购农副产品和其他物资的价款；

（6）出差人员必须随身携带的差旅费；

（7）结算起点以下的零星支出；

（8）中国人民银行确定需要支付现金的其他支出。

28. ABCD

29. AB【解析】会计职业道德的特征：①具有一定的强制性——许多会计职业道德的内容纳入会计法律制度，是一种思想立法；②较多关注公众利益——会计职业的特殊性，要求会计人员客观公正，在会计职业活动中，发生道德冲突时要坚持准则，把社会公众利益放在第一位。

30. ACD【解析】增值税、营业税、消费税、关税都属于流转税类。而所得税属于所得税类。

31. ACD【解析】在我国票据包括汇票、本票和支票。

32. ACD【解析】2006 年财政部印发的《会计人员继续教育规定》中对会计人员的继续教育包括形势教育、品德教育、法制教育等。

33. BC【解析】工资、薪金所得与劳务报酬所得两者的主要区别在于其是否“独立”从事劳务活动所取得的收入。独立劳务所得是指个人独立从事各种技艺，提供各项劳务活动所得的报酬；而非独立劳务所得，是必须依附于人、受制于人的劳务活动所得的报酬，这种劳务活动存在雇佣与被雇佣的关系，而独立劳务则不存在这种关系。前者属于劳务报酬所得，后者属于工资、薪金所得。根据我国《个人所得税法》的有关规定，一般情况下，个人兼职取得的收入应按照“劳务报酬所得”应税项目缴纳个人所得税。

34. ABCD

35. ABD【解析】按照主权国家行使税收管辖权的不同，可以将税法分为国内税法、国际税法、外国税法。

36. ABC【解析】任何单位和个人应当按照发票管理规定使用发票，不得转借、转让、介绍他人转让发票、发票监制章和发票防伪专用品。发票存根联和发票登记簿应当保存 5 年，所以 6 年之后销毁是正确的。

37. ABCD

38. BCD【解析】会计工作的自律管理组织包括中国注册会计师协会、中国会计学会和中国总会计师协会。

39. AD【解析】我国《政府采购法》是 2002 年制定通过的，2003 年 1 月 1 日开始施行。制定其他预算制度的基本依据是《中华人民共和国预算法》。

40. ABCD【解析】相对于企业而言，内部控制的控制方法一般包括不相容职务分离控制、授权审批控制、会计系统控制、财产保护控制、预算控制、运营分析控制和绩效考评控制等。

三、判断题

41. 对

42. 错【解析】政府有关部门以本级预算安排的资金拨付给下级政府有关部门的专款，必须经本级政府财政部门同意并办理预算划转手续。

43. 错【解析】保持独立性是客观公正的要求。

44. 错【解析】票据是由出票人签发的，约定自己或者委托付款人在见票时或指定的日期向收款人或持票人无条件支付一定金额的有价证券。

45. 对 46. 对

47. 错【解析】会计职业道德规范“坚持准则”中的“准则”，不仅指会计准则，而且包括会计法律、法规、国家统一的会计制度以及与会计工作相关的法律制度。

48. 对

49. 错【解析】办理货币资金业务的全过程不可由一人完成。

50. 错【解析】起征点是指对征税对象达到一定数额才开始征税的界限。征税对象的数额达到规定数额的，按全部数额征税。

51. 对 52. 对

53. 错【解析】政府采购实行集中采购和分散采购相结合的方式。

54. 对【解析】会计职业道德情感的形成和会计职业道德认知的培养分别属于会计职业道德修养的不同环节。会计职业道德情感，是指会计人员基于一定的道德认识，在处理职业活动中的各种道德关系和道德行为时所产生的情绪体验。会计职业道德认知，主要是指对会计职业道德的行为、准则及其意义的理解和掌握。

55. 错【解析】持证人员离开会计工作岗位超过6个月的，应当填写注册登记表，并持会计从业资格证书，向原注册登记的会计从业资格管理机构备案。

56. 错【解析】国家机关，国有企业、事业单位的单位负责人的直系亲属不得担任本单位会计机构负责人。

57. 错【解析】会计法律制度都是体现统治阶级的愿望和意志。

58. 错【解析】我国境内所有单位的会计记录文字都应当使用中文，在我国境内的外商投资企业、外国企业和其他外国组织的会计记录可以同时使用一种外国文字。

59. 错【解析】业务收支以人民币以外的货币为主的单位可以选定人民币以外的货币作为记账本位币，但是其编制的财务会计报告必须以人民币反映。

60. 错【解析】国家预算对财政收支具有一定的反映和监督的作用。

四、案例分析题

61.（1）B【解析】保证的当事人为保证人与被保证人，商业汇票的债务可以由保证人来承担保证责任。甲企业为被保证人，丙企业为保证人。

（2）BCD【解析】如果出票人在汇票上记载“不得转让”，则该汇票不得转让，背书无效，选项A是正确的；背书不得记载的内容有两项，一是附有条件的背书，二是部分背书，标明“商业汇票”不是禁止事项，况且其本身就是商业汇票，故选项B、C、D的表述错误。

（3）ABCD【解析】《中华人民共和国票据法》第三十六条规定：汇票被拒绝承兑、被拒绝付款或者超过付款提示期限的，不得背书转让；背书转让的，背书人应当承担汇票责任。《中华人民共和国票据法》第二十七条规定：出票人在汇票上记载“不得转让”字样的，汇票不得转让。故选项A、B、C、D都不能背书转让。

（4）CD【解析】票据保证记载的事项，有绝对记载事项和相对记载事项。其中绝对记载事项包括保证文句和保证人签章两项；相对记载事项包括被保证人的名称、保证日期和保证人住所。选项A、B为相对记载事项。

（5）B【解析】汇入银行对于向收款人发出取款通知，经过2个月无法交付的汇款，应主动办理退汇。

62.（1）BCD【解析】预算草案是指各级政府、各部门、各单位编制的未经法定程序审查和批准的预算收支计划。

（2）ABCD【解析】本题考查各级政府编制年度预算草案的依据。

①上级政府对编制本年度预算草案的指示和要求；

②本级政府的预算管理职权和财政管理体制确定的预算收支范围；

③上一年度预算执行情况和本年度预算收支变化因素；

④国民经济和社会发展计划、财政中长期计划以及有关的财政经济政策；

⑤法律、法规。

（3）ABCD【解析】本题考查各部门、各单位编制年度预算草案的依据。

①法律、法规和本级政府的指示和要求以及本级政府财政部门的部署；

②本部门、本单位的定员定额标准；

③本部门、本单位的职责、任务和事业发展计划；

④本部门、本单位上一年度预算执行情况和本年度预算收支变化因素。

（4）D【解析】负责审查和批准中央预算的是全国人民代表大会。

（5）C【解析】负责具体编制预算调整方案的是政府财政部门。

综合模拟试题 2

一、单项选择题（本题共 20 题，每题 1 分，共 20 分，多选、少选、错选、不选均不得分）

（请在 15 分钟内完成）

1. 个人出租住房取得的所得按（　　）的税率征收个人所得税

A. 5%　　B. 10%　　C. 20%　　D. 30%

2. 张某是某单位负责记载收入和费用支出账务的记账人员，按照会计内部控制制度的要求，下列可以由张某兼任的岗位是（　　）

A. 财产保管　　B. 费用收入和支出的经办

C. 固定资产的登记　　D. 费用支出的审批

3.（　　）是单位对外提供的财务会计报告的责任主体

A. 审计人员　　B. 会计机构负责人

C. 总会计师　　D. 单位负责人

4. 租借固定资产登记簿属于（　　）

A. 总账　　B. 明细账

C. 日记账　　D. 其他辅助性账簿

5. 我国财政部门履行会计行政管理的最基本职能是（　　）

A. 会计监督检查

B. 会计市场管理

C. 会计准则制度及相关标准规范的制定和组织实施

D. 会计专业人才评价

6. 不属于签发汇兑凭证必须记载的事项是（　　）

A. 无条件支付的委托　　B. 付款人名称

C. 委托日期　　D. 汇款人签章

7. 下列表述中不属于基本存款账户的使用范围的是（　　）

A. 存款人日常经营活动的资金收付

B. 存款人的工资、奖金

C. 现金的支取

D. 保险费用

8. 下列各项中不属于各单位实行收支两条线，不准“坐支”现金的是（　　）

A. 各单位现金收入应于当日送存银行；如当日确有困难，由开户单位确定送存时间

B. 不准用不符合财务制度的凭证顶替库存现金

C. 所谓“坐支”现金是指企业、事业单位和机关、团体、部队从本单位的现金收入中直接用于现金支出

D. 如遇特殊情况需要坐支现金，应该在现金日记账上如实反映坐支情况，并同时报告开户银行，便于银行对坐支金额进行监督和管理

9. 某单位于2009年10月19日开出一张支票。下列有关支票日期的写法，符合要求的是（　　）

A. 贰零零玖年拾月拾玖日　　B. 贰零零玖年壹拾月壹拾玖日

C. 贰零零玖年零壹拾月拾玖日　D. 贰零零玖年零壹拾月壹拾玖日

10. 根据我国《增值税暂行条例》的规定，下列各项中，既是增值税法定税率又是增值税进项税额扣除率的是（　　）

A. 7%　　B. 10%　　C. 13%　　D. 17%

11. 负有代收代缴义务的法定义务人，对纳税人应纳的税款进行的方式是（　　）

A. 代扣代缴　B. 代收代缴　C. 委托代征　D. 查验征收

12. 下列关于发票的表述，不正确的是（　　）

A. 不得转借发票　　B. 不得转让发票

C. 不得代开发票　　D. 可以自行决定拆本使用发票

13. 下列有关增值税专用发票的表述，不正确的是（　　）

A. 增值税专用发票是指专门用于结算销售货物和提供加工、修理修配劳务使用的一种发票

B. 只有经国家税务机关认定为增值税一般纳税人的才能领购增值税专用发票，小规模纳税人和法定情形的一般纳税人不得领购使用

C. 增值税专用发票由省、自治区、直辖市税务机关指定的企业统一印刷

D. 增值税专用发票应当使用防伪税控系统开具

14. 某房地产开发企业2010年10月份销售房屋取得收入3 000万元，另外收取价外费用10万元，则该房地产开发企业当月应缴纳的营业税为（　　）万元

A. 90　　B. 90.3　　C. 150　　D. 150.5

15. 根据我国《营业税暂行条例》的规定，下列各项中属于营业税纳税

人的是（ ）

A．转让专利权的科研机构　B．销售货物并负责运输货物的公司

C．从事汽车维修的公司　D．受托进行金银加工的加工厂

16. 财政部门根据批准的一级预算单位用款计划中月度授权支付额度，每月（ ）日前以“财政授权支付汇总清算额度通知单”、“财政授权支付额度通知单”的形式分别通知中国人民银行、代理银行

A．5　B．10　C．20　D．25

17. 各部门、各单位的预算支出，必须按照本级政府财政部门批复的预算科目和数额执行；确需作出调整的，须经（ ）部门同意

A．本级政府　B．人大常委会

C．本级政府财政部门　D．国务院

18. 会计人员（ ）的道德观念如何，将直接影响会计信息的真实性和完整性。

A．爱岗敬业　B．诚实守信　C．廉洁自律　D．坚持准则

19. 会计人员要加强道德修养，在独立工作、无人监督时，仍能坚持自己的道德信念，依据一定的道德原则去行事，兢兢业业，不做任何对国家、对社会、对他人不道德的事情。这种道德修养方法叫作（ ）

A．自警自励法　B．自律慎独法

C．自重自省法　D．自我解剖法

20. 根据我国《企业所得税法》的规定，符合条件的小型微利企业，可以减按较低的税率征收企业所得税，该税率是（ ）

A．3%　B．15%　C．20%　D．25%

二、多项选择题（下列每小题的备选答案中，有两个或两个以上符合题意的正确答案，本题共20题，每题2分，共40分，多选、少选、错选、不选均不得分）

（请在20分钟内完成）

21. 行政事业单位内部控制的控制方法一般包括（ ）

A．内部授权审批控制　B．归口管理

C．信息内部公开　D．运营分析控制

22. 根据我国《人民币银行结算账户管理办法》的规定，银行在银行结算账户的使用中，应给予警告并处以5 000元以上3万元以下罚款的行为有（ ）

A．违反规定办理个人银行结算账户转账结算

B. 开立或撤销单位银行结算账户，未按《账户管理办法》规定在其基本存款账户开立登记证上予以登记、签章或通知相关开户银行

C. 提供虚假开户申请资料欺骗中国人民银行许可开立基本存款账户、临时存款预算单位专用存款账户

D. 为储蓄账户办理转账结算

23. 对会计工作的社会监督包括（　　）

A. 财政部门对单位会计机构和会计人员的会计行为的监督

B. 注册会计师对委托单位的资本进行验证

C. 单位和个人检举违反会计法律制度规定的行为

D. 注册会计师对受托单位的财务会计报告进行审计

24. 下列各项中，体现会计职业道德“客观公正”要求的有（　　）

A. 依法办事　B. 实事求是　C. 不偏不倚　D. 保持独立性

25. 中国会计学会的主要职责包括（　　）

A. 总结我国会计工作和会计教育经验，研究和推动会计专业的教育改革

B. 开展会计领域国际学术交流与合作

C. 发挥学会的智力优势，开展多层次、多形式的智力服务工作，包括组织开展中高级会计人才培养、会计培训和会计咨询与服务等

D. 组织协调全国会计科研力量，开展会计理论研究和学术交流，促进科研成果的推广和运用

26. 会计职业道德观念教育的目的有（　　）

A. 树立会计职业道德观念

B. 了解会计职业道德对会计信息质量的影响

C. 了解会计职业道德对社会经济秩序的影响

D. 了解违反会计职业道德将受到的惩戒和处理

27. 下列有关加强会计职业道德建设手段的描述，正确的是（　　）

A. 会计职业道德建设与会计专业技术资格考评、聘用相结合

B. 会计职业道德建设与会计人员表彰奖励制度相结合

C. 会计职业道德建设与会计执法检查相结合

D. 会计职业道德建设与会计从业资格证书管理相结合

28. 下列关于税法的说法，正确的有（　　）

A. 国内税法一般是按照属人或属地原则，规定一个国家的内部税收制度

B. 外国税法是指国外各个国家制定的税收制度

C. 按照主权国家行使税收管辖权的不同，税法可分为国内税法、国际税法、外国税法等

D. 国际税法是指国家间形成的税收制度，主要包括双边或多边国家间的税收协定

29. 根据《人民币银行结算账户管理办法》的规定，下列各项中，可以申请开立基本存款账户的有（　　）

A. 单位设立的独立核算的附属机构

B. 村民委员会

C. 异地常设机构

D. 个体工商户

30. 纳税申报的方式包括（　　）

A. 邮寄申报　　B. 数据电文申报

C. 直接申报　　D. 网上申报

31. 根据《人民币银行结算账户管理办法》的规定，存款人申请开立个人银行结算账户的情况有（　　）

A. 住房基金

B. 个人证券交易结算资金

C. 使用支票、信用卡等信用支付工具的

D. 办理汇兑、定期借记、定期贷记、借记卡等结算业务的

32. 下列各项中，属于对会计违法行为的行政处分的有（　　）

A. 撤职　　B. 降级　　C. 责令整改　　D. 警告

33. 道德作为一种社会意识形态，其特征一般有（　　）

A. 社会性　　B. 强制性　　C. 继续性　　D. 自律性

34. 开展会计职业道德教育的意义有（　　）

A. 促使会计职业健康发展　　B. 树立会计职业道德观念

C. 提高会计职业道德水平　　D. 培养会计职业道德情感

35. 小张是某代理记账公司提供专业服务的会计人员，在其为客户提供的下列服务中，违背会计职业道德要求的做法有（　　）

A. 向委托单位提出改进内部控制建议

B. 为帮助委托单位负责人完成年度业绩，提出将固定资产折旧和银行借款利息挂账处理的建议

C. 利用专业知识向委托单位提出偷税的建议

D. 在委托单位举办会计知识培训，帮助树立依法理财观念

36. 林某是代理记账公司专职从业人员，在其为客户提供的下列服务中，符合会计职业道德要求的有（　　）

A. 提出将委托单位固定资产折旧和银行借款利息挂账处理，以改善其

经营

B. 辅导委托单位会计进行正确的会计账务处理，帮助其树立依法理财的观念

C. 向委托单位提出改进内部会计控制的建议

D. 利用专业知识为委托单位进行税收代理服务，拒绝企业提出的以现金收入不入账的手段少缴企业所得的要求

37. 下列各项中，属于增值税征收范围特殊规定的是（　）

A. 视同销售货物　　B. 视同提供应税服务

C. 兼营非应税劳务　　D. 混业经营

38. 纳税人在申报办理停业登记时，在结清应纳税款、滞纳金、罚款的同时必须予以说明的有（　）

A. 停业时间　　B. 发票的领用、保存情况

C. 停业前的纳税情况　　D. 停业理由

39. 在市场经济条件下，会计工作和会计人员在企业经营管理中发挥着越来越重要的作用，下列关于会计人员参与企业管理的表述，正确的有（　）

A. 会计人员在企业经营管理中主要发挥决策作用

B. 会计人员在企业经营管理中主要发挥参谋作用

C. 会计人员在企业经营管理中主要发挥鉴证作用

D. 会计人员在企业经营管理中主要发挥服务作用

40. 下列税种中，属于工商税的有（　）

A. 关税　　B. 城镇土地使用税

C. 车船税　　D. 增值税

三、判断题（本题共 20 题，每题 1 分，共 20 分。判断正确得 1 分，判断错误、不判断均不得分也不扣分）

（请在 10 分钟内完成）

41. 保持独立性是会计职业道德中坚持准则原则的基本要求。（　）

42. 根据《人民币银行结算账户管理办法》的规定，存款人申请开立一般存款账户，实行备案制，无须中国人民银行核准。（　）

43. 会计从业资格证书实行注册登记和年检制度。（　）

44. 资本也称所有者权益，是指投资人对企业的净资产的所有权，是企业全部资产减去全部负债后的余额。（　）

45. 保证人对取得来源不合法的汇票也享有票据权利，承担保证责任。（　）

46. 注册验资的临时存款账户在验资期间“只付不收”。（　　）

47. 银行结算账户是指存款人开立的办理资金收付结算的人民币定期存款账户。（　　）

48. 单位在结算凭证上的签章，应为该单位的财务专用章或者公章加其法定代表人或者其授权的代理人的签名或者盖章。（　　）

49. 税款征收方式和税款征收措施指的是一个概念。（　　）

50. 根据我国《企业所得税法》的规定，企业所得税的征收办法是按季计征，分月预缴。（　　）

51. 所谓要式行为是指法律规定必须依照一定形式进行的行为。（　　）

52. 从事会计工作的人员是否具备会计从业资格证也是财政部门监督的内容。（　　）

53. 国内税法一般是按照属人或属地原则，规定一个国家的内部税收制度。（　　）

54. 税收的特征包括强制性、无偿性和固定性。（　　）

55. 我国《政府采购法》规定，政府采购限额标准的制定，实行分级管理。（　　）

56. 我国为了防止农产品价格上涨而增大了农产品物资的储备，相应的储备支出属于我国预算支出的形式。（　　）

57. 会计人员“强化服务、奉献社会”的要求是会计职业道德的出发点和归宿。（　　）

58. 小王是公司的会计，凭借职位方便，经常临时借用公司现金，但一般都及时归还了，小王认为这种临时借用的行为不会影响公司的日常经营活动，所以不违反会计职业道德。（　　）

59. 会计人员应言行一致，实事求是，正确核算，尽量减少和避免各种失误，当账目出现错误时，不惜伪造账目，弄虚作假，也要保证单位的利益。（　　）

60.《中华人民共和国注册会计师法》自 1994 年实施以来，共经历过 2 次修订。（　　）

四、案例分析题（本题共 2 题，每题有 5 小题，每小题 2 分，共 20 分。有一个或者一个以上符合题意的正确答案，多选、少选、错选、不选均不得分）

（请在 15 分钟内完成）

61. 2012 年 6 月，某省级财政部门在对某企业的检查中发现下列情况：

①为粉饰财务报表，单位负责人张某授意会计李某虚构交易事项，编造虚假会计凭证，虚增利润100万元。

②单位负责人张某授意会计人员王某变更固定资产折旧政策以虚增利润，王某坚持原则，不予变更，后张某将其解聘。

③为掩盖违法行为，张某授意会计机构负责人刘某将以前年度的虚假会计资料予以销毁。

根据以上情况，请回答下列问题：

（1）针对事项②，下列说法中正确的有（　　）

A．可对张某处5 000元以上5万元以下的罚款

B．对王某应恢复其名誉和原有职务、级别

C．可对张某处3年以下有期徒刑或拘役

D．可对王某处5 000元以上5万元以下的罚款

（2）针对事项③，下列说法中正确的有（　　）

A．可对张某处2 000元以上5万元以下的罚款

B．可对该企业处以5 000元以上10万以下的罚款

C．刘某是在张某的授意下进行销毁的，不承担任何责任

D．构成犯罪的，还应追究刑事责任

（3）针对上述各事项，下列说法中正确的有（　　）

A．张某解聘王某的行为属于对依法履行职责抵制违反《中华人民共和国会计法》规定行为的会计人员实行打击报复，应当承担相应的法律责任

B．张某未直接实施违法行为，不承担任何责任

C．张某授意他人实施违法会计行为，应承担法律责任

D．张某解聘王某的行为属于正常的人事任免，未违反法律规定

（4）针对事项①中李某的行为，下列说法中正确的有（　　）

A．省级财政部门可吊销李某的会计从业资格证书

B．属于变造会计凭证的违法行为

C．可对李某处3 000元以上5万元以下的罚款

D．属于伪造会计凭证的违法行为

（5）上述各事项中，违反《中华人民共和国会计法》规定的有（　　）

A．事项①　　B．事项②中张某的行为

C．事项③　　D．事项②中王某的行为

62. 某旅游公司2010年4月份账面记载的旅游业务收入为480万元，营业成本为100万元，支付给某航空公司游客机票费15万元，支付给某景区宾馆的游客食宿费20万元。经主管税务机关审核，认为其旅游业务收费明显偏

低且无正当理由，又无同类旅游业务可比价格。该公司当月以原购置价值 450 万元的不动产对外转让，取得转让收入 600 万元。另外，该公司还经营客车运输业务，取得收入 15 万元。

（说明：该旅游公司分别核算旅游业务收入、不动产转让收入、运输业务收入，旅游业务按“服务业”征收营业税）

根据上述材料，回答下列问题：

（1）关于对该公司旅游业务收入的确定，下列各项中处理正确的是（　　）

A. 由主管财政部门核定其旅游业务收入

B. 由纳税人确定其旅游业务收入

C. 由主管税务机关核定其旅游业务收入

D. 由社会中介机构核定其旅游业务收入

（2）计算该公司旅游业务的营业税时，可以从旅游业务收入 480 万元中扣除的有（　　）

A. 支付给某航空公司游客机票费 15 万元

B. 以无形资产对外投资 150 万元

C. 营业成本 110 万元

D. 支付给某景区宾馆的游客食宿费 20 万元

（3）该公司经营客车运输游客适用的营业税税率为（　　）

A. 5%　　　　B. 6%

C. 5% ~20% 的浮动税率　　　　D. 3%

（4）该公司转让不动产应缴纳营业税（　　）

A. 7.5 万元　　B. 4.5 万元　　C. 30 万元　　D. 18 万元

（5）假定该公司开展旅游业务经核定的旅游业务收入为 120 万元，则该公司开展旅游业务应缴纳的营业税为（　　）

A. 6 万元　　B. 4.25 万元　　C. 3.6 万元　　D. 2.55 万元

参考答案及解析

一、单项选择题

1. B

2. C【解析】按照会计内部监督制度的要求，记账人员与经济业务事项或会计事项的审批人员、经办人员、财物保管人员的职责权限应当明确，并相互分离、相互制约。

3. D【解析】根据我国《财务会计报告条例》的规定，单位负责人是财务会计报告的责任主体。

4. D

5. C【解析】会计准则制度及相关标准规范的制定和组织实施，是保证会计信息质量可靠、维护社会主义市场经济秩序稳定的重要保障，因此它是财政部门管理会计工作最基本的职能。

6. B【解析】签发汇兑凭证必须记载下列事项：表明“信汇”或“电汇”的字样，无条件支付的委托，确定的金额，收款人名称，汇款人名称，汇入地点、汇入行名称，汇出地点、汇出行名称，委托日期，汇款人签章。

7. D【解析】保险费用不属于基本存款账户的使用范围。

8. B【解析】选项B属于现金管理“八不准”的内容。

9. D【解析】为了防止变造票据的出票日期，在填写月、日时，月为“壹”、“贰”和“壹拾”的，日为“壹”至“玖”和“壹拾”、“贰拾”和“叁拾”的，应在其前面加“零”；日为“拾壹”至“拾玖”的，应在其前面加“壹”。

10. C【解析】增值税法定税率为13%和17%，增值税进项税额扣除率有7%、10%、13%三种，故既是法定税率又是进项税额扣除率的是13%。

11. B【解析】代收代缴是指负有代收代缴义务的法定义务人，对纳税人应纳的税款进行的方式。

12. D【解析】任何单位和个人不得转借、转让、代开发票。

13. C【解析】增值税专用发票由国家税务总局指定的企业统一印制。

14. D【解析】应缴纳的营业税 = (3 000 + 10) × 5% = 150.5（万元）。

15. A【解析】专利权属于无形资产，而转让无形资产应纳营业税。其他三项都是纳增值税。

16. D【解析】财政部门根据批准的一级预算单位用款计划中月度授权支付额度，每月25日前以“财政授权支付汇总清算额度通知单”、“财政授权支付额度通知单”的形式分别通知中国人民银行、代理银行。

17. C【解析】各部门、各单位的预算支出，必须按照本级政府财政部门批复的预算科目和数额执行，不得挪用；确需作出调整的，必须经本级政府财政部门同意。

18. B　19. B

20. C【解析】企业所得税的基本税率为25%。符合条件的小型微利企业，减按20%的税率征收企业所得税。国家需要重点扶持的高新技术企业，减按15%的税率征收企业所得税。

二、多项选择题

21. ABC【解析】“运营分析控制”属于企业内部控制的控制方法。

22. ABCD

23. BCD【解析】选项A“财政部门对单位会计机构和会计人员的会计行为的监督”属于政府监督。其他三项都属于对会计工作的社会监督。

24. ABCD

25. ABCD【解析】中国会计学会的主要职责如下：

（1）组织协调全国会计科研力量，开展会计理论研究和学术交流，促进科研成果的推广和运用；

（2）总结我国会计工作和会计教育经验，研究和推动会计专业的教育改革；

（3）编辑出版会计刊物、专著、资料；

（4）发挥学会的智力优势，开展多层次、多形式的智力服务工作，包括组织开展中高级会计人员培养、会计咨询与服务等；

（5）开展会计领域国际学术交流与合作；

（6）发挥学会联系政府与会员的桥梁和纽带作用，接受政府和其他单位委托，组织开展有关工作；

（7）其他符合学会宗旨的业务活动。

26. ABCD　27. ABCD　28. ABCD　29. ABCD

30. ABC【解析】纳税申报的方式包括直接申报、邮寄申报、数据电文申报、简易申报和其他方式。

31. CD

32. ABD【解析】行政处分的形式有警告、记过、记大过、降级、撤职、留用察看、开除等。

33. ACD【解析】法律才有强制性。

34. ABCD

35. BC【解析】选项A和D符合会计职业道德。

36. BCD【解析】提出将委托单位固定资产折旧和银行借款利息挂账处理，以改善其经营是不对的，违反了会计职业道德。选项B、C、D符合会计职业道德要求。

37. ABCD【解析】增值税征收范围的特殊规定包括视同销售货物、视同提供应税服务、混合销售、兼营非应税劳务、混业经营。

38. ABCD

39. BD【解析】会计人员在企业经营管理中发挥参谋和服务作用。管理决策者发挥决策作用，注册会计师及会计师事务所发挥鉴证作用。

40. BCD

三、判断题

41. 错【解析】保持独立性是客观公正的基本要求。客观公正的基本要求体现在端正态度、依法办事、实事求是、不偏不倚、保持独立性。

42. 对

43. 对【解析】对会计从业资格证书实行注册登记和年检制度，主要是为了加强对会计从业资格证书的有效管理，督促会计人员持证上岗，树立会计从业资格证书的权威性。

44. 对

45. 错【解析】保证人对合法取得票据的持票人所享有的票据权利，承担保证责任。

46. 错【解析】注册验资的临时存款账户在验资期间“只收不付”。

47. 错【解析】银行结算账户是指银行为存款人开立的用于办理现金支取、转账结算等资金收付活动的人民币活期存款账户。

48. 对【解析】单位在结算凭证上的签章，应为该单位的财务专用章或者公章加其法定代表人或者其授权的代理人的签名或盖章。个人在票据上的签章，应为该个人的签名或者盖章。

49. 错【解析】税款征收方式包括查账征收、查定征收、查验征收、定期定额征收、代扣代缴、代收代缴、委托代征。税款征收措施包括由主管税务机关调整应纳税额、关联企业纳税调整、责令缴纳、责令提供纳税担保、采取税收保全措施、采取强制执行措施。

50. 错【解析】企业所得税按年计征，分月或分季预缴，年终汇算清缴，多退少补。

51. 对　52. 对　53. 对

54. 对【解析】税收的特征包括强制性、无偿性和固定性。

55. 对

56. 对【解析】《中华人民共和国预算法》规定的预算支出的其他支出包括对外援助支出、财政贴息支出、国家物资储备支出、少数民族地区补助费等。

57. 错

58. 错【解析】小王的行为属于挪用公款、公私不分，违背了会计职业道德规范中对廉洁自律的要求。其中廉洁是指不贪污钱财、不收受贿赂，保持清白。自律是指自律主体按照一定的标准，自己约束自己、自己控制自己的言行和思想的过程。

59. 错【解析】会计人员应言行一致，实事求是，正确核算，尽量减少和避免各种失误，不为了个人和小集团利益，伪造账目，弄虚作假，损害国家和社会公众利益。

60. 错【解析】1993 年制定的我国《注册会计师法》自 1994 年1 月1 日施行，至今只修订了1 次，并且还在征求意见稿阶段。

四、案例分析题

61. （1）ABC　（2）BD　（3）AC　（4）CD　（5）ABC

62. （1）C

（2）AD【解析】旅游公司允许扣除的成本为交通费及食宿费。

（3）D【解析】交通运输业的营业税税率为3%。

（4）A【解析】（600－450）×5%＝7.5（万元）。单位或个人销售或转让其购置的不动产或受让的土地使用权，以全部收入减去不动产或土地使用权的购置或受让原值以后的余额为营业额。以此营业额计算营业税。营业税销售不动产是5%的税率。

（5）B【解析】（120－15－20）×5%＝4.25（万元）。

题外话

请将两套题的总分写在下面，并写出今天的收获和应该注意的事项。如“今天完成了两套题，对税法的计算还不是很理解，要加强训练”。

8 第八天　冲刺训练　全真模拟（二）

题外话

从今天起，应按照考试时间标准完成每一套题，懂得自行合理安排做题的顺序，分配好各题型的时间，每套题做完后再核对答案。建议做题顺序为：先做多选题（15~20 分钟），然后做案例分析题（10~15 分钟），再做单选题（5~10 分钟），最后做判断题（5~8 分钟），若有时间剩余可查缺补漏，但不建议对不确定的答案再行更改。不会的题目标记后先行跳过，切勿纠缠不清。

综合模拟试题 3

一、单项选择题（本题共 20 题，每题 1 分，共 20 分，多选、少选、错选、不选均不得分）

1. 某小轿车生产企业为增值税一般纳税人，2009 年 12 月生产并销售小轿车 300 辆，每辆含增值税的销售价格为 17.55 万元，适用消费税税率 9%。该企业 12 月份应缴纳消费税税额为（　　）

A. 283.5 万元　B. 364.5 万元　C. 405 万元　D. 473.9 万元

2. 根据我国《政府采购法》的规定，下列各项中不属于政府采购中采购代理机构责任的是（　　）

A. 开展代理采购活动　　B. 确定中标供应商

C. 接受监督管理　　D. 发布采购信息

3. 下列各项中，不属于内部审计在单位内部会计监督制度中的重要作用的是（　　）

A. 预防保护作用　　B. 服务促进作用

C. 反映监督作用　　　　　　D. 评价鉴证作用

4. 下列有关道德惩罚与法律惩罚的关系，正确的有（　　）

A. 法律惩罚和道德惩罚并行不悖

B. 法律惩罚和道德惩罚相互排斥

C. 法律惩罚可以替代道德惩罚

D. 道德惩罚可以替代法律惩罚

5. 在政府采购中，采购人采购纳入集中采购目录的政府采购项目，必须使用的采购方式是（　　）

A. 采购人自行采购　　　　　B. 由主管部门代为采购

C. 委托集中采购机构代理采购　D. 联合其他采购人自行团购

6. 国内某作家的一篇小说在一家报刊上连载3个月，3个月的稿酬收入分别为3 000、4 000、5 000元，该作家3个月所获稿酬应缴纳的个人所得税为（　　）元

A. 1 316　　B. 1 344　　C. 1 568　　D. 1 920

7. 下列各项中，不属于政府采购中采购人权利的是（　　）

A. 限制外地供应商进入本地区政府采购市场的权利

B. 审查政府采购供应商资格的权利

C. 依法确定中标供应商的权利

D. 自行选择采购代理机构的权利

8. 会计人员经常会对自己的工作进行评价，对工作中的不足进行批判、剖析。这种自我教育的方式属于（　　）

A. 自警自励法　　　　　　B. 自重自省法

C. 自我剖析法　　　　　　D. 自律慎独法

9. 下列各项中，不属于企业、行政事业单位建立与实施内部控制应遵循的原则有（　　）

A. 全面性原则　　　　　　B. 重要性原则

C. 适应性原则　　　　　　D. 可比性原则

10. 下列各项中，除经开户银行审查后可予以支付外，单位不能擅自用现金支付的是（　　）

A. 出差人员王某领取必须随身携带的差旅费10 000元

B. 向职工个人支付工资、津贴共1 200元

C. 支付购买办公用品的费用600元

D. 支付向个人收购农副产品的价款5 000元

11. 会计职业道德警示教育的主要内容和形式是（　　）

A. 理论教育和自我学习　　　　B. 实际情况讨论和分析

C. 典型案例讨论和剖析　　　　D. 理论教育和课堂讲授

12. 下列关于会计职业道德与会计法律制度主要区别的说法，正确的是（　　）

A. 目标不同　　　　B. 作用范围不同

C. 承担的职责不同　　　　D. 调整对象不同

13. 下列各项关于国家预算的表述，不正确的是（　　）

A. 国家预算的编制和执行情况对国民经济和社会发展都有直接的制约作用

B. 国家预算是保障国家机器运转的物质条件，政府实施各项社会经济政策的财力保证

C. 我国的预算收入主要采取无偿划拨的形式，是社会主义经济的内部积累

D. 国家预算的收支规模可调节社会总供给和总需求的平衡，预算支出的结构可调节国民经济结构

14. 对企业而言，（　　）负责组织领导企业内部控制的日常运行

A. 董事会　　B. 监事会　　C. 经理层　　D. 单位负责人

15. 下列各单位中，不属于政府采购主体范围的是（　　）

A. 某县公立医院　　　　B. 某省财政厅

C. 某市人民政府　　　　D. 某中央企业

16. 下列表述中，不属于职业道德内容的是（　　）

A. 爱岗敬业　　B. 诚实守信　　C. 男女平等　　D. 廉洁自律

17. 纳税人停业期满未按期复业又不申请延长停业的，税务机关应当视为（　　）

A. 自动注销税务登记　　　　B. 自动延长停业登记

C. 已恢复营业　　　　D. 自动接受罚款处理

18. 根据我国《政府采购法》的规定，下列关于政府采购的表述，不正确的是（　　）

A. 政府采购具有保护民族产业的功能

B. 政府采购中采购人具有审查政府采购供应商资格的权利

C. 邀请招标是政府采购的主要采购形式

D. 政府采购中采购代理机构具有依法发布采购信息的义务

19. 根据《中华人民共和国预算法》的规定，下列各项中，负责批准中央预算的是（　　）

A. 全国人民代表大会
B. 国务院财政部门
C. 全国人民代表大会常务委员会
D. 国务院审计部门

20. 下列各项中，要求会计人员树立服务意识，提高服务质量，努力维护和提升会计职业的良好社会形象的会计职业道德是（　　）

A. 强化服务　B. 爱岗敬业　C. 提高技能　D. 客观公正

二、多项选择题（下列每小题的备选答案中，有两个或两个以上符合题意的正确答案，本题共20题，每题2分，共40分，多选、少选、错选、不选均不得分）

21. 根据《营业税暂行条例》的有关规定，下列各项中，免征营业税的有（　　）

A. 婚姻介绍所提供的婚姻介绍服务
B. 航空运输部门提供的运输服务
C. 幼儿园提供的养育服务
D. 学生勤工俭学所提供的劳务

22. 会计专业职务包括（　　）

A. 会计员　B. 助理会计师 C. 会计师　D. 高级会计师

23. 下列各项中，属于违反《中华人民共和国会计法》行为的有（　　）

A. 任用会计人员不符合我国《会计法》规定的行为
B. 签发空头支票的行为
C. 随意变更会计处理方法的行为
D. 隐匿会计账簿的行为

24. 下列各项中，高于会计部门规章的效力的有（　　）

A. 会计法律　B. 会计规范性文件
C. 宪法　D. 会计行政法规

25. 下列各项中，符合《中华人民共和国支付结算办法》规定的有（　　）

A. 中文大写金额数字的“角”之后不写“整”字（或“正”字）
B. 用阿拉伯数字填写票据出票日期
C. 用繁体字书写中文大写金额
D. 阿拉伯小写金额前面应当填写人民币符号

26. 下列各项中属于《中华人民共和国预算法》规定的中央预算支出的有（　　）

A. 中央返还地方的支出　　B. 地方各级支出
C. 中央补助地方的支出　　D. 中央本级支出

27. 下列各项中，采用累进税率计算应纳税额的有（　　）
A. 个人所得税　　B. 企业所得税
C. 车辆购置税　　D. 土地增值税

28. 应办理税务登记的包括（　　）
A. 中外合资企业
B. 企业在外地设立的分支机构
C. 个体工商户
D. 企业在外地设立的非从事生产、经营的场所

29. 下列关于税收强制执行措施正确的是（　　）
A. 经县级税务局（分局）局长批准
B. 个人的生活必需品不在税收强制执行措施范围内
C. 书面通知纳税人开户银行从其存款中直接扣缴税款
D. 扣押、查封纳税人的价格相当于应纳税款的商品、货物或者其他财产

30. 按对外购固定资产价款处理方式的不同进行划分，增值税的类型有（　　）
A. 生产型增值税　　B. 收入型增值税
C. 消费型增值税　　D. 积累型增值税

31. 根据《中华人民共和国支付结算办法》的规定，下列属于支付结算范畴的有（　　）
A. 汇兑、委托收款　　B. 票据
C. 银行卡、托收承付　　D. 现金

32. 一般的会计违法行为应承担的法律责任包括（　　）
A. 对单位的处罚是 5 000 元以上 5 万元以下
B. 对单位的处罚是 3 000 元以上 5 万元以下
C. 吊销会计人员的从业资格证书
D. 对相关责任人员的处罚是 2 000 元以上 2 万元以下

33. 坚持准则的要求包括（　　）
A. 熟悉准则，提高会计人员遵守准则能力
B. 遵循准则，提高会计人员执行准则能力
C. 坚持准则，提高会计人员依法理财能力
D. 宣传准则，提高会计人员推广准则能力

34. 下列各项中，属于会计人员继续教育特点的有（　　）

A. 适应性　　B. 连续性　　C. 针对性　　D. 灵活性

35. 根据《中华人民共和国票据法》的规定，下列各项中，背书不得记载的有（　　）

A. 有条件的背书　　B. 部分金额背书

C. 背书日期　　D. 背书人签章

36. 对单位负责人在会计监督中的职责，下列表述中正确的是（　　）

A. 对本单位会计资料的真实性、完整性负责

B. 必须保证内部监督制度的建立和健全，并发挥其有效的作用

C. 不得授意、指使、强令会计人员办理违法事项

D. 必须事事参与，严格把关

37. 会计职业道德中的"爱岗敬业"，要求会计人员热爱会计工作及（　　）

A. 忠于职守　　B. 尽心尽力

C. 安心本职岗位　　D. 尽职尽责

38. 下列各项支出中，属于《中华人民共和国预算法》规定的国家预算支出范围的有（　　）

A. 文化、教育、科学等事业发展支出

B. 国家管理费用支出

C. 国防支出

D. 经济建设支出

39. 社会团体、公司、企业、事业单位和其他组织从事一定工作岗位的人必须要持有会计从业资格证，这些工作岗位包括（　　）

A. 稽核　　B. 资本的核算　C. 总账　　D. 出纳

40. 会计机构、会计人员必须按照国家统一的会计制度的规定对原始凭证进行审核，在一定情况下，其有权不接受原始凭证，并向单位负责人报告。下列各项中，属于前述的"一定情况"的有（　　）

A. 原始凭证不真实　　B. 原始凭证不准确

C. 原始凭证不完整　　D. 原始凭证不合法

三、判断题（本题共 20 题，每题 1 分，共 20 分。判断正确得 1 分，判断错误、不判断均不得分也不扣分）

41. 生病可委托他人移交，受托人负责。（　　）

42. 经办人必须按照审批人的意见办理货币资金业务。（　　）

43. 人为伪造、变造会计凭证等，尚不构成犯罪的，由财政部门予以通

报。(　　)

44. 政府采购方式中，邀请招标是指采购人委托政府采购代理机构以招标公告的方式邀请不特定的供应商参加投标竞争，从中选择中标供应商的采购方式。(　　)

45. 在一个阶级社会里，可以有多种体现不同阶级愿望和意志的会计法律制度。(　　)

46. 会计职业道德情感的形成和会计职业道德认知修养是一样的。(　　)

47. 会计职业道德的自我教育与自身修养，不可能将会计职业道德转化为会计人员的职业本能。(　　)

48. 会计职业道德情感、会计职业道德意志和会计职业道德观念，要通过内在的自我教育才能实现，因此有效开展会计职业道德教育的唯一途径就是依靠自我教育。(　　)

49. 根据《人民币银行结算账户管理办法》的规定，公司由于分公司较多、经济业务发生频繁，现金收付业务量大，可以多头开立基本存款账户。(　　)

50. 国家工作人员授意、指使、强令会计机构、会计人员隐匿、故意销毁依法应当保存的会计凭证、会计账簿、财务会计报告，尚不构成犯罪的，应当由其所在单位或者有关单位给予降职、撤职、开除的行政处分。(　　)

51. 银行应对受理伪造、变造的票据和结算凭证承担相应的法律责任。(　　)

52. 会计职业道德是从会计法律制度中逐渐提炼形成的。(　　)

53. 会计行政法规的制定依据是《中华人民共和国会计法》。(　　)

54. 填写票据时，中文大写金额数字只能用正楷填写。(　　)

55. 单位和个人检举违反《中华人民共和国会计法》和国家统一的会计制度的行为，也属于会计工作社会监督的范畴。(　　)

56. 根据《人民币银行结算账户管理办法》的规定，存款人是从事生产、经营的纳税人的，在申请开立基本账户时，应向银行出具在相关税务部门办理的税务登记证。(　　)

57. 实行定期定额缴纳税款的纳税人，经税务机关批准，可以采用简易申报等申报纳税方式。(　　)

58. 政府采购中，采购人采购未纳入集中采购目录的政府采购项目，可以自行采购，也可以委托集中采购机构在委托的范围内代理采购。(　　)

59. 《中华人民共和国会计法》规定各单位应当根据会计业务的需要，设置会计机构，或者在有关机构中设置会计人员并指定会计主管人员，但不具备设置会计机构或会计人员条件的单位应当委托经批准设立的从事代理记账

业务的中介机构代理记账。（　　）

60. 会计职业道德中强化服务原则的关键是提高服务质量。（　　）

四、案例分析题（本题共2题，每题有5小题，每小题2分，共20分。有一个或者一个以上符合题意的正确答案，多选、少选、错选、不选均不得分）

61. 某省级财政部门在对某外贸企业的财务会计报告进行检查时，发现下列情况：

①该企业的业务活动主要是对美贸易，业务收支主要以美元结算，也有少量以人民币结算的业务。

②财务会计报告由会计机构负责人签名并盖章后报出。

③该企业于2009年6月30日报送了2008年度的企业所得税纳税申报表，并附送了按税法调整后的财务会计报告和其他有关资料。

④2009年，该企业为了向银行申请贷款，向银行提供了改动后的2008年度企业财务会计报告。

根据上述材料，请回答以下问题：

（1）针对事项④，下列说法中正确的有（　　）

A. 该企业的做法违反了《中华人民共和国会计法》的规定

B. 属于向不同的会计资料使用者提供的财务会计报告编制不一致的行为

C. 财政部门应责令该企业限期改正

D. 财政部门可对该企业处以5 000元以上5万元以下的罚款

（2）针对事项①，下列说法中正确的有（　　）

A. 该企业可以采用美元作为记账本位币

B. 该企业可以采用人民币作为记账本位币

C. 该企业若以美元作为记账本位币，在编制财务会计报告时无须折算成人民币

D. 该企业若以美元作为记账本位币，在编制财务会计报告时应折算成人民币

（3）针对事项③，下列说法中正确的为（　　）

A. 该企业的报送时间符合税法规定

B. 该企业应当于3月31日之前报送企业所得税纳税申报表

C. 该企业应当于5月31日之前报送企业所得税纳税申报表

D. 该企业应当于6月31日之前报送企业所得税纳税申报表

（4）针对事项③，下列说法中正确的有（　　）

A. 该企业附送的财务会计报告无须按税法进行调整

B. 该企业附送的财务会计报告需按税法进行调整

C. 财务会计报告可以不与企业所得税申报表一起报送

D. 财务会计报告必须与企业所得税纳税申报表一起报送

(5) 针对事项②，下列说法中正确的有（　　）

A. 除会计机构负责人外，财务会计报告还需经过单位出纳签名并盖章

B. 除会计机构负责人外，财务会计报告还需经过单位主管会计工作的负责人签名并盖章

C. 除会计机构负责人外，财务会计报告还需经单位负责人签名并盖章

D. 设置总会计师的，财务会计报告还需经总会计师签名并盖章

62. 丙单位是实行国库集中支付的事业单位，2010 年 3 月，上级主管部门派检查组丙单位进行检查，对以下情况提出质疑：①2009 年 4 月，丙单位通过零余额账户向所属下级单位转账，为下级单位职工购买个人商业保险；②2009 年 6 月，丙单位通过询价的方式采购达到采购限额标准以上的一台办公仪器 C 设备，该设备采购纳入丙单位的基本支出。丙单位对两家供应商进行询价。其中供应商 A 企业进行了两次报价。丙单位最终选择报价低的 A 企业作为成交供应商，但没有将结果通知未成交的另一家供应商 B 企业。B 企业向丙单位提出询问和质疑，丙单位不予答复。2009 年 8 月，丙单位收到采购物资，验收合格后，采用财政直接支付方式支付了采购款。

根据以上情况，请回答如下问题：

(1) 下列各项关于预算单位使用零余额账户的情形，不正确的为（　　）

A. 通过零余额账户向上级单位划转资金，为上级单位职工购买个人商业保险

B. 通过零余额账户向上级单位划转资金，为本单位职工购买个人商业保险

C. 通过零余额账户向下级单位划转资金，为本单位职工购买个人商业保险

D. 通过零余额账户向下级单位划转资金，为下级单位职工购买个人商业保险

(2) 下列各项中，属于政府采购可以采用的采购方式的为（　　）

A. 邀请招标　B. 单一来源　C. 询价　D. 公开招标

(3) 下列各项关于丙单位采购 C 设备的情形，不符合规定的为（　　）

A. 未将中标结果通知未中标的投标人

B. 采用询价方式采购时，允许一家供应商两次报价

C. 采用询价方式采购时，向两家供应商发出询价单

D. 未答复供应商的询问和质疑

（4）下列各项银行账户中，应用于财政直接支付的账户为（　　）

A. 财政部门在商业银行为丙单位开设的零余额账户

B. 丙单位在商业银行开设的基本户

C. 财政部门按资金使用性质在商业银行开设的零余额账户

D. 财政部门在商业银行开设的预算外资金财政专户

（5）下列各项关于财政直接支付的表述，不正确的为（　　）

A. 预算单位进行财政直接支付时，首先按照批复的部门预算和资金使用计划，向财政国库支付执行机构提出支付申请

B. 预算单位零余额账户可以用于财政直接支付和清算

C. 代理银行根据支付指令通过财政部门零余额账户将资金直接支付到收款人账户

D. 由财政部门向中国人民银行和代理银行签发支付指令

参考答案及解析

一、单项选择题

1. C【解析】消费税应纳税额 = 销售额 × 消费税率，销售额 = 不含增值税销售额，即销售额 = $(17.55/1.17) \times 300 = 4\ 500$（万元），消费税应纳税额 $= 4\ 500 \times 0.09 = 405$（万元）。

2. B

3. C【解析】内部审计在单位内部会计监督制度中的重要作用包括预防保护作用、服务促进作用和评价鉴证作用。

4. A　5. C

6. B【解析】连载应合并计税，稿酬减征30%。$(3\ 000 + 4\ 000 + 5\ 000) \times (1 - 20\%) \times 20\% \times (1 - 30\%) = 1\ 344$（元）。

7. A【解析】不得有地方保护主义。

8. C

9. D【解析】企业、行政事业单位建立与实施内部控制应遵循的原则包括全面性原则、重要性原则、制衡性原则和适应性原则。此外，企业还应遵循成本效益原则。

10. B　11. C　12. A　13. C

14. C【解析】对企业而言，董事会负责内部控制的建立健全和有效实施；监事会对董事会建立与实施内部控制进行监督；经理层负责组织领导企业内部控制的日常运行。对行政事业单位而言，单位负责人对本单位内部控制的建立健全和有效实施负责。

15. D　16. C　17. C

18. C【解析】公开招标是政府采购的主要采购方式。

19. A　20. A

二、多项选择题

21. ACD【解析】我国《营业税暂行条例》第六条规定：下列项目免征营业税：

（1）托儿所、幼儿园、养老院、残疾人福利机构提供的育养服务，婚姻介绍，殡葬服务；

（2）残疾人员个人提供的劳务；

（3）医院、诊所和其他医疗机构提供的医疗服务；

（4）学校和其他教育机构提供的教育劳务，学生勤工俭学提供的劳务；

（5）农业机耕、排灌、病虫害防治、植保、农牧保险以及相关技术培训业务，家禽、牲畜、水生动物的配种和疾病防治；

（6）纪念馆、博物馆、文化馆、美术馆、展览馆、书画院、图书馆、文物保护单位举办文化活动的门票收入；宗教场所举办文化、宗教活动的门票收入。

22. ABCD

23. ACD【解析】选项 B 属于违反《中华人民共和国票据法》的行为。

24. ACD【解析】效力层次从高到低依次是宪法、会计法律、会计行政法规、国家统一的会计制度。而会计部门规章和会计规范性文件都属于国家统一的会计制度，法律效力相同。

25. ACD【解析】中文大写金额数字的“角”之后可以不写“整”字（或“正”字）。票据的出票日期必须采用中文大写。金额数字用繁体字书写也应该受理。阿拉伯小写金额前面应当填写人民币符号。

26. ACD【解析】中央预算支出包括中央本级支出和中央返还或者补助地方的支出。

27. AD【解析】个人所得税采用超额累进税率，土地增值税采用超率累进税率。企业所得税和车辆购置税采用比例税率。

28. ABC【解析】企业在外地设立从事生产、经营的场所需办理税务登记。而企业在外地设立非从事生产、经营的场所无须办理税务登记。

29. ABC【解析】选项 D 属于税收保全。

30. ABC　31. ABC

32. BCD【解析】没有“对单位处罚 5 000 元以上 5 万元”以下这种情况。

33. ABC

34. ACD【解析】会计人员继续教育具有针对性、适应性和灵活性的特点。

35. AB【解析】根据《中华人民共和国票据法》第三十三条的规定，背书不得记载的内容有两项：一是附有条件的背书，二是部分背书。

36. ABC　37. ABCD　38. ABCD　39. ABCD

40. AD【解析】会计人员必须按照国家统一的会计制度的规定对原始凭证进行审核，对不真实、不合法的原始凭证有权不予接受，并向单位负责人报告；对记载不准确、不完整的原始凭证予以退回，并要求按照国家统一会计制度的规定更正。

三、判断题

41. 错【解析】委托他人移交，仍由委托人负责。

42. 错【解析】对于审批人超越授权范围审批的货币资金业务，经办人有权拒绝办理并向上级报告。

43. 对

44. 错【解析】邀请招标，是指采购人或其委托的政府采购代理机构以投标邀请书的方式邀请三家或三家以上特定的供应商参与投标的采购方式。

45. 错【解析】会计法律制度都是体现统治阶级的愿望和意志。

46. 错【解析】①所谓会计职业道德情感，是指会计人员基于一定的道德认识，在处理职业活动中的各种道德关系和道德行为时所产生的情绪体验。职业道德责任感是指会计人员对自己所从事的工作表现出的义务感，这种义务感一旦形成，便成为一种巨大的精神力量，使会计人员形成主动干好本职工作的动力。②所谓会计职业道德认知，主要是指对会计职业道德行为、准则及其意义的理解和掌握。它包括对会计职业道德规范概念的掌握和对会计职业道德判断能力的提高。

47. 错【解析】会计职业道德的自我教育与自身修养，可以将会计职业道德转化为会计人员的职业本能。

48. 错【解析】开展会计职业道德教育的途径除了自我教育与修养以外，

还有学历教育、继续教育等。

49. 错【解析】基本户只能开一个，不能多头开基本户。

50. 对

51. 错【解析】只有存在恶意或重大过失，银行才承担责任；如果银行以善意的目的审查了，即使受理付错了，也不承担责任。

52. 错【解析】会计法律制度只是会计职业道德的最低要求。

53. 对

54. 错【解析】中文大写金额数字可用正楷或行书填写。用繁体字填写的，也应该受理。

55. 对　56. 对　57. 对　58. 对　59. 对　60. 对

四、案例分析题

61. (1) ABC【解析】针对事项④的罚款范围为 3 000 元以上 5 万元以下。

(2) ABD

(3) C【解析】企业所得税在年度终了 5 个月内申报，则该企业应当于 5 月 31 日前报送企业所得税纳税申报表。

(4) BD【解析】该企业附送的财务会计报告需按税法进行调整，财务会计报告必须与企业所得税纳税申报表一起报送。

(5) CD

62. (1) ABCD　(2) ABCD　(3) B　(4) CD　(5) ABCD

综合模拟试题 4

一、单项选择题（本题共 20 题，每题 1 分，共 20 分，多选、少选、错选、不选均不得分）

1. 下列各项中，可以由出票人授权补记的支票记载事项是（　　）

A. 出票人的名称　　B. 付款人的名称

C. 收款人的名称　　D. 出票日期

2. 下列关于会计工作政府监督的说法，错误的是（　　）

A. 会计政府监督是一种内部监督

B. 税务机关也是我国会计工作政府监督的主体

C. 会计工作的政府监督主要是指财政部门代表国家对单位和单位中相关人员的会计行为实施的监督检查

D. 财政部门对从事会计工作的人员是否具备会计从业资格进行监督

3. 下列各项中，有权对各单位会计工作行使监督权，并依法对违法会计行为实施行政处罚的是（　　）

A. 县级以上财政部门　　B. 县级以上税务部门

C. 县级以上审计部门　　D. 县级以上人民银行

4. 财务会计报告的编制依据是（　　）

A. 经过审核的原始凭证和有关资料

B. 经过审核的记账凭证和有关资料

C. 直接填制完成的会计账簿记录和有关资料

D. 经过审核的会计账簿记录和有关资料

5. 对记载不准确、不完整的原始凭证，会计人员应当（　　）

A. 拒绝接受，并报告领导，要求查明原因

B. 予以销毁，并报告领导，要求查明原因

C. 予以退回，并要求经办人员按规定进行更正、补充

D. 拒绝接受，且不能让经办人员进行更正、补充

6. 2014 年 3 月，王某取得稿酬收入 100 000 元，则应纳个人所得税（　　）元

A. 11 200　　B. 20 000　　C. 16 000　　D. 14 000

7. 下列关于信用卡的种类的说法，错误的有（　　）

A. 银行卡按照对象分为单位卡和个人卡

B. 银行卡按照信誉等级分为金卡和普通卡

C. 未经批准的金融机构，不允许开办信用卡业务

D. 金卡的持卡人在善意透支时透支的金额小于普通卡持卡人的透支金额

8. 甲公司从异地乙公司购进彩电一批，于2010年4月20日开出了10万元的见票后3个月付款的银行承兑汇票支付该笔货款，乙公司于4月28日提示承兑，则乙公司最迟于2010年（　　）向承兑人提示付款

A. 5月20日　B. 6月20日　C. 7月30日　D. 8月8日

9. 下列关于支票的提示付款期限的表述，正确的是（　　）

A. 自出票日起10日内　　B. 自出票日起20日内

C. 自出票日起30日内　　D. 自出票日起60日内

10. 税务机关对外省、自治区、直辖市来本辖区从事临时经营活动的单位和个人申请领购发票的，可以要求其提供保证人或者根据所领购发票的票面限额及数量缴纳不超过（　　）元的保证金，并限期缴销发票

A. 1 000　B. 5 000　C. 1万　D. 2万

11. 下列不属于个体工商户生产经营所得的是（　　）

A. 个体工商户从事饮食业取得的所得

B. 个体工商户从事手工业取得的所得

C. 个体工商户从事修理业取得的所得

D. 个体工商户业主出书取得的稿酬所得

12. 根据消费税的规定，纳税人采取分期收款方式销售应税消费品的，其纳税义务发生时间为（　　）

A. 书面合同约定的收款日期当天

B. 收到第一笔销售款的当天

C. 应税消费品发出的当天

D. 取得索取销售款凭据的当天

13. 根据增值税的规定，下列关于固定业户到外县（市）销售货物或者应税劳务，其纳税地点的说法，不正确的是（　　）

A. 应当向其机构所在地的主管税务机关申请开具外出经营活动税收管理证明，并向其机构所在地的主管税务机关申报纳税

B. 未开具外出经营活动税收管理证明的，应当向销售地或者劳务发生地的主管税务机关申报纳税

C. 未向销售地或者劳务发生地的主管税务机关申报纳税的，由其机构所

在地的主管税务机关补征税款

D. 未向其机构所在地的主管税务机关申报纳税的，由销售地或者劳务发生地的主管税务机关补征纳税

14. 下列关于起征点与免征额的说法，不正确的有（　　）

A. 征税对象的数额达到起征点的就全部数额征税

B. 征税对象的数额未达到起征点的不征税

C. 当课税对象小于免征额时，不予征税

D. 当课税对象大于免征额时，仅对免征额部分征税

15. 按照税收的征收权限和收入支配权限分类，可以将我国税种分为中央税、地方税和中央地方共享税。下列各项中，属于中央税的是（　　）

A. 房产税　B. 消费税　C. 车船税　D. 增值税

16. 地方各级政府预算的审查和批准机关是（　　）

A. 全国人民代表大会　B. 本级人民代表大会

C. 国务院财政部门　D. 地方政府财政部门

17. 《中华人民共和国预算法》自（　　）开始实施

A. 1994 年 3 月 22 日　B. 1995 年 1 月 1 日

C. 1996 年 1 月 1 日　D. 1997 年 1 月 1 日

18. “言必信，行必果”这句话体现在会计工作中，要求会计人员做到（　　）

A. 参与管理　B. 诚实守信　C. 爱岗敬业　D. 提高技能

19. 会计工作中绝不允许原始凭证不审核就做账，绝不允许填制凭证只有“制单”人而无“复核”人或制单人只签姓不签名，这体现了会计职业道德的（　　）

A. 爱岗敬业　B. 诚实守信　C. 客观公正　D. 强化服务

20. 不宜由会计法律制度进行规范的行为，可通过会计职业道德规范来实现，这体现出会计职业道德与会计法律制度（　　）

A. 在作用上相互补充

B. 在内容上相互渗透、相互重叠

C. 在地位上相互转化、相互吸收

D. 在实施过程中相互作用

二、多项选择题（下列每小题的备选答案中，有两个或两个以上符合题意的正确答案，本题共20题，每题2分，共40分，多选、少选、错选、不选均不得分）

21. 下列属于内部会计监督制度基本要求的有（　　）

A. 会计事项相关人员的职责权限应明确

B. 对会计资料执行内部审计的办法和程序应当明确

C. 建立会计档案管理制度

D. 重要经济业务事项的决策和执行的相互监督、相互制约程序应当明确

22. 税务代理的原则包括（　　）

A. 严格管理　B. 自愿有偿　C. 客观公正　D. 依法代理

23. 下列选项中，属于即期汇票的是（　　）

A. 本票　　B. 支票

C. 见票即付的汇票　　D. 商业承兑汇票

24. 根据《中华人民共和国支付结算办法》的规定，汇票上未记载付款地的，下列各项中，可以作为付款地的是（　　）

A. 付款人经常居住地　　B. 收款人的营业场所

C. 付款人的住所　　D. 付款人的营业场所

25. 根据我国《人民币银行结算账户管理办法》的规定，下列可以申请开立基本存款户的有（　　）

A. 社会团体　　B. 外国驻华机构

C. 居民委员会、社区委员会　　D. 民办非企业组织

26. 税收征管包括（　　）等环节

A. 税务登记　B. 发票管理　C. 纳税申报　D. 税款征收

27. 1999年修订后重新发布的《中华人民共和国会计法》，其特点包括（　　）

A. 加大对违法会计行为的处置

B. 明确了会计工作在社会主义市场经济中的地位和职能作用

C. 特别强调了单位负责人对本单位会计工作和会计资料的真实性和完整性负责

D. 突出了会计职能，保证信息质量的立法宗旨

28. 行政复议决定的种类有（　　）

A. 维持决定

B. 限期履行决定

C. 撤销、变更或确认的决定

D. 责令赔偿的决定

29. 下列关于托收承付的说法，正确的有（　　）

A. 托收承付结算每笔的金额起点为1万元，新华书店系统每笔的金额起点为1 000元

B. 使用托收承付结算方式的收款单位和付款单位，必须是国有企业、供销合作社以及经营管理较好，并经开户银行审查同意的城乡集体所有制工业企业

C. 使用托收承付结算方式的收款单位和付款单位，必须是国有企业、供销合作社以及经营管理较好，并经开户银行审查同意的城乡集体所有制商业企业

D. 办理托收承付结算的款项，必须是商品交易以及因商品交易而产生的劳务供应的款项

30. 属于本票、汇票和支票相同点的有（　　）

A. 具有同一性质　　B. 具有相同的票据功能

C. 都是委付证券　　D. 付款期限相同

31. 下列应当办理税务变更的有（　　）

A. 企业改变隶属关系　　B. 企业改变经济性质或经济类型

C. 企业被撤销或合并　　D. 企业改变住所或经营地点

32. 根据《中华人民共和国会计法》的规定，下列机构中应当按照有关法律规定对有关单位的会计资料实施监督检查的有（　　）

A. 商业银行　B. 审计部门　C. 税务部门　D. 财政部门

33. 持有会计从业资格证的人员有下列情形之一的，会计从业资格管理机构应当注销其会计从业资格（　　）

A. 死亡或者丧失行为能力的

B. 会计从业资格被依法吊销的

C. 调离会计岗位不再从事会计工作的

D. 因病暂时离开会计工作岗位的

34. 汇票上记载承兑的事项有（　　）

A. 承兑的文句　　B. 承兑人的签章

C. 承兑的日期　　D. 表明“汇票”的字样

35. 分散采购模式的不利之处是（　　）

A. 不便于监督管理　　B. 采购周期较长

C. 失去了规模效益　　D. 加大了采购成本

36. 现金结算的特点有（　　）

A. 直接便利　　B. 携带方便

C. 不易宏观控制和管理　　D. 不安全性

37. 根据《人民币银行结算账户管理办法》的规定，存款人开立（　　）由开户银行审核发放开户许可证

A. 基本存款账户　　B. 一般存款账户

C. 临时存款账户　　D. 个人银行结算账户

38. 属于普通发票的有（　　）

A. 商品房销售发票　　B. 商业统一零售发票

C. 邮票　　D. 增值税专用发票

39. 税款征收（　　）

A. 不得违规开征、停征　　B. 不得违规多征、少征

C. 可以提前征收　　D. 不得延缓征收或者摊派税款

40. 根据我国《税收征收管理法》的规定，税务机关在税款征收中，根据不同情况有权采取的措施有（　　）

A. 加收滞纳金　　B. 追征税款

C. 核定应纳税额　　D. 吊销营业执照

三、判断题（本题共 20 题，每题 1 分，共 20 分。判断正确得 1 分，判断错误、不判断均不得分也不扣分）

41. 会计人员继续教育，是指对取得会计从业资格证的人员所进行的职业道德教育。（　　）

42. 根据《会计师条例》的规定，设有总会计师的单位，总会计师对本单位的会计工作和会计资料的真实性、完整性负责。（　　）

43. 采用托收承付结算方式，付款单位如拒绝付款，属于全部拒付的，不做账务处理。（　　）

44. 会计职业道德中的提高技能、强化服务、参与管理、奉献社会等内容都是强制性要求。（　　）

45. 2008 年 1 月，A 公司会计人员王某脱产学习一周，会计科长指定出纳李某临时接替王某的工作。因时间很短，王某和李某可以不办理会计工作的交接手续。（　　）

46. 从事生产、经营的纳税人应当自领取营业执照或发生纳税义务之日起 15 日内，按照国家有关规定设置账簿。（　　）

47. 对不合格的会计人员，可以由会计部门提出建议，经总会计师或单位负责人批准后予以解聘或吊销会计从业资格证。（　　）

48. 单位、个人在银行的存款，银行不得为任何单位或者个人查

询。（ ）

49. 支票分为现金支票、转账支票和普通支票。现金支票可用于支取现金，也可进行转账；转账支票只能用于转账；普通支票可以用于支取现金，也可以用于转账。（ ）

50. 一般存款账户是存款人因办理日常转账结算和现金收付需要开立的银行存款账户。（ ）

51. 各单位采用的会计处理方法，前后各期应当一致，一律不得变更。（ ）

52. 会计人员继续教育的形式包括接受培训和自学两种，以接受培训为主。（ ）

53. 划线支票只能用于转账，不得用于取现。（ ）

54. 纳税申报方式中的邮寄申报以寄入地的邮政局邮戳日期为实际申报日期。（ ）

55. 委托代理记账机构办理会计业务，应该由委托代理机构对本单位会计资料的真实性、完整性负责。（ ）

56. 会计机构负责人（会计主管人员）办理交接手续，由单位负责人监交。（ ）

57. 从事会计工作的人员，必须取得会计从业资格证书。（ ）

58. 行政处罚的形式包括罚款、没收违法所得、责令停产停业、行政拘留等。（ ）

59. 申请人或收款人无论是单位还是个人，出票银行均可为其签发现金银行汇票。（ ）

60. 不论单位还是个人，签发支票的金额都不能超过银行存款余额。（ ）

四、案例分析题（本题共 2 题，每题有 5 小题，每小题 2 分，共 20 分。有一个或者一个以上符合题意的正确答案，多选、少选、错选、不选均不得分）

61. 伟达公司 2010 年共实现税前收入总额 1 800 万元（其中包括产品销售收入 1 600 万元，国库券利息收入 200 万元），发生各项成本费用共计 1 250 万元。其中，合理的工资薪金总额 175 万元，业务招待费 90 万元，职工福利费 45 万元，职工教育经费 3 万元，工会经费 9 万元，税收滞纳金 15 万元，提取的各项准备金支出 100 万元（均未经税务部门批准），其他成本费用支出均符合税法规定。（企业所得税税率为 25%）

根据上述资料，请回答下列问题：

（1）根据我国《企业所得税法》的规定，伟达公司2010年度的收入总额为（　　）

A. 350万元　B. 550万元　C. 1 600万元　B. 1 800万元

（2）关于业务招待费，下列说法中正确的是（　　）

A. 允许税前扣除的业务招待费为8万元

B. 允许税前扣除的业务招待费为54万元

C. 超过允许税前扣除部分的业务招待费，准予在以后纳税年度结转扣除

D. 超过允许税前扣除部分的业务招待费，不得在以后纳税年度结转扣除

（3）关于职工教育经费和工会经费，下列说法中正确的是（　　）

A. 允许税前扣除的职工教育经费为3万元

B. 允许税前扣除的职工教育经费为4.375万元

C. 允许税前扣除的工会经费为3.5万元

D. 允许税前扣除的工会经费为9万元

（4）关于税收滞纳金和准备金支出的计算，下列说法中错误的是（　　）

A. 企业缴纳的税收滞纳金15万元不得税前扣除

B. 企业缴纳的税收滞纳金可以税前扣除9万元

C. 未经税务部门核定的准备金支出不得税前扣除

D. 符合会计准则规定的准备金支出可以税前扣除

（5）关于所得税的计算，下列说法中错误的是（　　）

A. 伟达公司的应纳税所得额为573万元

B. 伟达公司的应纳税所得额为458万元

C. 伟达公司的应纳所得税为114.5万元

D. 伟达公司的应纳所得税为143.25万元

62. 某公司是国有大型企业。2010年12月31日，完成了全年的业务，在对账、结账后编制了年度财务会计报告；该公司委托符合资质要求的新华会计师事务所进行年度审计，并出具了无保留意见的审计报告。2011年3月31日，同级财政部门完成了对该企业会计工作的检查。

根据上述资料，回答下列问题：

（1）下列关于企业编制年度财务会计报告的表述，正确的有（　　）

A. 2010年度财务会计报告的会计期间是公历2010年1月1日起至2010年12月31日止

B.《中华人民共和国会计法》关于会计年度的规定，仅适用于内资企业

C. 2010 年度结账日为公历 2010 年 12 月 31 日

D. 2010 年度结账日为公历 2010 年 3 月 31 日

（2）该企业委托新华会计师事务所进行年度审计，属于会计工作的（　　）

A. 政府监督　　B. 社会监督

C. 单位内部会计监督　　D. 行业监督

（3）注册会计师及其所在的会计师事务所的法定业务范围主要包括（　　）

A. 依法承办审计业务　　B. 承办会计咨询、会计服务业务

C. 检查企业会计工作情况　　D. 检查企业执行会计法规情况

（4）同级财政部门对该企业进行会计工作的检查内容包括（　　）

A. 是否依法设置会计账簿

B. 会计凭证、会计账簿、财务会计报告和其他会计资料是否真实、完整

C. 会计核算是否符合《中华人民共和国会计法》和国家统一的会计制度的规定

D. 从事会计工作的人员是否具备会计从业资格

（5）2011 年 3 月 31 日，同级财政部门完成了对该企业会计工作的检查属于（　　）

A. 单位内部监督　　B. 社会监督

C. 政府监督　　D. 行业监督

参考答案及解析

一、单项选择题

1. C【解析】支票的金额和收款人名称可以由出票人授权补记，未补记前不得背书转让和提示付款。

2. A【解析】会计工作的政府监督主要是指财政部门代表国家对单位和单位中相关人员的会计行为实施的监督检查，以及对发现的违法会计行为实施的行政处罚，是一种外部监督。

3. A【解析】县级以上人民政府财政部门是本行政区域内各单位会计工作的监督检查部门，对各单位会计工作行使监督权，并依法对违法会计行为实施行政处罚。

4. D【解析】财务会计报告的编制依据，是经过审核的会计账簿记录和

有关资料。

5. C【解析】会计机构、会计人员对不真实、不合法的原始凭证，不予受理；对记载不准确、不完整的原始凭证，予以退回，要求更正、补充。

6. A【解析】应纳税额 = 100 000 ×（1 - 20%）×20% ×（1 - 30%）= 11 200（元）。

7. D【解析】一般而言，金卡的持卡人在善意透支时透支的金额大于普通卡持卡人的透支金额。

8. D【解析】依据《中华人民共和国票据法》的规定，见票后定期付款的商业汇票，自到期日起10天内向承兑人提示付款。

9. A【解析】支票的提示付款期限为自出票日起10日内。

10. C【解析】税务机关对外省、自治区、直辖市来本辖区从事临时经营活动的单位和个人申请领购发票的，可以要求其提供保证人或者根据所领购发票的票面限额及数量缴纳不超过1万元的保证金，并限期缴销发票。

11. D【解析】选项D属于稿酬所得。

12. A【解析】采取赊销和分期收款结算方式的，为书面合同约定的收款日期的当天；书面合同没有约定收款日期或者无书面合同的，为发出应税消费品的当天。

13. D【解析】固定业户到外县（市）销售货物或者应税劳务，应当向其机构所在地的主管税务机关申请开具外出经营活动税收管理证明，并向其机构所在地的主管税务机关申报纳税；未开具证明的，应当向销售地或者劳务发生地的主管税务机关申报纳税；未向销售地或者劳务发生地的主管税务机关申报纳税的，由其机构所在地的主管税务机关补征税款。

14. D【解析】当课税对象小于起征点和免征额时，都不予征税；当课税对象大于起征点和免征额时，起征点制度要对课税对象的全部数额征税，免征额制度仅对课税对象超过免征额部分征税。

15. B【解析】房产税、车船税为地方税，消费税属于中央税，增值税是中央和地方共享税。

16. B【解析】根据《中华人民共和国预算法》的规定，中央预算由全国人民代表大会审查和批准。国务院在全国人民代表大会举行会议时，向大会做关于中央和地方预算草案的报告。地方各级政府预算由本级人民代表大会审查和批准。

17. B【解析】我国现行的《中华人民共和国预算法》自1995年1月1日开始实施。

18. B　19. A　20. A

二、多项选择题

21. ABD

22. ABCD【解析】税务代理是一项社会性中介事务，必须坚持严格依法、客观公正、严格管理、自愿有偿的原则。

23. ABC

24. ACD【解析】汇票未记载付款地时，付款人的营业场所、住所或者经常居住地为付款地。

25. ABCD

26. ABCD【解析】税收征管包括税务登记、发票管理、纳税申报、税款征收、税务检查和法律责任等环节。

27. ABCD 28. ABCD 29. ABD

30. AB【解析】本票不是委付证券，是自付证券；三者付款期限不同。

31. ABD【解析】企业被撤销或合并，应办理注销登记，所以不选 C。

32. BCD【解析】人民银行属于政府行政部门，可以对各单位的会计资料实施监督检查。而商业银行则不可以对有关单位的会计资料实施监督检查。

33. AC

34. ABC【解析】付款人办理承兑手续时，应在汇票上记载承兑的事项包括承兑文句、承兑日期、承兑人签章。而且承兑文句和承兑人签章是绝对应记载事项，缺一不可，否则承兑行为无效。

35. ACD

36. ACD【解析】现金结算具有直接便利、不安全性、不易宏观控制和管理及管理费用较高等特点。

37. BD【解析】基本户、临时户（注册验资临时户除外）、预算单位专用户、QFII 专用户属核准类账户，由中国人民银行当地分支行核准后发开户许可证。一般户、个人户、非预算单位专用户属备案类账户，直接由开户银行审核后发开户许可证。

38. AB【解析】选项 A、B 属于普通发票，选项 C 属于专业发票，选项 D 属于增值税专用发票。

39. ABD【解析】税务机关依照法律、行政法规的规定征收税款，不得违反法律、行政法规的规定开征、停征、多征、少征、提前征收、延缓征收或者摊派税款。

40. ABC

三、判断题

41. 错 42. 错 43. 对 44. 错 45. 错 46. 对 47. 错 48. 错 49. 错 50. 错 51. 错 52. 对 53. 对 54. 对 55. 错 56. 错 57. 对 58. 对

59. 错【解析】现金银行汇票仅限于银行汇票的申请人和收款人为个人，且必须缴存现金的，才可以办理。只要申请人、收款人中有一个不是个人的，就不得为其办理现金银行汇票。

60. 对

四、案例分析题

61. (1) D【解析】企业的收入总额包括以货币形式和非货币形式从各种来源取得的收入。

(2) AD【解析】企业发生的与生产经营活动有关的业务招待费支出，按照发生额的60%扣除，但最高不得超过当年销售（营业）收入的5‰。

(3) AC【解析】企业拨缴的工会经费，不超过工资薪金总额的2%的部分准予扣除；除国务院财政、税务主管部门另有规定外，企业发生的职工教育经费支出，不超过工资薪金总额2.5%的部分准予扣除，超过部分准予结转以后纳税年度扣除。该题容易错选B，注意实际发生数是3万元。

(4) BD【解析】企业缴纳的税收滞纳金和未经核定的准备金支出（是指不符合国务院财政、税务主管部门规定的各项资产减值准备、风险准备等准备金支出）是不得扣除的项目。

(5) BC【解析】业务招待费的扣除：实际发生90万元，90×60%=54（万元），1 600×5‰=8（万元），所以税前只能扣除8万元；职工福利费45万元，职工教育经费3万元，工会经费9万元，扣除限额为：175×14%=24.5（万元），175×2.5%=4.375（万元），175×2%=3.5（万元），企业所得税的所得额=（1 800－200）－［1 250－（90－8）（业务招待费不得扣除的部分）－（45－24.5）（职工福利费不得扣除的部分）－（9－3.5）（工会经费不得扣除的部分）－15（税收滞纳金不得扣除）－100（未经批准的准备金支出）］=573（万元）；企业应纳所得税=573×25%=143.25（万元）。

62. (1) AC【解析】《中华人民共和国会计法》规定，会计年度自公历1月1日起至12月31日止。

(2) B【解析】我国实行的是单位内部监督、政府监督和社会监督“三位一体”的会计监督体系。

（3）AB

（4）ABCD【**解析**】根据《中华人民共和国会计法》和《注册会计师》的规定，财政部门实施的会计监督检查的内容主要包括：①对单位依法设置会计账簿的检查；②对单位会计资料真实性、完整性的检查；③对单位会计核算情况的检查；④对单位会计人员从业资格和任职资格的检查；⑤对会计师事务所出具的审计报告的程序和内容的检查。

（5）C

9 第九天 冲刺训练 全真模拟（三）

题外话

经过了前两天四套模拟题的练习后，今天进行两套题的练习，应更为娴熟地运用相关知识解题，并提高答题的速度及效率，切忌一个字一个字地看题目，应先从问题出发。

综合模拟试题 5

一、单项选择题（本题共 20 题，每题 1 分，共 20 分，多选、少选、错选、不选均不得分）

1. 除因提供虚假财务会计报告等与会计职务有关的违法行为被依法追究刑事责任的人员外，因违法违纪行为被吊销会计从业资格证书的人员，自被吊销从业资格证书之日起一定期限内不得参加会计从业资格考试。前述的“一定期限”指的是（　　）

A. 1 年　　B. 3 年　　C. 5 年　　D. 10 年

2. 下列人员中，不属于会计职业道德调整规范的对象的是（　　）

A. 总会计师　　B. 单位负责人

C. 会计主管人员　　D. 会计机构负责人

3. 担任单位会计机构负责人（会计主管人员）的，除取得会计从业资格外还应当具备（　　）以上专业技术职务资格或者从事会计工作 3 年以上经历。

A. 高级会计师　　B. 会计师

C. 助理会计师　　D. 会计员

4. 下列各项中，不属于会计档案的是（　　）

A. 会计凭证　　　　B. 会计账簿
C. 财务会计报告　　D. 年度财务计划

5. 所得税纳税申报表的报出时间为（　　）
A. 1个月　　B. 2个月　　C. 4个月　　D. 5个月

6. 商业银行向个人和单位发行的，凭以向特约单位购物、消费和向银行存取现金，且具有消费信用的特制载体卡片是指（　　）
A. 借记卡　　B. 银行卡　　C. 信用卡　　D. 提款卡

7. 银行承兑汇票的承兑银行，应当按照票面金额向出票人收取（　　）的手续费
A. 千分之一　　B. 千分之五　　C. 万分之一　　D. 万分之五

8. 出票人签发空头支票，持票人有权要求出票人赔偿支票金额（　　）的赔偿金
A. 2%　　B. 3%　　C. 5%　　D. 10%

9. 下列存款人不能申请开立基本存款账户的是（　　）
A. 单位附属独立核算的食堂　　B. 外国驻华机构
C. 个人独资企业　　D. 自然人

10. 下列各项中，不属于劳务报酬所得的是（　　）
A. 某报社记者在该报发表文章的所得
B. 某画家从事书画展取得的报酬
C. 从事翻译工作取得的报酬
D. 提供中介服务取得的报酬

11. 外出经营活动结束，纳税人应当向经营地税务机关填报（　　），并按规定结清税款、缴销未使用完的发票
A.《外出经营活动税收管理证明》
B.《外出经营活动情况申报表》
C.《纳税人税种登记表》
D.《企业所得税纳税申报表》

12. 纳税人发生解散、破产、撤销以及其他情形，依法终止纳税义务的，应（　　）
A. 在向税务登记管理机关办理注销税务登记前，向工商管理机关办理注销手续
B. 在向工商管理机关办理注销登记前，向税务登记管理机关办理注销税务登记
C. 直接向工商管理机关或有关机关办理注销手续

D. 直接向税务登记管理机关办理注销税务登记

13. 从事生产经营的纳税人未办理工商营业执照也未经有关部门批准设立的，应当自（　　）起30日内申报办理税务登记

A. 纳税义务发生之日　　B. 正式开业之日

C. 税务部门通知之日　　D. 产生利润之日

14. 飞腾公司2011年度实现利润总额为320万元，无其他纳税调整事项。经税务机关核实的2010年度亏损额为300万元。该公司2011年度应缴纳的企业所得税税额为（　　）万元

A. 3.6　　B. 5　　C. 5.4　　D. 105.6

15. 李某捡到5 000元钱，准备采取以下几种方式进行处理，其中符合社会主义道德要求的有（　　）

A. 将所捡到的5 000元钱以李某个人名义捐给“希望工程”

B. 找到失主后，要求失主支付2 000元作为报酬，其余3 000元还给失主

C. 将所捡到的5 000元钱交给当地派出所

D. 将所捡到的5 000元钱替隔壁住院的烈士家属王大爷支付住院费

16. 政府采购中优先购买国货，这体现了政府采购的功能是（　　）

A. 保护民族产业　　B. 节约财政支出

C. 活跃市场经济　　D. 强化宏观调控

17. 下列选项中，不属于我国地方预算组成的是（　　）

A. 省的总预算　　B. 自治区总预算

C. 中央直属单位预算　　D. 直辖市总预算

18. 会计人员小文认为自己管钱管账，就高人一等。小文这样的思想违背了会计职业道德的（　　）要求

A. 坚持准则　B. 爱岗敬业　C. 诚实守信　D. 强化服务

19. （　　）是做人的基本准则，是人们在古往今来的交往中产生的最根本的道德规范，也是会计职业道德的精髓

A. 爱岗敬业　B. 诚实守信　C. 坚持准则　D. 奉献社会

20. 会计法律制度中含有会计职业道德规范的内容，同时，会计职业道德规范中也包含会计法律制度的某些条款。这一特点体现了会计职业道德与会计法律制度（　　）

A. 在作用上相互补充

B. 在内容上相互渗透、相互重叠

C. 在地位上相互转化、相互吸收

D. 在实施过程中相互作用

二、多项选择题（下列每小题的备选答案中，有两个或两个以上符合题意的正确答案，本题共20题，每题2分，共40分，多选、少选、错选、不选均不得分）

21. 下列各项中，会计从业资格证书管理的内容包括（　　）

A. 上岗注册登记　　B. 离岗备案

C. 调转登记　　D. 变更登记

22. 下列属于记账凭证审核的主要内容的有（　　）

A. 依据是否真实　　B. 填写项目是否齐全

C. 金额计算是否正确　　D. 书写是否清楚

23. 下列属于原始凭证内容的有（　　）

A. 凭证的名称　　B. 填制凭证的日期

C. 借、贷方向　　D. 会计科目

24. 财物是单位财产物资的简称，是反映一个单位进行或维持经营管理活动的具有实物形态的经济资源，一般包括（　　）

A. 材料　　B. 低值易耗品　C. 在产品　　D. 房屋

25. 增值税扣税凭证是指（　　）

A. 增值税专用发票

B. 海关进口增值税专用缴款书

C. 农产品收购发票

D. 农产品销售发票

26. 根据我国《银行结算账户管理办法》的规定，存款人对银行结算账户的管理包括（　　）

A. 应加强对银行票据的管理　B. 应加强对预留银行签章的管理

C. 应加强对开户许可证的管理　D. 应妥善保管其密码

27. 我国《人民币结算账户管理办法》规定，存款人可以开立异地银行结算账户的情形有（　　）

A. 营业执照注册地与经营地不在同一行政区域需要开立基本存款账户的

B. 营业执照注册地与经营地不在同一行政区域需要开立一般存款账户的

C. 办理异地借款需要开立一般存款账户的

D. 办理异地借款需要开立基本存款账户的

28. 税款征收（　　）

A. 不得违规开征、停征　　B. 不得违规多征、少征

C. 可以提前征收　　D. 不得延缓征收或者摊派税款

29. 下列各项中，属于《中华人民共和国票据法》调整的有（　　）

A. 股票　　B. 支票　　C. 汇票　　D. 本票

30. 税务登记的种类主要有（　　）

A. 开业登记、注销登记　　B. 变更登记

C. 停业、复业登记　　D. 外出经营报验登记

31. 下列各项中，纳税人在计算企业所得税应纳税所得额时不得扣除的项目有（　　）

A. 向投资者支付的股息、红利等权益性投资收益款项

B. 企业所得税税款

C. 罚金

D. 赞助支出

32. 下列关于消费税纳税义务发生时间的说法，正确的有（　　）

A. 纳税人委托加工应税消费品的，为纳税人支付加工费的当天

B. 采取托收承付方式的，为发出应税消费品并办妥托收手续的当天

C. 采取赊销方式的，为书面合同约定的收款日期的当天，书面合同没有约定收款日期或者无书面合同的，为发出应税消费品的当天

D. 纳税人进口应税消费品的，为报关进口的当天

33. 下列关于增值税纳税义务发生时间的表述，正确的有（　　）

A. 采取直接收款方式销售货物，不论货物是否发出，均为收到销售额或取得索取销售额的凭据，并将提货单交给买方的当天

B. 采取托收承付和委托银行收款方式销售货物，为发出货物并办妥托收手续的当天

C. 采取赊销和分期收款方式销售货物，为按合同约定的收款日期的当天

D. 采取预收货款方式销售货物，为货物发出的当天

34. 下列各项中，应计入增值税的应税销售额的有（　　）

A. 向购买者收取的包装物租金

B. 向购买者收取的销项税额

C. 因销售货物向购买者收取的手续费

D. 因销售货物向购买者收取的代收款项

35. 下列属于税收实体法的有（　　）

A.《中华人民共和国企业所得税法》

B.《中华人民共和国税收征收管理法》

C.《中华人民共和国海关法》

D.《中华人民共和国个人所得税法》

36. 下列选项中，属于我国政府采购法律制度中地方性法规或政府规章的

有（　　）

A.《政府采购法》

B.《辽宁省政府采购管理规定》

C.《中央单位政府采购管理实施办法》

D.《广东省实施〈中华人民共和国政府采购法〉办法》

37. 地方各级政府预算的编制内容包括（　　）

A. 本级预算收入和支出　　B. 返还或补助下级的支出

C. 上解上级的支出　　D. 下级上解的收入

38. 会计职业道德修养的方法包括（　　）

A. 不断地进行“内省”　　B. 要提倡“慎独”精神

C. 要提倡发表个人意见　　D. 虚心向先进人物学习

39. 下列各项中，符合会计职业道德规范中“参与管理”要求的有（　　）

A. 积极对企业财务报告进行综合分析，并提交风险预警报告

B. 主动参加公司重大投资项目的可行性研究分析

C. 分析坏账形成的原因，提出加强授信管理、加快货款回收建议

D. 分析现金流量状况，查找存在的问题，提出改进措施

40. 不属于从事会计工作的人员应具备的条件的是（　　）

A. 取得大学本科学历　　B. 取得初级职称

C. 取得注册会计师证　　D. 取得会计从业资格证书

三、判断题（本题共 20 题，每题 1 分，共 20 分。判断正确得 1 分，判断错误、不判断均不得分也不扣分）

41. 政府有关部门以本级预算安排的资金拨付给下级政府有关部门的专款，必须经本级人民代表大会常务委员会同意并办理预算划转手续。（　　）

42. 执业谨慎是会计职业道德中客观公正原则的基本要求。（　　）

43. 银行汇票一式三联。（　　）

44. 实行会计电算化的单位，在进行会计工作交接时，交接双方应将电子计算机的相关数据打印出来比对，确认无误后，方可交接。（　　）

45. 国务院财政部门编制中央决算草案，报国务院审定后，由国务院提请全国人民代表大会审查和批准。（　　）

46. 政府采购方式中，竞争性谈判是指采购人或其委托的政府采购代理机构通过与多家供应商就采购事宜进行谈判，经分析比较后从中确定中标供应商的采购方式。（　　）

47. 会计人员“强化服务”的关键是树立强烈的服务意识。(　　)

48. 在事实清楚的情况下，银行可以根据任何单位或个人的申请，对其所管理的单位或个人存款账户进行冻结、扣款，停止存款账户的正常支付。(　　)

49. 停止纳税人的出口退税权，不属于税务违法行政处罚的方式。(　　)

50. 基本存款账户是指存款人因办理日常转账结算和现金收付需要开立的银行结算账户。(　　)

51. 会计人员继续教育是指会计人员在完成某一阶段学习后，重新接受一定形式的、有组织的、知识更新的教育培训活动。(　　)

52. 物流公司可以经营委托收款业务。(　　)

53. 政府采购中，不能自行进行采购活动。(　　)

54. 无民事行为能力人或者限制民事行为能力人在票据上的签章无效，但不影响其他签章的效力。(　　)

55. 会计行业组织对会计职业道德进行自律和约束。(　　)

56. 政府采购中，对于纳入集中采购目录属于本单位有特殊要求的项目，经省级以上人民政府批准，可以自行采购。(　　)

57. 政府采购实行集中采购和分散采购相结合。(　　)

58. 政府采购只能实行集中采购的方式。(　　)

59. 现行的《中华人民共和国会计法》包括总则、会计监督、会计机构和会计人员、法律责任和附则等六章共52条。(　　)

60. 会计职业道德是对会计法律制度的重要补充。(　　)

四、案例分析题（本题共2题，每题有5小题，每小题2分，共20分。有一个或者一个以上符合题意的正确答案，多选、少选、错选、不选均不得分）

61. 中国居民章某为事业单位员工，2014年2月取得如下收入：

①取得工资薪金收入8 000元。

②取得2013年度一次性奖金36 000元。

③为其他单位提供技术咨询，取得一次性个人劳务报酬7 000元。

④购买福利彩票花费500元，取得中奖收入20 000元。

已知全月应税所得不超过1 500元的个人所得税税率为3%，速算扣除数为0；全月应税所得不超过4 500元的个人所得税税率为10%，速算扣除数为105；全月应税所得不超过9 000元的个人所得税税率为20%，速算扣除数为555。

根据上述资料，回答下列问题：

（1）2014 年 2 月，章某工资薪金个人所得税额是（　　）元

A．325　　B．1 045　　C．345　　D．750

（2）章某 2013 年度一次性奖金的计算方法是（　　）

A．取得的全年一次性奖金，除以 12 个月，按其商数确定适用税率和速算扣除数

B．应单独作为一个月工资、薪金所得计算纳税

C．适用税率 10%，速算扣除数为 105

D．适用税率 20%，速算扣除数为 555

（3）计算章某劳务报酬收入个人所得税（　　）

A．比例税率 20%，若每次应纳税所得额超过 30 000 元，有加成规定

B．比例税率 20%，若每次应纳税所得额超过 20 000 元，有加成规定

C．应纳税所得额 6 200 元

D．应纳税所得额 5 600 元

（4）章某彩票中奖（　　）

A．属于偶然所得

B．按收入全额计算税款，没有费用扣除额

C．按 20% 计算所得税额，应纳税额为 4 000 元

D．先减去 500 元的购买费用，再按 20% 计算所得税额，应纳税额为 3 900 元

（5）下列关于章某个人所得税的申报，正确的有（　　）

A．章某的个人所得税应当由其支付人作为扣缴义务人

B．章某应当在当年度结束后执行 12 万元以上年所得人群的申报

C．章某在年所得 12 万元以上申报时应当补缴尚未缴纳的税款

D．章某应当在 2013 年 3 月末之前申报全年应纳个人所得税额

62．某企业 2012 年 6 月 20 日银行存款账户余额为 2 万元。当日，一材料供应商上门到该企业催要金额为 15 万元的材料货款。该企业为了避免冲突，就向供应商开具了面值为 15 万元的普通支票。

根据题目资料，回答以下问题：

（1）供应商可以于（　　）去银行提示付款。

A．2012 年 6 月 20 日　　B．2012 年 6 月 25 日

C．2012 年 6 月 29 日　　D．2012 年 6 月 30 日

（2）本题中开具的是普通支票，下列关于普通支票的使用范围的表述，错误的有（　　）

A. 划线普通支票只能用于支取现金

B. 普通支票既可用于转账结算，也可用于支取现金

C. 转账支票只能用于转账

D. 现金支票只能用于支取现金

(3) 若当日供应商去提示付款，银行予以退票，该企业开出的这张支票属于（　　）

A. 现金支票　B. 空头支票　C. 合法支票　D. 划线支票

(4) 对于该行为，银行可以对该企业处以（　　）元的罚款

A. 1 000　B. 3 000　C. 7 200　D. 7 500

(5) 空头支票，是指（　　）

A. 支票的出票人签发支票的金额超过付款时在付款人处实有的存款金额

B. 支票的出票人签发支票的金额没有超过付款时在付款人处实有的存款金额

C. 支票的出票人签发支票的金额超过出票时在付款人处实有的存款金额

D. 支票的出票人签发支票的金额没有超过出票时在付款人处实有的存款金额

参考答案及解析

一、单项选择题

1. C　2. B

3. B【解析】担任单位会计机构负责人（会计主管人员）的，除取得会计从业资格外还应当具备会计师以上专业技术职务资格或者从事会计工作3年以上经历。

4. D【解析】本题考查会计档案的范围。选项A、B、C都属于会计档案。

5. D【解析】企业应当自年度终了之日起5个月内，向税务机关报送年度企业所得税纳税申报表，并汇算清缴，结清应缴应退税款。企业在报送企业所得税纳税申报表时，应当按照规定附送财务会计报告和其他有关资料。

6. C【解析】本题考查信用卡的相关规定。信用卡是指商业银行向个人和单位发行的，凭以向特约单位购物、消费和向银行存取现金，且具有消费信用的特制载体卡片。

7. D【解析】银行承兑汇票的承兑银行，应当按照票面金额向出票人收取万分之五的手续费。

8. A【解析】出票人签发空头支票，持票人有权要求出票人赔偿支票金额2%的赔偿金。

9. D【解析】凡是具有民事权利能力和民事行为能力，并依法独立享有民事权利和承担民事义务的法人和其他组织，均可以开立基本存款账户。

10. A

11. B【解析】外出经营活动结束，纳税人应当向经营地税务机关填报《外出经营活动情况申报表》，并按规定结清税款、缴销未使用完的发票。

12. B【解析】纳税人发生解散、破产、撤销以及其他情形，依法终止纳税义务的，应当在向工商管理机关或有关机关办理注销登记前，持有关证件向原税务登记管理机关办理注销税务登记。

13. A

14. B【解析】2011年度应缴纳的企业所得税税额 =（320 - 300）×25% = 5（万元）。

15. C　16. A

17. C【解析】中央预算由中央各部门（含直属单位）的预算组成。

18. D【解析】强化服务要求会计人员要摆正自己的工作位置。小文的这一思想违反了强化服务的会计职业道德要求。

19. B【解析】诚实守信是做人的基本准则，是人们在古往今来的交往中产生的最根本的道德规范，也是会计职业道德的精髓。

20. B

二、多项选择题

21. ABCD　22. ABCD

23. AB【解析】选项C、D属于记账凭证的内容。

24. ABCD

25. ABCD【解析】除选项内容外，还有税收缴款凭证也属于增值税扣税凭证。

26. BCD

27. AC【解析】存款人有下列情形之一的，可以在异地开立有关银行结算账户：①营业执照注册地与经营地不在同一行政区域（跨省、市、县）需要开立基本存款账户的。②办理异地借款和其他结算需要开立一般存款账户的。③存款人因附属的非独立核算单位或派出机构发生的收入汇缴或业务支出需要开立专用存款账户的。④异地临时经营活动需要开立临时存款账户的。⑤自然人根据需要在异地开立个人银行结算账户的。

28. ABD【解析】税务机关依照法律、行政法规的规定征收税款，不得违反法律、行政法规的规定开征、停征、多征、少征、提前征收、延缓征收或者摊派税款。

29. BCD【解析】广义的票据包括股票、国库券、企业债券等，但《中华人民共和国票据法》调整的票据仅限于汇票、本票和支票。

30. ABCD　31. ABCD

32. BCD【解析】纳税人委托加工应税消费品的，为纳税人提货的当天。

33. ABCD

34. ACD【解析】增值税是价外税，销售额不包括向购买方收取的销项税额。

35. AD

36. BD【解析】选项 A 属于法律，选项 C 属于中央单位政府采购部门规章。

37. ABCD

38. ABD【解析】会计职业道德修养的方法主要有：①不断地进行“内省”；②要提倡“慎独”精神；③虚心向先进人物学习。

39. ABCD【解析】参与管理的基本要求是：在做好本职工作的同时，努力钻研相关业务；全面熟悉本单位经营活动和业务流程，主动提出合理化建议，协助领导决策，积极参与管理。

40. ABC【解析】从事会计工作的人员，必须取得会计从业资格，持有会计从业资格证书。

三、判断题

41. 错【解析】政府有关部门以本级预算安排的资金拨付给下级政府有关部门的专款，必须经本级政府财政部门同意并办理预算划转手续。

42. 错【解析】执业谨慎、信誉至上是诚实守信的基本要求。

43. 错【解析】银行汇票一式四联。

44. 错【解析】实行会计电算化的单位，交接双方应在电子计算机上对有关数据进行实际操作，确认有关数字正确无误后，方可交接。

45. 错【解析】中央决算草案应提请全国人民代表大会常务委员会审查和批准。

46. 对

47. 错【解析】关键是提高服务质量。

48. 错　49. 错　50. 对　51. 对　52. 错　53. 对　54. 对　55. 对

56. 对　57. 对　58. 错

59. 错【解析】现行《中华人民共和国会计法》共七章52条，包括总则，会计核算，公司、企业会计核算的特别规定，会计监督，会计机构和会计人员，法律责任，附则七大部分。

60. 对【解析】会计职业道德是对会计法律制度的重要补充，是规范会计行为的基础，是实现会计目标的重要保证，是会计人员提高素质的内在要求。

四、案例分析题

61. （1）C【解析】章某工资薪金的应纳税所得额 =8 000 -3 500 =4 500（元），应纳税额 =1 500 ×3% +3 000 ×10% =345（元）。

（2）ABC【解析】现行的全年一次性奖金个人所得税计算方法及要求，应按规定计算，纳税人取得全年一次性奖金，应单独作为一个月工资、薪金所得计算纳税。先将雇员当月内取得的全年一次性奖金，除以12个月，按其商数确定适用税率和速算扣除数，即36 000除以12后得商数3 000，对应税率为10%，速算扣除数为105。

（3）BD【解析】为其他单位提供技术咨询，取得一次性个人劳务报酬7 000元。一次劳务报酬收入4 000元以上的，应减除费用为收入的20%。所以应纳税所得额 =7 000 ×（1 -20%） =5 600（元）。比例税率20%，超过20 000的部分需要加成征收个人所得税。

（4）ABC【解析】章某彩票中奖属于偶然所得。彩票中奖20 000元没有扣除额，就按20%计算所得税额，应纳税4 000元。

（5）ABCD【解析】个人所得税以所有人为纳税义务人，以支付所得的单位或者个人为扣缴义务人。应当按照规定办理纳税申报的情形有：①年所得12万元以上的。②从中国境内两处或者两处以上取得工资、薪金所得的。③从中国境外取得所得的。④取得应纳税所得，没有扣缴义务人的。⑤国务院规定的其他情形。年所得12万元以上申报的时间是年度终了后的3个月内。

62. （1）ABC【解析】支票的持票人应当自出票日起10日内提示付款。

（2）A【解析】划线支票只能用于转账。

（3）B【解析】出票人签发的支票金额超过其付款时在付款人处实有的存款金额的，为空头支票。

（4）D【解析】对于签发空头支票的，银行可以按照票面金额处以5%但不低于1 000元的罚款。

（5）A【解析】出票人签发的支票金额超过其付款时在付款人处实有的

存款金额的，为空头支票。

题外话

加油！今天的任务就快要完成了！

综合模拟试题 6

一、单项选择题（本题共 20 题，每题 1 分，共 20 分，多选、少选、错选、不选均不得分）

1. 根据《中华人民共和国预算法》的规定，下列各项中接受乡、民族乡、镇政府接受返还或者补助款项有关情况报告的是（　　）

A. 本级审计部门

B. 本级人民代表大会

C. 本级人民代表大会常务委员会

D. 本级财政部门

2. 某公司的会计人员伪造销售发票，尚不构成犯罪，对该公司可处以的罚款金额是（　　）

A. 3 000 元以上 3 万元以下　　B. 2 000 元以上 2 万元以下

C. 5 000 元以上 10 万元以下　　D. 3 000 元以上 5 万元以下

3. 某啤酒厂 2013 年 9 月生产了 35 000 吨生啤，当月销售了 20 000 吨，取得含税收入 117 万元，则啤酒厂应缴纳消费税的计税依据为（　　）

A. 35 000 吨　B. 117 万元　C. 100 万元　D. 20 000 吨

4. 根据《中华人民共和国支付结算办法》的规定，支票的提示付款期限为（　　）

A. 自出票日起 5 日内　　B. 自出票日起 10 日内

C. 自出票日起 15 日内　　D. 自出票日起 30 日内

5. 根据《营业税暂行条例》的规定，下列各项中属于营业税纳税人的是（　　）

A. 汽车修理厂修车并提供洗车服务

B. 法定专立的科研机构

C. 旅游公司取得的收入

D. 邮局提供邮政服务并销售集邮用品

6. 下列关于会计档案保管期限的表述，不正确的是（　　）

A. 会计档案的保管期限分为定期和不定期两类

B. 发票存根的保管期限为 3 年

C. 会计档案的保管期限分为永久和定期两类

D. 会计档案的保管期限，从会计年度终了后的第一天起

7. 下列个人所得税应税项目中，不扣除任何成本、费用计算征收个人所得税的是（　　）

A. 偶然所得　　B. 财产租赁所得

C. 工资、薪金所得　　D. 稿酬所得

8. 金额 26 800.15 的大写正确的是（　　）

A. 人民币贰万陆仟捌佰零零元壹角伍分

B. 人民币贰万陆仟捌佰元零壹角伍分整

C. 人民币贰万陆仟捌佰元壹角伍分整

D. 人民币贰万陆仟捌佰元壹角伍分

9. 我国《总会计师条例》是在（　　）年发布实施的

A. 1990　　B. 1993　　C. 1999　　D. 2003

10. 我国《企业财务会计报告条例》是在（　　）年施行的

A. 1990　　B. 1993　　C. 1999　　D. 2001

11. 我国《企业财务会计报告条例》是在（　　）发布的

A. 1993 年 7 月 1 日　　B. 1999 年 6 月 1 日

C. 1990 年 1 月 1 日　　D. 2000 年 6 月 1 日

12. 某纳税人于 2009 年 7 月 5 日成立，并发生经营活动，该纳税人的第一个纳税年度是（　　）

A. 公历 2009 年 7 月 5 日到 2010 年 7 月 5 日

B. 公历 2009 年 7 月 5 日到 2009 年 12 月 31 日

C. 农历 2009 年 7 月 5 日到 2009 年 12 月 31 日

D. 农历 2009 年 7 月 5 日到 2010 年 7 月 5 日

13. 关于纳税申报方式，下列说法中不正确的是（　　）

A. 邮寄申报是指纳税人将纳税申报表及有关纳税资料以邮寄的方式送达税务机关

B. 纳税人自行或委托税务代理人核算应纳税款的，其申报日期为交寄日期

C. 纳税申报方式采用邮寄申报的，以收到地的邮局邮戳日期为实际申报时间

D. 纳税人必须使用统一规定的纳税申报特快专递专用信封作为邮寄纳税申报的信封

14. 支票中可以授权补记的内容是（　　）

A. 出票日期　　　　　　　　B. 收款人名称

C. 付款地　　　　　　　　　D. 签章

15. 王某于2014年1月份将自有的一间面积为120平方米的住宅出租给张某作住处，每月租金收入2 500元，全年租金收入30 000元。王某全年租金收入应缴纳的个人所得税是（　　）

A. 4 080元　　B. 2 040元　　C. 4 420元　　D. 6 000元

16. 会计档案销毁清册的保管期限为（　　）

A. 5年　　B. 15年　　C. 25年　　D. 永久

17. 根据我国《企业所得税法》的有关规定，下列各项中不属于企业所得税纳税人的是（　　）

A. 在中国境内成立的个人独资企业

B. 在中国境内未设立机构、场所但有来源中国境内所得的企业

C. 在外国成立，但实际管理机构在中国境内的企业

D. 在中国境内成立的外商独资企业

18. 会计职业道德和会计法律制度的区别是（　　）

A. 作用范围不同　　　　　　B. 调整对象不同

C. 承担职责不同　　　　　　D. 目标不同

19. 根据《政府采购法》的规定，下列各项中，不属于政府采购当事人的是（　　）

A. 审计部门　　　　　　　　B. 供应商

C. 采购代理机构　　　　　　D. 采购人

20. 下列各项中，不符合《中华人民共和国预算法》规定的是（　　）

A. 总预算是指政府的财政汇总预算

B. 各部门预算由本部门所属各单位预算组成

C. 下级政府只有本级预算的，下级政府总预算即指下级政府的本级预算

D. 中央预算是指中央政府预算，由中央部门的预算组成，但不含其直属单位的预算

二、多项选择题（下列每小题的备选答案中，有两个或两个以上符合题意的正确答案，本题共20题，每题2分，共40分，多选、少选、错选、不选均不得分）

21. 下列关于信用证结算方式的说法，正确的有（　　）

A. 信用证为不可转让单据

B. 信用证结算方式只适用于转账结算，不得支取现金

C. 信用证的有效期最长不得超过 1 个月

D. 开证银行在决定受理时，向申请人收取的保证金应不低于开证金额的 20%

22. 下列关于实行分散采购的优点的说法，正确的有（　　）

A. 手续简单　　　　　　　B. 降低采购成本

C. 取得规模效益　　　　　D. 满足采购及时性

23. 会计职业道德中会计人员的“参与管理”主要体现在（　　）

A. 熟悉财经法规，为单位管理者提供专业支持

B. 严肃认真，一丝不苟

C. 努力钻研业务，为参与管理打下基础

D. 全面熟悉服务对象的经营活动和业务流程

24. 小王是某代理记账公司提供专业服务的会计人员，在其为客户提供的下列服务中，违背会计职业道德要求的做法有（　　）

A. 向委托单位提出改进内部会计控制建议

B. 利用专业知识向委托单位提出逃税建议

C. 向委托单位提出合理降低成本建议

D. 为帮助委托单位负责人完成年度业绩，提出将固定资产折旧和银行借款利息挂账处理建议

25. 下列说法中正确的是（　　）

A. 个人银行卡账户不能出租、出借

B. 临时存款账户的有效期限最长不得超过 1 年

C. 单位银行卡账户的资金必须由其基本存款账户转账存入，该账户不得办理现金收付业务

D. 财政预算外资金、证券交易结算资金、期货交易保证金和信托基金专用存款账户不得支取现金

26. 在我国，票据包括（　　）

A. 银行本票　B. 支票　　　C. 银行汇票　D. 商业汇票

27. 银行在银行结算账户的开立中，明知或应知是单位资金，而允许以自然人名称开立账户存储，对该行为的处罚是（　　）

A. 对银行给予警告，并处以 5 万元以上 30 万元以下的罚款

B. 对该银行直接负责的高级管理人员、其他直接负责的主管人员、直接责任人员按规定给予纪律处分

C. 情节严重的，中国人民银行有权停止对其开立基本存款账户的核准，责令该银行停业整顿或者吊销经营金融业务许可证

D. 构成犯罪的，移交司法机关依法追究刑事责任

28. 根据《中华人民共和国票据法》的规定，签发支票必须记载的事项有（　　）

A. 出票日期　　B. 确定的金额

C. 付款人的名称　　D. 出票人的签章

29. 会计工作的行政管理的主要内容包括（　　）

A. 制定国家统一的会计制度

B. 会计市场管理

C. 会计专业人才评价

D. 会计监督检查

30. 下列关于小规模纳税人的认定标准及相关规定的表述，正确的有（　　）

A. 从事货物生产或提供应税劳务为主，并兼营货物批发或零售的纳税人，年应税销售额在 50 万元以下的

B. 从事货物批发或零售的纳税人，年应税销售额在 80 万元以下的

C. 年应税销售额超过小规模纳税人标准的个人、非企业性单位、不经常发生应税行为的企业

D. 小规模纳税人增值税征收率一律为 3%

31. 税务代理的原则包括（　　）

A. 依法代理　B. 自愿有偿　C. 诚实守信　D. 严格管理

32. 税务代理的特点包括（　　）

A. 中介性　B. 法定性　C. 自愿性　D. 公正性

33. 下列人员属于自行申报纳税的纳税义务人的有（　　）

A. 年所得 12 万元以上的　B. 从中国境外取得所得的

C. 两处以上取得工资、薪金的　D. 财产转让所得的

34. 根据《个人所得税法》的规定，计算应纳税所得额时，下列应税项目中（　　）可以扣除固定费用。

A. 劳务报酬所得 3 000 元

B. 月工资薪金 6 000 元

C. 中奖所得 30 000 元

D. 财产转让所得 200 000 元

35. 下列应进行税务登记的范围有（　　）

A. 具有应税收入的纳税人

B. 具有应税财产或有应税行为的纳税人

C. 具有收入的个人

D. 扣缴义务人在发生扣缴义务时

36. 下列各项中，属于会计档案的有（　　）

A. 原始凭证　　B. 年度工作计划

C. 现金日记账　　D. 资产负债表

37. 下列关于注册会计师对客户的责任论述，正确的是（　　）

A. 注册会计师应当在维护社会公众利益的前提下，竭诚为客户服务

B. 注册会计师应当按照业务约定履行对客户的责任

C. 注册会计师应当对执行业务过程中知悉的商业秘密保密，并不得利用其为自己或他人谋取利益

D. 注册会计师应当与同行保持良好的合作关系，配合同行工作

38. 向外单位提供的原始凭证复制件，应当在专设的登记簿上登记，并由（　　）共同签名或者盖章

A. 本单位出纳　　B. 会计机构负责人

C. 提供人员　　D. 收取人员

39. 下列选项中，属于会计人员培训形式的有（　　）

A. 单位自行组织的业务培训、岗位培训

B. 参加上一级别的会计专业技术资格考试、注册会计师考试

C. 财政部门直接组织培训

D. 省级以上主管部门根据行业管理需要自行组织的培训

40. 某地方财政部门进行执法检查时发现一家单位以虚假的经济事项编造了会计凭证和会计账簿，并据此编制了财务会计报告。对此，财政部门对该单位的违法行为应认定为（　　）

A. 伪造会计凭证行为　　B. 变造会计凭证和会计账簿行为

C. 伪造会计账簿行为　　D. 提供虚假的财务会计报告行为

三、判断题（本题共 20 题，每题 1 分，共 20 分。判断正确得 1 分，判断错误、不判断均不得分也不扣分）

41. 全国人民代表大会审查和批准地方预算草案和地方预算草案执行情况的报告。（　　）

42. 预算法对审查和批准做了明文规定。（　　）

43. 支付结算必须通过银行办理。（　　）

44. 对犯有打击报复会计人员罪的单位负责人，可处 5 年以下有期徒刑或者拘役。（　　）

45. 单位内部控制制度和奖惩制度不仅仅是单位经济管理制度。（　　）

46. 政府采购中，不能自行进行采购活动。（　　）

47. 啤酒实行从价定率计征消费税。（　　）

48. 减免税是国家对某些纳税人和征税对象给予鼓励和照顾的一种特殊规定。（　　）

49. 保守秘密，不为利益所诱惑是客观公正的基本要求。（　　）

50. 票据必须由当事人本人签章。（　　）

51. 单位负责人应支持并督促会计人员遵守职业道德，依法开展会计工作。（　　）

52. 我国对会计工作实行的是统一领导、分级管理原则下的政府主导型管理体制。（　　）

53. 本票的主题图案为梅花。（　　）

54. 预算单位零余额账户用于直接支付与清算。（　　）

55. 某单位分公司较多，可以多头开立基本户。（　　）

56. 会计行业自律机制由财政部门组织建立。（　　）

57. 会计职业道德是对法律制度的重要补充。（　　）

58. 会计法律是指由全国人民代表大会及其常务委员会经过一定立法程序制定的有关会计工作的法律。（　　）

59. 物流公司可以经营委托收款业务。（　　）

60. 票据填错，可以采用划线更正法更正。（　　）

四、案例分析题（本题共 2 题，每题有 5 小题，每小题 2 分，共 20 分。有一个或者一个以上符合题意的正确答案，多选、少选、错选、不选均不得分）

61. 远成公司主要从事建筑工程，2010 年开展了以下业务：

①承包本市某建筑工程项目，并与建设方签订建筑工程施工总包合同，总包合同明确工程总造价 3 000 万元，其中 200 万元的建筑工程项目分包给甲建筑工程公司。年底工程项目全部完工，远成公司取得工程款 3 000 万元，并支付甲建筑工程公司 200 万元工程款。

②甲建筑工程公司向乙建筑工程公司转让闲置办公用房一幢（购置原价 700 万元），取得转让收入 1 300 万元。

③远成公司所属招待所（独立核算）取得客房收入 30 万元，取得歌厅、舞厅收入共 55 万元，招待所客房收入与歌厅、舞厅收入均分别核算。

已知：远成公司招待所所在地娱乐业营业税税率为 10%。根据以上材料，回答下列问题：

（1）远成公司开展的上述业务中适用5%营业税税率的有（　　）

A. 招待所歌厅、舞厅收入　　B. 招待所客房收入

C. 转让闲置办公用房　　D. 承包建筑工程项目

（2）远成公司转让办公用房应缴纳的营业税税额为（　　）

A. 18万元　B. 30万元　C. 39万元　D. 65万元

（3）下列关于远成公司开展承包建筑工程应缴纳和代扣代缴的营业税税额的说法，正确的是（　　）

A. 应缴纳营业税税额84万元

B. 应缴纳营业税税额90万元

C. 应代扣代缴营业税税额6万元

D. 应代扣代缴营业税税额10万元

（4）远成公司所属招待所取得客房及歌厅、舞厅收入应缴纳的营业税税额分别为（　　）

A. 1.5万元　B. 4.25万元　C. 5.5万元　D. 7万元

（5）下列关于远成公司营业税纳税地点的说法，正确的有（　　）

A. 远成公司转让办公用房，应当向办公用房所在地主管税务机关申报纳税

B. 远成公司承包建筑工程项目，应当向单位所在地主管税务机关申报纳税

C. 远成公司转让办公用房，应当向单位所在地主管税务机关申报纳税

D. 远成公司承包建筑工程项目，应当向建筑工程项目所在地主管税务机关申报纳税

62. 某公司是国有大型企业。2012年12月31日，完成了全年的业务，在对账、结账后编制了年度财务会计报告；该公司委托符合资质要求的新华会计师事务所进行年度审计，并出具了无保留意见的审计报告；2013年3月31日，同级财政部门完成了对该企业会计工作的检查。

根据上述资料，回答下列问题：

（1）关于企业编制年度财务会计报告，下列表述中，正确的有（　　）

A.《中华人民共和国会计法》关于会计年度的规定，仅适用于内资企业

B. 2012年度结账日为公历2012年3月31日

C. 2012年度结账日为公历2012年12月31日

D. 2012年度财务会计报告的会计期间是公历2012年1月1日起至2012年12月31日止

（2）该企业委托新华会计师事务所进行年度审计，属于会计工作的（　　）

A. 行业监督　　B. 政府监督

C. 社会监督　　D. 单位内部会计监督

（3）注册会计师及其所在的会计师事务所的法定业务范围主要包括（　　）

A. 检查企业执行会计法规情况

B. 依法承办审计业务

C. 承办会计咨询、会计服务业务

D. 检查企业会计工作情况

（4）同级财政部门对该企业进行会计工作的检查内容包括（　　）

A. 从事会计工作的人员是否具备会计从业资格

B. 是否依法设置会计账簿

C. 会计凭证、会计账簿、财务会计报告和其他会计资料是否真实、完整

D. 会计核算是否符合《中华人民共和国会计法》和国家统一的会计制度的规定

（5）2013 年 3 月 31 日，同级财政部门完成了对该企业会计工作的检查属于（　　）

A. 社会监督　　B. 行业监督

C. 单位内部监督　　D. 政府监督

参考答案及解析

一、单项选择题

1. B【解析】接受返还或者补助款项的乡、民族乡、镇政府应当向本级人民代表大会报告有关情况。但是接受返还或者补助款项的县级以上地方各级政府应当向本级人民代表大会常务委员会报告有关情况。

2. C【解析】伪造和变造会计凭证、会计账簿，编制虚假财务会计报告，可对单位处 5 000 元以上 10 万元以下的罚款。伪造销售发票属于伪造会计凭证的一种具体情况。

3. D【解析】因为啤酒实行从量计征消费税，因此其应纳消费税的计税依据是当月销售量 20 000 吨。

4. B【解析】支票的持票人应当自出票日起 10 日内提示付款。

5. D【解析】邮局提供邮政服务并销售集邮商品，其他行业销售集邮商品缴纳增值税。旅游公司销售旅游商品的收入交增值税，提供旅游服务的收入交营业税。所以旅游公司取得的收入不一定交营业税，不能选C。

6. A 7. A

8. D【解析】阿拉伯金额数字万位或元位是0，或者数字中间连续有几个0，万位、元位也是0，但千位、角位不是0时，中文大写金额中可以只写一个零字，也可以不写零字。大写金额数字有分的，分后面不写整。

9. A【解析】我国《总会计师条例》的发布和实施时间都是1990年12月31日。从发布之日起实施。

10. D【解析】我国《企业财务会计报告条例》是2000年6月1日发布，2001年1月1日施行。

11. D【解析】我国《企业财务会计报告条例》是2000年6月1日发布，2001年1月1日施行。

12. B【解析】我国的纳税年度是指自公历1月1日起至12月31日止。如果纳税人在一个纳税年度的中间开业，或者由于改组、关闭等原因，使该纳税年度的实际经营期限不足12个月的，应当以其实际经营期限为一个纳税年度。纳税人清算时，应当以清算期间作为一个纳税年度。

13. C【解析】邮寄申报以寄出地的邮戳日期为纳税申报时间。

14. B【解析】为了发挥支票灵活便利的特点，支票金额和收款人名称可以授权补记。

15. A【解析】财产租赁所得，以1个月内取得的收入为一次。个人出租住宅的税率为10%，出租房屋作为经营性场所的税率为20%。王某全年租金收入应缴纳的个人所得税＝（2 500－800）×10%×12个月＝2 040（元）。

16. D【解析】会计档案的保管期限为永久保管。

17. A【解析】个人独资企业和合伙企业是具有自然人性质的企业，应当交个人所得税，不交企业所得税。

18. A【解析】会计法律制度侧重于调整会计人员的外在行为和结果的合法化，而会计职业道德不仅要求调整会计人员的外在行为，还要求调整会计人员内在的精神世界。

19. A【解析】政府采购的当事人包括采购人、供应商和采购代理机构。

20. D【解析】中央预算由中央各部门（含直属单位）的预算组成。

二、多项选择题

21. ABD【解析】信用证的有效期最长不得超过6个月。

22. AD【解析】失去了规模效应、加大了采购成本是实行分散采购的缺点。

23. ACD【解析】选项B属于爱岗敬业的基本要求。

24. BD

25. ACD【解析】临时存款账户的有效期限最长不得超过1年。

26. ABCD【解析】在我国,票据包括银行汇票、商业汇票、银行本票、支票。

27. ABCD　28. ABCD　29. ABCD　30. ABCD

31. ABD【解析】税务代理必须按照依法代理、自愿有偿、客观公正和严格管理的原则进行。

32. ABCD【解析】税务代理的特点有中介性、法定性、自愿性和公正性。

33. ABC【解析】纳税义务人有下列情形之一的,应当按照规定到主管税务机关办理纳税申报:①年所得12万元以上的;②从中国境内两处或者两处以上取得工资、薪金所得的;③从中国境外取得所得的;④取得应纳税所得,没有扣缴义务人的;⑤国务院规定的其他情形。

34. AB【解析】选项C,中奖所得为偶然所得,无任何费用扣除,须全额征税;选项D,扣除费用不固定。

35. ABD【解析】具有收入的个人不需要进行税务登记。

36. ACD【解析】会计凭证、会计账簿、财务会计报告属于会计档案。

37. ABC

38. CD【解析】向外单位提供的原始凭证复印件,应当在专设的登记簿上登记,并由提供人员和收取人员共同签名或者盖章。

39. ABCD【解析】会计人员继续教育培训形式包括:财政部门直接组织培训;省级以上主管部门根据行业管理需要自行组织的培训;财政部门认同的继续教育单位组织的培训;单位自行组织的业务培训、岗位培训;参加上一级别的会计专业技术资格考试、注册会计师考试;等等。

40. ACD【解析】以虚假的经济业务事项为前提编造不真实的会计凭证、会计账簿和其他会计资料,属于伪造会计凭证、会计账簿和其他会计资料行为。通过编造虚假的会计凭证、会计账簿及其他会计资料或直接篡改财务会计报告上的数据,使财务会计报告不真实、不完整地反映财务状况和经营成果,借以误导、欺骗财务会计报告使用者的行为,属于提供虚假的财务会计报告的行为。

三、判断题

41. 错【解析】全国人大有审查地方预算和地方预算执行情况报告的职权，但没有批准地方预算执行情况的报告的职权。县级以上地方各级人民代表大会具有批准本级预算草案和本级预算执行情况的报告的职权。

42. 对

43. 错【解析】支付结算必须通过中国人民银行批准的金融机构办理。

44. 错【解析】对犯有打击报复会计人员罪的单位负责人，可处3年以下有期徒刑或者拘役。

45. 错【解析】单位内部控制制度和奖惩制度仅仅是单位经济管理制度，但不仅仅是单位的会计制度。

46. 错【解析】政府采购中，采购人采购未纳入集中采购目录的政府采购项目，可以自行采购，也可以委托集中采购机构在委托的范围内代理采购。

47. 错【解析】啤酒实行从量定额计征征税。

48. 对

49. 错【解析】保守秘密是诚实守信的基本要求。

50. 错【解析】票据当事人可以委托其代理人在票据上签章，并应当在票据上表明其代理关系。

51. 对　52. 对

53. 错【解析】本票的主题图案为菊花。

54. 错【解析】预算单位零余额账户用于授权支付与清算。

55. 错【解析】一个单位不管分公司有多少，都只能开一个基本户，不能多头开立基本户。

56. 错【解析】行业的自律机制是由行业协会组织建立的。

57. 对　58. 对

59. 错【解析】物流公司不属于金融机构，而支付结算必须通过中国人民银行批准的金融机构办理。

60. 错【解析】票据不得涂改、刮擦、挖补，如果填错了，应加盖“作废”标记。

四、案例分析题

61. (1) BC【解析】歌舞厅属于娱乐业，适用5%至20%的税率（此题是10%）；建筑工程属于建筑业，适用3%的税率。

(2) B【解析】纳税人销售其购置的不动产，以销售不动产的全部收入减去购置不动产的原价后的余额为营业额征收营业税。远成公司转让办公用

房应缴纳的营业税 = （1 300 - 700） ×5% = 30（万元）。

（3）AC【解析】远成公司开展承包建筑工程应缴纳的营业税 = (3 000 - 200) ×3% = 84（万元）。应代扣代缴的营业税 = 200 ×3% = 6（万元）。

（4）AC【解析】招待所取得客房收入应纳营业税 = 30 ×5% = 1.5（万元），歌厅、舞厅收入应纳营业税 = 55 ×10% = 5.5（万元）。

（5）AD【解析】纳税人转让土地使用权或者销售不动产，应当向该土地或不动产的所在地税务机关申报纳税。纳税人提供应税劳务，应向劳务发生地的主管税务机关申报缴税。

62.（1）CD【解析】《中华人民共和国会计法》规定，会计年度自公历1月1日起至12月31日止。

（2）C【解析】我国实行的是单位内部监督、政府监督和社会监督“三位一体”的会计监督体系。

（3）BC【解析】本题考查注册会计师审计业务范围。

（4）ABCD【解析】根据《中华人民共和国会计法》和《中华人民共和国注册会计师法》的规定，财政部门实施的会计监督检查的内容主要包括：

①对单位依法设置会计账簿的检查；

②对单位会计资料真实性、完整性的检查；

③对单位会计核算情况的检查；

④对单位会计人员从业资格和任职资格的检查；

⑤对会计师事务所出具的审计报告的程序和内容的检查。

（5）D【解析】财政部门对企业会计工作的检查属于政府监督。

题外话

今天的任务已经全部完成了！明天就进入最后的冲刺！胜利就在前方！请再次回顾今天做错的题并进行重点标记。将今天两套题的得分写在下面。

10 第十天　最后冲刺　踏上征程

题外话

经过九天的题术训练后，今天进入最后一天的冲刺，最后一天的复习应掌握以下几个要点：

(1) 应认真回顾前九天的题目，特别是错题，对薄弱的知识点做到心中有数。

(2) 万变不离其宗，静心重温第一至第五天第二环节的知识图表，要相信经过这九天的复习，自己已经打下了较坚实的基础。

(3) 确立良好的心理素质，高度的自信心是考生成功的秘诀，要以平常心来迎接考试；切忌最后一天还做大量的题目，只要将前九天的错题弄懂，最后一天只做一套题找到临场考试的感觉即可。

(4) 考前找到“考生”的状态，再次检查是否已经准备好准考证、身份证、计算器、笔等考试用品，应提前了解前往考场的交通路线及用时。

第一环节：重温错题　夯实基础（约40分钟）
第二环节：不可错过　通关无忧

最后一套冲刺题应更加注意培养做题的好习惯，合理分配好每类题做题的时间，安排好做题的顺序，祝考试成功！

综合模拟试题 7

一、单项选择题（共 20 题，每题 1 分，共 20 分，多选、少选、错选、不选均不得分）

1. 根据我国《政府采购法》的规定，下列各项关于政府采购的表述，正确的是（　　）

A. 政府采购只能由集中采购机构代理

B. 各级财政部门是政府采购监督管理部门

C. 政府采购只能采用公开招标的方式

D. 政府采购的对象只包括货物和工程

2. 下列有关会计法律制度与会计职业道德实施保障机制的表述，不正确的是（　　）

A. 会计职业道德的权利与义务发生时，县级以上财政部门应当对其是非曲直做出公正裁定

B. 会计法律制度实施保障机制中一般有明确的制裁和处罚条款

C. 会计职业道德的权利与义务发生时，缺乏权威机构对其是非曲直明确做出裁定

D. 为保证会计法律制度有法必依、执法必严、违法必究，必须建立一套行之有效的实施保障机制

3. 某商业零售企业为增值税小规模纳税人，2010 年 3 月，该商业零售企业销售商品收入（含增值税）41 200 元。已知该商业零售企业增值税征收率为 3%。该企业 3 月份应缴纳的增值税为（　　）

A. 1 200 元　B. 1 248 元　C. 1 766.04 元 D. 1 872 元

4. 公示催告是一种在票据丧失后向（　　）提出申请，以公告方式通知不确定的利害关系人限期申报权利的方式

A. 公证部门　B. 检查机关　C. 人民法院　D. 人民银行

5. 下列关于支票签发的说法错误的是（　　）

A. 支票的出票人在票据上的签章，应为其预留银行的签章，该签章是银行审核支票付款的依据

B. 银行可以与支票人约定使用支付密码，作为银行审核支付支票金额的条件

C. 紧急情况下，出票人可签发与其预留银行签章不符的支票

D. 使用支付密码的，出票人不得签发支付密码错误的支票

6. 根据《支付结算办法》的规定，汇票上未记载付款地的，不可以作为付款地的有（　　）

A. 付款人的营业场所　　B. 付款人的住所

C. 付款人的经常居住地　　D. 收款人的营业场所

7. 行政处罚适用于（　　）

A. 触犯行政法规的所有人

B. 违反行政法律法规的国家工作人员

C. 触犯刑法的普通公民

D. 仅限违法的领导干部

8. 经税务机关批准，纳税人可以实行简易申报的税款征收方式是（　　）

A. 查验征收　B. 查账征收　C. 查定征收　D. 定期定额征收

9. 根据《中华人民共和国预算法》的规定，下列各项中，负责审查和批准各级预算的调整方案的是（　　）

A. 本级政府财政部门　　B. 本级人民代表大会常务委员会

C. 本级政府审计部门　　D. 本级人民代表大会

10. 根据《中华人民共和国预算法》的规定，下列各项中，负责改变或者撤销全国人民代表大会常务委员会关于预算、决算的不适当的决议的是（　　）

A. 国务院审计部门　　B. 全国人民代表大会常务委员会

C. 国务院财政部门　　D. 全国人民代表大会

11. 下列应税项目中，不按次计算征收个人所得税的是（　　）

A. 股息红利所得　　B. 稿酬所得

C. 财产租赁所得　　D. 工资、薪金所得

12. 会计监督检查的作用不包括（　　）

A. 规范会计秩序，打击违法行为

B. 保证经济信息预测质量

C. 保护国家、投资者、债权人、社会公众利益

D. 维护社会主义市场经济秩序

13. 下列各项中，属于会计职业道德教育的核心内容，并贯穿于会计职业道德教育始终的是（　　）

A. 其他相关教育　　B. 会计职业道德规范教育

C. 会计职业道德警示教育　　D. 会计职业道德观念教育

14. 根据《中华人民共和国支付结算办法》的规定，贷记卡持卡人非现

金交易，享受免息还款期，免息还款期最长为（　　）

A. 30 天　　B. 60 天　　C. 90 天　　D. 180 天

15. 下列关于财政授权支付的表述，不正确的是（　　）

A. 代理银行根据支付指令在财政部门批准的预算单位的用款额度内支付

B. 预算单位按照财政部门授权自行向代理银行签发支付指令

C. 代理银行通过预算单位基本户将资金支付到收款人账户

D. 代理银行通过国库单一账户体系将资金支付到收款人账户

16. 根据我国《人民币银行结算账户管理办法》的规定，关于存款人银行结算账户管理的表述，不符合法律规定的是（　　）

A. 存款人应以实名开立银行结算账户

B. 存款人不得出租银行结算账户

C. 存款人可以出借银行结算账户

D. 存款人不得利用银行结算账户套取银行信用

17. 个人或者单位违反行政管理方面的法律规定所应当承担的法律责任是（　　）

A. 刑事责任　B. 行政责任　C. 赔偿责任　D. 民事责任

18. 以下不属于制定政府集中采购目录和采购限额标准的部门的是（　　）

A. 国务院　　B. 国资委　　C. 自治区政府 D. 直辖市政府

19. 下列关于单位决算的说法，正确的是（　　）

A. 决算在形式上是对年度预算执行结果的总结

B. 决算在实质上是对年度预算收支执行结果的会计报告

C. 决算是国家管理预算活动的第一道程序

D. 决算草案由各级政府、各部门、各单位，在每一预算年度终了后按照国务院规定的时间编制

20. 下列各项中，不属于地方本级政府预算组成的有（　　）

A. 所属下级政府总预算　　B. 本级各部门预算

C. 本级各直属单位预算　　D. 所属下级政府预算

二、多项选择题（下列每小题的备选答案中，有两个或两个以上符合题意的正确答案，本题共 20 题，每题 2 分，共 40 分，多选、少选、错选、不选均不得分）

21. 下列各项中，属于应当公开的政府采购信息的有（　　）

A. 采购代理机构不良行为记录名单

B. 财政部门对集中采购机构的考核结果

C. 政府采购招标业务代理机构名录

D. 财政部门受理政府采购投诉的联系方式

22. 下列各项中，可能影响会计师事务所独立性的有（　　）

A. 会计师事务所在重大会计问题上与客户存在意见分歧而受到解聘威胁

B. 会计师事务所受到客户降低收费的压力而缩小工作范围

C. 会计师事务所受到有关单位或个人不恰当的干预

D. 会计师事务所因客户不足面临生存危机

23. 委托代理记账的委托人应当履行的义务包括（　　）

A. 对代理记账机构退回的要求按照国家统一的会计制度规定进行更正、补充的原始凭证，应当及时予以更正、补充

B. 对本单位发生的经济业务事项，应当填制或者取得符合国家统一的会计制度规定的原始凭证

C. 应当配备专人负责日常货币收支和保管

D. 及时向代理记账机构提供真实、完整的原始凭证和其他相关资料

24. 会计人员应遵循的道德规范有（　　）

A. 家庭美德　　B. 会计职业道德

C. 其他行业职业道德　　D. 社会公德

25. 下列各项中，构成国家单一账户体系的有（　　）

A. 财政部门零余额账户

B. 国库单一账户

C. 经国务院和省级人民政府批准或授权财政部门批准开设的特殊专户

D. 预算单位零余额账户

26. 下列各项中，属于政府采购对象范围的有（　　）

A. 燃料　　B. 工程　　C. 服务　　D. 设备

27. 商业汇票的保证如果附有条件，以下说法中正确的是（　　）

A. 表示根据相应条件保证才可能有效

B. 所附条件无效

C. 保证本身仍然具有效力

D. 保证人应向持票人承担保证责任

28. 下列表述中，正确的有（　　）

A. 填写票据时，中文大写金额数字可以使用自造简化字

B. 填写票据时，中文大写金额数字可以使用繁体字

C. 填写票据时，中文大写金额数字可以使用简体的“一、二（两）、

三、四、五、六、七、八、九、十、廿、毛、另（或0）”填写

D. 填写票据时，中文大写金额数字应用正楷或行书填写

29. 下列各项中，可以根据统一的支付结算制度，结合本行情况，指定具体管理实施办法，报经中国人民银行总行批准后执行的机构有（　　）

A. 商业银行总行　　B. 政策性银行分行

C. 商业银行分行　　D. 政策性银行总行

30. 下列关于征税对象与计税依据的说法，正确的有（　　）

A. 征税对象和计税依据都是反映征税客体

B. 资源税的征税对象是自然资源，计税依据是应税产品的销售价格

C. 企业所得税的征税对象是企业取得的生产经营所得和其他所得，计税依据是企业的应纳税所得额

D. 征税对象规定对什么征税，计税依据是在确定征税对象后解决如何计算的问题

31. 下列各项中，属于行政处罚形式的是（　）

A. 没收违法所得　　B. 暂扣或吊销许可证

C. 行政拘留　　D. 开除

32. 增值税纳税人按其经营规模的大小，分为(　　)

A. 一般纳税人　　B. 普通纳税人

C. 特殊纳税人　　D. 小规模纳税人

33. 下列关于增值税的说法，正确的有（　　）

A. 增值税是以商品（含应税劳务）在生产过程中产生的增值额作为计税依据而征收的一种流转税

B. 纳税人提供加工、修理修配劳务，增值税税率为17%

C. 增值税分为生产型增值税、收入型增值税、消费型增值税

D. 增值税的纳税人按其经营规模大小，分为一般纳税人和特殊纳税人

34. 下列各项中，属于《中华人民共和国预算法》规定的与财政部直接发生预算缴款、拨款关系的企业和事业单位等各单位的预算职权的是（　　）

A. 编制本单位预算、决算草案

B. 安排预算支出

C. 按照国家规定上缴预算收入

D. 接受国家有关部门的监督

35. 会计核算的主要环节有（　　）

A. 确认　　B. 归档　　C. 报告　　D 计量

36. 下列各项中，属于政府采购中采购人应承担的义务的有（　　）

A. 遵守政府采购的各项法律、法规和规章制度

B. 接受和配合政府采购监督管理部门的监督检查

C. 遵守采购代理机构的工作秩序

D. 接受和配合审计机关的审计监督以及监察机关的监察

37. 关于税款征收，下列说法中正确的有（　　）

A. 代扣代缴是由与纳税人有经营业务往来的单位和个人在向纳税人收取款项时，依照税收的规定收取税款

B. 代收代缴是指按照税法规定，法定义务人在向纳税人支付款项时，从所支付的款项中直接扣收税款的方式

C. 对于纳税人应当设置但未设置账簿的，税务机关应当采取核定税额的税款征收方法

D. 委托征收是指受托单位按照税务机关核发的代征证书的要求，以税务机关的名义向纳税人征收一些零散税款的一种税款征收方式

38. 出纳人员可以兼管的会计岗位有（　　）

A. 收入账目登记　　B. 在建工程账目登记

C. 无形资产账目登记　　D. 会计档案保管

39. 下列各项表述中，错误的有（　　）

A. 票据填错时，可以用划线法进行更正

B. 持票人依法无偿取得票据的，其所享有的票据权利可以优于前手

C. 票据必须由当事人本人签章

D. 一般情况下，持票人不得以自己与出票人或者持票人的前手之间的抗辩事由对抗持票人

40. 下列关于我国部门预算的表述，正确的有（　　）

A. 国家预算管理以部门为依托，将各类不同性质的财政资金统一编制到使用相关资金的部门

B. 财政预算以部门编制预算作为起点，即从基层单位开始预算的编制

C. 部门作为预算编制的基础单元，取消财政与部门中间环节

D. 限定那些与财政直接发生经费领拨关系的一级预算单位为预算部门

三、判断题（本题共 20 题，每题 1 分，共 20 分。判断正确得 1 分，判断错误、不判断均不得分也不扣分）

41. 单位内部控制中，董事会对监事会建立与实施内部控制进行监督。（　　）

42. 保持独立性是会计职业道德中坚持准则原则的基本要求。（　　）

43. 部门预算既包括行政单位预算，又包括其下属的事业单位的预算。(　　)

44. 全国人民代表大会具有审查、批准地方预算草案及地方预算执行情况的报告的职权。(　　)

45. 开具发票时应按号码顺序填开，填写项目齐全、内容真实、字迹清楚、全部联次一次性复写或打印，内容完全一致，并在发票联和抵扣联加盖单位财务印章或者发票专用章。(　　)

46. 纳税人因住所、经营地点变动，涉及改变税务登记机关的，应当在向工商行政管理机关或者其他机关申请办理变更、注销登记前，或者住所、经营地点变动前，持有关证件和资料，向原税务登记机关申报办理注销税务登记，并自注销税务登记之日起 30 日内向迁达地税务机关申报办理税务登记。(　　)

47. 会计职业道德的表现形式为明确的成文规定，具有具体性和准确性。(　　)

48. 部门预算对“部门”本身要有严格的资质要求，要限定那些与财政直接或间接发生经费领拨关系的一级预算单位为预算部门。(　　)

49. 编制决算可以总结预算年度中预算管理方面的经验和教训，集中反映当年国民经济和社会发展情况，供国家决策时参考。(　　)

50.《中华人民共和国会计法》规定各单位应当根据会计业务的重要性设置会计机构，或者在有关机构中设置会计人员并制定会计主管人员，但不具备设置会计机构条件的单位应当委托经批准设立从事代理记账业务的中介机构代理记账。(　　)

51. 会计职业道德允许个人和各项经济主体获取合法的自身利益，但反对通过损害国家和公众利益而获取违法利益。(　　)

52. 中国境内无住所又不居住或者无住所而在境内居住不满一年的个人，从中国境内取得的所得，可不在中国缴纳个人所得税。(　　)

53. 征税义务人、征税对象、税率是构成税法的三个最基本要素。(　　)

54. 票据必须由当事人本人签章。(　　)

55. 根据我国《立法法》的规定，会计法律的效力最高，以下依次为会计行政法规、会计规范性文件和会计部门规章。(　　)

56. 参加注册会计师全国统一考试成绩合格，并从事审计业务工作两年以上的，可以向省、自治区、直辖市注册会计师协会申请注册。(　　)

57. 会计职业道德规范教育是指对会计人员开展以会计职业道德规范为主要内容的教育。(　　)

58. 票据的签发、取得和转让必须具有真实的交易关系和债权债务关系，不能无偿取得。（　　）

59. 纳税人依照法律、行政法规的规定可以不设置账簿的，税务机关无权核定其应纳税额。（　　）

60. 实行定期定额缴纳税款的纳税人，可以实行简易申报等申报纳税方式。（　　）

四、案例分析题（本题共 2 题，每题有 5 小题，每小题 2 分，共 20 分。有一个或者一个以上符合题意的正确答案，多选、少选、错选、不选均不得分）

61. 某乡镇企业未按照规定保管会计资料，致使会计资料毁损、灭失，造成十分严重的后果。该企业所在地的县级政府财政部门在责令其限期改正的同时，对负有直接责任的会计主管人员方某处以 3 万元的罚款；乡政府认为方某的行为已经表明其不再适合担任会计工作，吊销了其会计从业资格证书。

根据上述资料，回答下列问题：

（1）《中华人民共和国会计法》规定，违反会计法规定的行为，情节严重的由（　　）吊销会计从业资格证书

A. 县级以上人民政府财政部门

B. 省级以上人民政府财政部门

C. 县级以上税务部门

D. 上级单位主管部门

（2）对会计人员方某处以 3 万元罚款是不妥的，就该案例按《中华人民共和国会计法》的规定，可以对单位处（　　）的罚款

A. 2 000 元以上 2 万元以下　　B. 3 000 元以上 10 万元以下

C. 3 000 元以上 5 万元以下　　D. 2 000 元以上 5 万元以下

（3）对其直接责任人或主管人员，可以并处（　　）的罚款

A. 2 000 元以上 5 万元以下　　B. 3 000 元以上 5 万元以下

C. 2 000 元以上 2 万元以下　　D. 3 000 元以上 10 万元以下

（4）未按规定保管会计资料应承担的法律责任包括（　　）和追究刑事责任

A. 通报　　B. 责令限期改正

C. 罚款和行政处分　　D. 吊销会计从业资格证书

（5）对案例中的行为直接负责的主管人员和其他直接责任人员中的国家

工作人员，视情节轻重，还应当由其所在单位或者其上级单位或者行政监察部门给予（　　）等行政处分

A. 警告　　B. 记过、记大过

C. 降级、降职、撤职　　D. 留用察看和开除

62. 在一次关于国家预算的研讨会上，参会代表分别作出如下发言：

甲：国家预算是指经法定程序批准的，国家在一定期间内预定的财政收支计划，是国家进行财政分配的依据和宏观调控的重要手段，国家预算在经济生活中，主要起到财力保证、调节制约、统计和反映监督的作用。

乙：我国的国家预算实行一级政权一级财政的多级次预算。

丙：我国社会主义国家预算是具有法律效力的基本财政计划，是国家为了实现政治经济业务，有计划地集中和分配财政收入的主要工具，是国家经济政策的反映。

丁：我国的预算收入主要采取无偿划拨的形式，是社会主义经济的内部积累；我国的预算支出，主要用于经济建设和文化教育、科学、卫生以及社会福利事业等。

戊：部门单位预算是由本部门所属各单位预算组成，各单位预算草案由其主管部门负责编制。

己：部门单位预算应具体由各预算部门和单位编制，是总预算的基础。

庚：我国国家预算级次结构是依据国家政权机构、经济发展区域规划、行政区域划分和财政管理体制设计的。

请答题：

（1）下列甲代表关于国家预算在经济生活中的作用的发言，正确的为（　　）

A. 反映监督作用　　B. 调节制约作用

C. 统计作用　　D. 财力保证作用

（2）结合乙代表发言，下列有关我国现行国家预算实行级次的表述，正确的为（　　）

A. 三级预算　B. 四级预算　C. 五级预算　D. 六级预算

（3）下列代表的发言中，不正确的为（　　）

A. 丁：我国的预算收入主要采取无偿划拨的形式，是社会主义经济的内部积累

B. 甲：国家预算是指经法定程序批准的，国家在一定期间内预定的财政收支计划

C. 丙：我国社会主义国家预算是具有法律效力的基本财政计划

D. 丁：我国的预算支出，主要用于经济建设和文化教育、科学、卫生以及社会福利事业等

（4）下列代表关于部门单位预算的发言，不正确的为（　　）

A. 戊：各单位预算草案由其主管部门负责编制

B. 戊：部门单位预算是由部门所属各单位预算组成

C. 己：部门单位预算是总预算的基础

D. 己：部门单位预算由各预算部门和单位编制

（5）结合庚代表发言，下列各项中属于我国国家预算级次结构设计依据的为（　　）

A. 经济发展区域规划　　B. 行政区域划分

C. 财政管理体制　　D. 国家政权结构

参考答案及解析

一、单项选择题

1. B　2. C

3. A【解析】应缴纳的增值税 =41 200/（1 +3%）×3% =1 200（元）。

4. C　5. C　6. D　7. A　8. D　9. B　10. D　11. D

12. B【解析】会计监督检查的作用包括：保护国家、投资者、债权人、社会公众利益；保证会计信息质量；维护社会主义市场经济秩序；规范会计秩序，打击违法行为。

13. B　14. B　15. C　16. C　17. B

18. B【解析】国务院确定并公布属于中央预算的政府采购项目限额标准，省、自治区、直辖市人民政府或者其授权的机构确定并公布属于地方预算的政府采购项目限额标准。

19. D【解析】决算，在形式上是对年度预算收支执行结果的会计报告，在实质上是对年度预算执行结果的总结，因此选项 A 和 B 错误；决算是国家管理预算活动的最后一道程序，因此选项 C 错误。

20. D

二、多项选择题

21. ABCD　22. ABCD　23. ABCD　24. BD　25. ABCD　26. ABCD

27. BCD【解析】保证不得附有条件，附有条件的，不影响对汇票的保证

责任，即保证附有条件的，条件无效，保证有效。

28. BD 29. AD 30. ACD

31. ABC【解析】开除属于行政处分形式。

32. AD 33. ABC 34. ABCD 35. ACD 36. ABCD 37. CD 38. BC

39. ABD 40. ABC

三、判断题

41. 错【解析】单位内部控制中，董事会负责内部控制的建立健全和有效实施；监事会对董事会建立与实施内部控制进行监督；经理层负责组织领导企业内部控制的日常运行。

42. 错【解析】保持独立性是客观公正的要求。

43. 对

44. 错【解析】全国人大有审查地方预算执行情况报告的职权，但没有批准地方预算执行情况报告的职权。县级以上地方各级人民代表大会具有批准本级预算草案和本级预算执行情况报告的职权。

45. 对 46. 对

47. 错【解析】会计职业道德的表现形式既有成文规定，也有不成文规定。在表现形式上缺乏具体性和准确性。

48. 错【解析】部门预算对“部门”本身要有严格的资质要求，要限定那些与财政直接发生经费领拨关系的一级预算单位为预算部门，没有间接。

49. 对

50. 错【解析】各单位应当根据会计业务的需要设置会计机构，或者在有关机构中设置会计人员并指定会计主管人员。

51. 对

52. 错【解析】中国境内无住所又不居住或者无住所而在境内居住不满一年的个人，从中国境内取得的所得，为我国个人所得税的非居民纳税义务人，应就其在中国境内取得收入缴纳个人所得税。

53. 错【解析】纳税义务人、征税对象、税率是构成税法的三个最基本要素。

54. 错【解析】票据当事人可以委托其代理人在票据上签章，并应当在票据上表明其代理关系。

55. 对 56. 对 57. 对 58. 对

59. 错【解析】纳税人依照法律、行政法规的规定可以不设置账簿的，税务机关有权核定其应纳税额。

60. 对

四、案例分析题

61. (1) A【解析】本题考查法律责任。

(2) C【解析】本题考查法律责任。该单位的行为属于未按照规定保管会计资料，致使会计资料毁损、灭失的行为，可以对单位责令限期改正的同时，并处3 000元以上5万元以下的罚款。

(3) C【解析】本题考查法律责任。对其直接负责的主管人员和其他直接责任人员，可以处以2 000元以上2万元以下的罚款。

(4) BCD【解析】本题考查法律责任。未按规定保管会计资料违法行为的法律责任包括责令限期改正、罚款、给予行政处分、吊销会计从业资格证书、追究刑事责任。

(5) ABCD【解析】本题考查法律责任。

62. (1) ACD (2) ABCD (3) A (4) B (5) BCD

题外话

找出自己在最后一套题中的薄弱环节，回顾一下第一天到第五天的知识表格。